KB117977

MAGIC
WORDS
매직 워드

MAGIC WORDS

Copyright ⓒ 2023 by Jonah Berger

All rights reserved

Korean translation copyright ⓒ 2023 by Munhakdongne Publishing Corp.

Published by arrangement with Harper Business, an imprint of HarperCollins Publishers through EYA Co., Ltd.

이 책의 한국어판 저작권은 EYA Co., Ltd를 통해

Harper Business, an imprint of HarperCollins Publishers사와 독점계약한

(주)문학동네에 있습니다.

저작권법에 의하여 한국 내에서 보호를 받는 저작물이므로

무단전재 및 복제를 금합니다.

MAGIC WORDS

What to
Say to Get
Your Way

WORDS

조나 버거 지음

매직 워드

구계원 옮김

와튼스쿨 마케팅학 최고 권위자의
6가지 설득 전략

문학동네

놀라운 언어의 힘에 경외감을 느낀 모든 독자에게

차례

매직 워드의 힘

돌이 조금 지난 무렵, 우리 아들 재스퍼는 "플리즈$_{please}$"라는 말을 하기 시작했다. 아니, 그러려고 노력했다는 말이 더 정확할 것이다. 아직 'L'을 제대로 발음하지 못했기 때문에 "피즈$_{peas}$"에 가깝게 들렸지만 무슨 말을 하는지 이해하는 데는 무리가 없었다.

재스퍼가 '플리즈'라는 단어를 사용한다는 사실 자체는 그리 놀랍지 않았다. 생후 6개월 정도 지나면 대다수 아이가 기본적인 소리를 인지하고 한 살쯤 되면 보통 한 개에서 세 개 정도의 단어를 구사한다.

흥미로운 점은 재스퍼가 그 단어를 사용하는 방식이었다.

재스퍼는 "위$_{up}$" "요(요구르트)" 또는 "가색 검(갈색 곰 인형)"처럼 원하는 것을 말한 다음 멈추고 반응을 기다렸다. 원하는 걸 바로 손에 넣으면 더는 아무 말도 하지 않았다. 그러나 원하는 걸 얻지 못하거나 우리가 다른 일로 바빠서 부탁을 들어줄 수 없는 상황이라고 생각되면 상대방의 눈을 똑바로 바라보면서 고개를 한 번 끄덕인 다음 "피즈"라고 말했다.

아이가 커가면서 언어 구사력도 향상되었다. 재스퍼는 좋아하는 것("디도dido!", 공룡)이나 하고 싶은 것("위wee", 미끄럼틀)을 이야기하고 숫자("둘")도 세기 시작했다. 심지어 "피즈" 다음에 "예yeah"라는 말을 붙여서 본인이 진지하다는 뜻도 표현했다. "요" "피즈" "예"라고 말한다면 "요구르트 먹고 싶어요. 진짜로요"라는 뜻이었다.

다만 "피즈"는 특별했다. 재스퍼에게 "피즈"는 단어가 힘을 가지며 구체적인 행동을 끌어낸다는 사실을 깨닫게 해준 첫 단어였기 때문이다. 갖고 싶은 뭔가가 있는데 손에 들어올 것 같지 않을 때, "피즈"를 덧붙이면 원하는 대로 이루어진다. 아니 최소한 그럴 가능성이 커진다.

재스퍼는 인생 최초의 매직 워드Magic Word를 발견한 셈이었다.

우리가 하는 일은 거의 모두 단어와 관련된다. 단어로 아이디어를 전달하고, 자신을 표현하며, 사랑하는 사람과 교감한다. 리더가 조직을 이끌고 영업사원이 상품을 판매하며 부모가 아이를 키우는 일도 모두 단어를 통해서 이뤄진다. 교사가 가르칠 때도, 정책 입안자가 정책을 펼칠 때도, 의사가 환자에게 설명할 때도 단어를 쓴다. 심지어 개인적인 생각도 언어를 기반으로 한다.

추정치에 따르면 우리는 하루에 1만 6천 개 정도의 단어를 사용한다.[1] 이메일을 쓰고 프레젠테이션 자료를 만들며 친구나 동료, 고객과 이야기를 나눈다. 온라인 데이팅 앱 프로필을 작성하고 이웃과 잡담을 나누며 배우자와 대화하며 하루를 어떻게 보냈는지 파악한다.

이렇게 많은 시간을 언어에 할애하는데도 우리가 사용하는 단어에 대해서는 거의 생각하지 않는다. 물론 전달하고자 하는 아이디어에 대해서는 생각하지만 이를 전달할 때 사용하는 특정한 단어는 그만큼 신경쓰지 않는다. 굳이 그럴 이유가 있는가? 개별 단어는 얼마든지 다른 단어로 대체할 수 있을 것 같으니 말이다.

방금 읽은 문단의 마지막에서 세번째 문장을 예로 들어보자. 여기서 단어를 지칭할 때 '특정한'이라는 표현을 사용했지만, 그 자리에 '개별적인' '구체적인', 또는 다른 수많은 동의어로 대체해도 상관없다. 아이디어를 전달하는 일은 중요해도 그 과정에서 사용하는 특정한 단어는 하찮게 보일 때가 많다. 우연히 입에서 나온 표현이든, 그때그때 머리에 떠오른 표현이든 말이다.

그러나 이 생각은 잘못되었다. 아주 잘못된 것이고말고.

세상을 바꾼 단어

1940년대에는 한 단어면 세상을 바꿀 수 있었다. 재난이 발생하거나 악당이 인간의 삶을 파괴하려고 위협할 때, 만화책에 등장하는 십대 소년 빌리 뱃슨이 "샤잠SHAZAM!"이라고 외치면 엄청난 힘과 속도를 지닌 슈퍼히어로로 변신했다.

매직 워드의 역사는 유구하다. "아브라카다브라!"부터 "호커스 포커스!" "열려라, 참깨!" "익스펙토 페트로눔!"에 이르기까지 마술사, 마법사, 다양한 영웅들은 정해진 말을 사용해 신비로운 힘을 깨웠다. 이런 마법의 주문처럼, 특정한 단어를 전략적으로 활용하면 무엇이든 변화시키거나 이룰 수 있다. 주문을 듣는 사람은 전혀 저항할 수 없다.

순전히 소설 속 이야기라고 생각하는가? 꼭 그렇지는 않다.

1970년대 후반, 하버드대 연구팀은 뉴욕시립대 도서관에서 복사기를 사용하는 사람들에게 다가가 한 가지 부탁을 했다.[2]

뉴욕은 활기찬 문화, 맛있는 음식, 다양한 인종이 북적대는 도시로 유명하다. 하지만 친절함 면에서는? 기대하지 말자. 뉴욕 사람들은 말이 빠르고 일을 열심히 하며 항상 바쁘게 살기로 유명하다. 따라서 누군가가 낯선 사람을 돕겠다며 일부러 불편함을 감수하는 상황을 기대하기란 어렵다.

하버드대 연구팀은 무엇이 타인을 설득시키느냐에 관심이 많았다. 연구원 한 명이 도서관 책상에 앉아서 누군가 복사기에 다가가기를 기다렸다. 복사하려는 사람이 자료를 복사기에 넣으면 기다리던 연구원이 끼어들었다. 아무것도 모르는 사람에게 다가가서 그 사람을 가로막고 자기가 먼저 복사기를 사용하게 해달라고 부탁했다.

연구원들은 다양한 방법으로 접근했다. 일부에게는 직접적으로 부탁했다. "실례합니다. 제가 다섯 장만 복사하면 되는데요, 먼저 써도 될까요?" 다른 사람들에게는 '왜냐하면'이라는 단어를 덧붙였다. "실례합니다. 제가 다섯 장만 복사하면 되는데요, 먼저 써도 될까요? **왜냐하면** 제가 좀 바쁘거든요."

두 가지 접근법은 거의 차이가 없었다. 둘 다 예의바르게 "실례합니다"라고 했고, 복사기를 사용하게 해달라고 부탁했으며, 다섯 장을 복사하겠다고 말했다. 듣는 사람이 감수해야 하는 불편함도 똑같았다. 두 경우 모두 복사하려던 사람은 작업을 중단하고 자기 자료를 복사기에서 꺼낸 후 다른 사람이 먼저 복사하는 동안 가만히 기다려야 했다.

그러나 비슷해 보이는 이 두 가지 방법은 전혀 다른 결과를 낳았다. "왜냐하면"이라는 단어를 덧붙이자 연구원에게 먼저 복사하라고 양보하는 경우가 50퍼센트 이상 증가했다.

딱 한 단어 때문에 50퍼센트나 더 많은 사람이 설득당했다니 엄청난 일이다. 경이롭다고까지 말할 만하다. 물론 두 가지 접근법의 차이는 한 단어 이상이라고 주장하는 사람도 있을 것이다. "왜냐하면"이라는 단어를 포함해 접근하면서 단순히 단어 하나를 덧붙인데 그치지 않고 부탁하는 이유(바쁘다)까지 밝혔기 때문이다.

따라서 "왜냐하면"이라는 단어 자체가 설득을 유도했다기보다는 상당히 납득가는 이유를 들었기 때문에 부탁을 받아들였을 가능성도 있다. 연구원은 바쁘다고 했고, 무고한 행인은 바쁘지 않았기 때문에 선의를 베풀거나 도움을 주려고 양보했을지도 모른다.

하지만 실제로는 그렇지 않았다. 연구진은 또다른 식으로도 접근해보았다. 세번째 경우에는 그럴듯한 이유 대신 별다른 의미가 없는 이유를 가져다 댔다. "실례합니다. 제가 다섯 장만 복사하면 되는데요, 먼저 써도 될까요? 왜냐하면 복사를 해야 하거든요."

이 경우에는 부탁하는 이유에 대해 새로운 정보가 전혀 들어가지 않았다. 복사기를 사용해도 되느냐고 묻는 시점에서 이미 부탁하는 사람의 목적이 복사라는 사실을 분명히 밝혔기 때문이다. 따라서 "왜냐하면"이라는 단어를 덧붙여봤자 상당한 차이가 발생할 가능성은 크지 않아 보였다. 그럴듯한 이유를 제시했기 때문에 설득당하는 사람이 늘어났다면, 복사해야 하므로 복사기를 먼저 사용해도 되느냐고 묻는 건 도움이 될 리 없었다. 사실 아무런 의미 없는 이유를 든다는 점에서 복사기를 양보하는 사람 수가 오히려 줄어들지도 몰랐다.

하지만 실제 결과는 정반대였다. 의미 없는 이유를 추가하자 설득당하는 빈도가 줄어들기는커녕, 오히려 대폭 증가했다. 그럴듯한 이유를 댔을 때와 마찬가지였다. 이유를 듣고 설득된 것이 아니었다. 이유 앞에 오는 단어 하나, 즉 "왜냐하면"의 힘이 상대방을 설득한 것이다.

복사기 연구는 매직 워드의 힘을 보여주는 한 가지 예일 뿐이다. 무언가를 "좋아한다"고 말하기보다 "추천한다"고 말하면 상대방이 제안을 받아들일 확률이 32퍼센트나 높아진다. 영어권에서는 남성이 데이팅 앱 프로필에 관계 대명사 '훔whom'이라는 단어를 사용하면 데이트 성사율이 31퍼센트나 높아진다. 자기소개서 첫 장에 전치사를 많이 추가하면 채용 확률이 24퍼센트 올라간다. 특정 제품을 설명할 때 '~하지 않는다'의 단축형인 '이즌트isn't'가 아니라 일반형인 '이즈 낫is not'을 사용하면 소비자가 그 제품을 사기 위해 기꺼이 3달러를 더 낸다. 기업이 실적 발표 때 사용하는 언어는 그 기업의 주가에 영향을 미치며, CEO가 사용하는 언어는 투자 수익에 영향을 미친다.

어떻게 이 모든 것을 알 수 있을까? 언어를 대상으로 삼은 새로운 과학적 연구를 통해서다. 머신 러닝, 전산 언어학, 자연어 처리 분야가 기술적으로 발전하고 자기소개서부터 대화에 이르기까지 모든 언어를 디지털화하는 기술이 결합되어 언어를 분석하는 역량이 비약적으로 향상됐고, 그 결과 언어에 대해 유례없이 깊은 통찰을 얻었다.

　나는 우연히 자동 문자 분석을 활용하게 되었다. 2000년대 중반, 와튼스쿨의 1년 차 교수로 나는 왜 유행이 생기는지 연구하고 있었다. 우리 연구팀은 왜 사람들이 다양한 대상 중에서 특정 대상에 대해서만 이야기하고 공유하는지가 궁금했다. 그래서 1면 기사부터 세계 뉴스, 스포츠, 라이프스타일 분야까지 수천 건의 뉴욕타임스 기사를 데이터 형태로 축적했다. 상당수는 아주 유익한 읽을거리였지만, 그중 극히 일부만이 뉴욕타임스 웹사이트의 '이메일로 가장 많이 공유된 기사' 목록에 올랐다. 이에 우리는 어떤 특징을 가진 기사가 주목받는지 파악하고자 했다.

　그러려면 콘텐츠가 빠르게 퍼져나가는 다양한 이유를 알아내야 했다. 예를 들어 타임스의 가정 면에 실린 기사가 더 많은 관심을 받을 가능성을 조사했다. 마찬가지로 특정 면이 더 많은 독자를 확보한다거나 특정 기자의 기사를 구독자들이 더 많이 읽을 수도 있으므로 이러한 요소도 함께 측정했다.

　우리는 특히 기사를 작성하는 방식에 따라 기사가 공유될 확률이 높아지는지에 초점을 맞췄는데, 이를 조사하려면 기사의 다양한 특징을 평가하는 방법이 필요했다. 예를 들면 각 기사가 어느 정도나 감정을 불러일으키는지, 해당 기사가 유용한 정보를 얼마나 전하는지 등을 평가해야 했다. 이를 위해 우선 연구 보조원부터 모집했다. 관심 있는 학부생들이 이메일로 참가 신청만 하면 쉽게 연구에 참여할 수 있었다. 각 학생은 기사 하나를 읽고 기사가 감정을 소소하게 움직였는지, 강하게 움직였는지 점수로 매겼다.

이 방법은 최소한 처음에는 상당히 효과적이었다. 학생들은 몇 개의 기사부터 시작해 이내 수십 개의 기사를 평가했다.

그러나 이 방법을 수천 개에 달하는 기사에 적용하기는 어려웠다. 연구 보조원들이 기사 하나를 읽는 데 시간이 필요했고, 기사 열 건, 백 건, 천 건을 읽으려면 그만큼 시간이 열 배, 백 배, 천 배 더 필요했다.

우리는 연구 보조원 상당수를 모집했지만 진척은 더뎠다. 연구 보조원을 더 많이 뽑을수록 평가 결과가 일관되게 나올지에 대한 확신도 떨어졌다. 어떤 연구원이 특정 기사를 보고 강렬한 감정이 일었어도 다른 연구원은 그렇게 생각하지 않을 수 있었다. 이러한 일관성 부족이 연구 결과에 악영향을 미칠 가능성을 우려할 수밖에 없었다.

기사의 다양한 특징을 측정할 객관적인 방법이 필요했다. 연구 보조원들을 지나치게 혹사하지 않으면서도 수천 가지 기사의 특징을 전반적으로 측정하는 일관된 방식을 찾아야 했다.

이 문제에 대해 몇몇 동료와 이야기를 나눴다. 그러다가 누군가가 '심리학적 텍스트 분석 프로그램Linguistic Inquiry and Word Count'을 써보면 어떻겠느냐고 제안했다. 이 프로그램은 놀랄 만큼 간단했다. 사용자가 글 한 꼭지(신문 기사나 그 외의 글)를 입력하면 프로그램이 다양한 측면에서 측정한 점수를 출력했다. 예를 들어 기사에 감정과 연관된 단어가 등장하는 횟수를 셈으로써 해당 기사가 어느 정도로 감정적인지를 가늠했다.

연구 보조원들과 달리 프로그램은 절대 지치지 않았다. 게다가 완벽하게 일관된 결과가 나왔다. 항상 똑같은 방식으로 글을 분석했다.

LIWC라는 약자로 잘 알려진 이 언어 분석 프로그램은 내가 가장 좋아하는 새로운 연구 도구로 자리잡았다.*

단어에서 얻은 지혜

그후 수십 년간 수백 가지의 새로운 도구와 접근 방식이 등장했다. 특정한 용어의 개수를 세고, 하나의 문서에서 주요 주제를 찾아내며, 단어에서 지식을 뽑아내는 방법도 소개되었다.

현미경이 생물학에 혁명을 일으키고 망원경이 천문학에 지각변동을 가져온 것처럼, 자연어 처리 도구는 사회과학의 지형을 뒤바꿔놓았으며 모든 유형의 인간 행동에 대한 통찰력을 제시했다. 우리는 어떤 단어가 고객 만족도를 높이는지 찾기 위해 고객 서비스

---

* LIWC에 관심이 있다면 제임스 W. 페니베이커의 훌륭한 저서 『대명사의 비밀생활*The Secret Life of Pronouns*』을 참고하라.

통화를 분석했고, 왜 어떤 대화는 다른 대화보다 순조롭게 흘러가는지 이해하기 위해 수많은 대화를 살펴보았으며, 독자의 흥미를 사로잡는 서술 방식의 특징을 밝혀내기 위해 온라인 기사를 자세히 조사했다. 왜 일부 영화가 블록버스터로 성공하는지 파악하기 위해 수천 개에 달하는 영화 대본을 검토했고, 더욱 큰 영향력을 미치는 저술 방법을 이해하기 위해 수만 개의 학술 논문을 연구했으며, 단어가 어떻게 입소문에 영향을 미치는지 파악하기 위해 수백만 개의 온라인 리뷰를 분석했다.

어떻게 해야 환자가 의료 지침을 더 잘 따르는지 파악하기 위해 환자와 의료인의 상호작용을 분석했고, 효과적인 청원서의 요소를 밝히기 위해 가석방 청문회를 상세히 조사했으며, 어떤 경우에 재판에서 승소하는지 알아내려고 법정 변론을 검토했다. 수만 개의 TV 프로그램 대본을 면밀히 분석해 무엇이 흥미진진한 줄거리를 탄생시키는지 이해하고, 25만 곡 이상의 노래가사를 분석해 어떤 노래가 인기를 끄는지 파악했다.

그 과정에서 나는 매직 워드의 힘을 목격했다. 물론 우리가 하는 말은 중요하지만, 어떤 단어는 다른 단어보다 훨씬 큰 영향력을 발휘한다. 올바른 단어를 적절한 시기에 사용하면 상대방의 마음을 바꾸고 청중을 끌어들이며 행동을 이끌어낼 수 있다.

그렇다면 매직 워드란 무엇이고 그 힘을 어떻게 활용할 수 있을까?

이 책은 언어가 어떻게 작용하는지는 물론이고 그보다 더 중요한, 어떻게 하면 언어를 더 효과적으로 사용할 수 있을지 그 숨겨진 과학을 탐구한다. 타인을 설득하고 관계를 돈독히 하며 가정과 직장 모두에서 더욱더 성공하기 위해서다.

좀더 구체적으로 말하자면 이 책에서는 다음과 같은 여섯 가지 유형의 매직 워드를 다룬다. (1) 정체성과 능동성을 북돋우는 단어 (2) 자신감을 전달하는 단어 (3) 올바른 질문을 던지는 데 효과적인 단어 (4) 구체적인 내용을 나타내는 단어 (5) 감정을 자극하는 단어 (6) 유사성(과 차별성)을 활용하는 단어다.

1장. 정체성과 능동성을 북돋우라

단어는 누가 권한을 가졌는지, 누구에게 책임이 있는지, 특정한 행동을 하는 게 무엇을 의미하는지를 제시한다. 따라서 사용하는 단어를 약간만 바꾸어도 커다란 효과를 얻을 수 있다. 왜 동사보다 명사를 사용하는 것이 타인을 설득하는 데 효과적인지, 올바른 방법으로 거절 의사를 밝히는 것이 목표를 달성하는 데 얼마나 도움이 되는지, 막다른 벽에 부딪혀 스스로 자문해볼 때 단어 하나만 바꿔도 얼마나 더 창의적으로 생각하게 되는지 살필 것이다. 삼인칭으로 자신을 표현하면 긴장감을 줄이고 더욱 효과적으로 소통할 수 있는 이유, '당신'과 같은 간단한 단어가 어떤 상황에서는 도움이 되고 다른 상황에서는 역효과를 불러일으키는 이유를 알아본다. 또한 단어가 능동성과 공감력에 영향을 미치는 방식을 탐구하며 단어가 사람들을 윤리적으로 행동하게 하거나 투표에 참여하게 이끌 수 있는지, 또는 배우자와 언쟁을 할지 말지까지도 바꿀 수 있는지 살펴볼 것이다.

2장. 자신감을 전달하라

단어는 단순히 사실과 의견만이 아니라 말하는 사람이 그 사실과 의견을 얼마나 확신하는지도 전달한다. 그로 인해 화자에 대한 인식과 영향력이 크게 좌우된다. 고전하던 영업직 임원이 잘못된 단어를 쓰지 않음으로써 영업왕으로 변신한 사례, 변호사가 말하는 방식이 그들이 전달하는 사실만큼이나 중요한 이유, 말하는 사람을 더욱 믿음직스럽게 만들고 신뢰감과 권위를 부여하는 화법을 살핀다. 사람들은 왜 잘못된 조언을 할 가능성이 큰데도 재무상담사를 선호하는지, 왜 어떤 식당의 음식이 "맛있었다"라고 말할 때보다 "맛있다"라고 말할 때 듣는 사람이 그 식당에 갈 확률이 높아지는지도 알아본다. 확실한 언어가 도움이 되는 경우도 있지만 불확실한 언어가 더욱 효과적인 사례도 소개할 것이다. 논란이 되는 주제에 대해 의구심을 표현하면 왜 상대방이 귀를 기울일 확률이 높아지는지, 왜 한계를 인정하는 사람이 더욱 믿음직해 보이는지도 알아본다.

3장. 올바른 질문을 던지라

이 장에서는 질문의 과학을 살필 것이다. 왜 조언을 구하면 더 똑똑해 보이는지, 왜 첫번째 데이트에서 질문을 많이 하면 두번째 데이트로 이어질 확률이 높은지 살핀다. 어떤 유형의 질문이 더 효과적이며 질문을 해야 할 올바른 시점은 언제인지 알아본다. 까다로운 질문을 피하는 방법과 상대방이 민감한 정보를 털어놓도록 독려하는 방법을 찾아본다. 사회적 유대관계를 돈독히 할 수 있는 확실한 방법을 한 부부가 어떻게 발견했는지, 그리고 왜 올바른 질문을 던지면 사람들에게 진심으로 배려한다는 인상을 주는지 알아본다.

4장. 구체적인 언어를 활용하라

이 장에서는 구체적인 언어의 힘을 설명한다. 어떤 단어를 사용해야 상대방의 말을 경청한다는 인상을 주는지, 왜 문제를 "해결한다"보다 "시정한다"라고 이야기하면 고객 만족도가 높아지는지 살펴본다. 한편 무언가에 대한 지식이 오히려 악영향을 미치는 경우, 그리고 "상의"보다 "회색 티셔츠"라고 칭하면 판매량이 올라가는 이유를 알아본다. 그러면 항상 구체적인 단어를 사용해야 한다고 생각할 수도 있으니 추상적인 표현이 더 바람직한 상황도 소개할 것이다. 추상적인 언어를 사용하면 힘과 리더십을 드러내고 스타트업의 자금 조달에까지 기여할 수 있다.

5장. 감정을 자극하는 언어를 사용하라

5장에서는 감정을 자극하는 언어가 왜 상대방의 몰입을 유도하는지 살펴보고, 삶의 모든 측면에서 감정적인 언어를 활용하는 방법을 탐구한다. 스물두 살의 인턴은 좋은 이야기를 만드는 요령을 이해하고 팟캐스트 왕국을 건설했다. 왜 부정적인 요소를 추가하면 긍정적인 요소가 더욱 즐겁게 느껴지는지, 감정적인 언어를 사용하면 왜 일부 품목에서는 판매가 증가하지만 다른 품목은 그렇지 않은지 알아본다. 그리 흥미롭지 않은 주제를 다룰 때조차 계속해서 듣는 사람의 관심을 끄는 방법, 그리고 상대방이 뿌듯하다거나 행복하다고 느끼면 그후에 하는 말에 귀를 기울일 확률이 왜 줄어드는지 살펴본다. 5장을 끝까지 읽으면 감정을 자극하는 언어를 활용하는 방법과 시기뿐 아니라 어떤 청중이든 깊게 몰입하게 이끄는 프레젠테이션 및 이야기, 콘텐츠 구성법을 배울 수 있다.

6장. 유사성과 차별성을 활용하라

이 장에서는 언어의 유사성에 대해 배운다. 언어적 유사성이 무슨 의미인지, 그리고 누가 승진을 하는지부터 어떻게 두 사람이 친해지는지, 누가 해고를 당하는지 또는 두번째 데이트가 성사되는지까지 다양한 현상을 설명하는 데 왜 언어적 유사성이 유용한지 살펴본다. 그러나 유사성이 항상 좋은 것은 아니다. 때로는 차별성이 더 바람직하다. 왜 전형적이지 않은 곡이 더 인기를 끄는지, 시리Siri

와 알렉사Alexa에 적용된 인공지능이 이야기의 전개 속도와 포괄 범위를 수치화하는 데 어떻게 사용되는지 알아본다. 6장을 마무리할 때 즈음이면 타인의 언어적 스타일을 파악하는 방법뿐만 아니라 언제 다른 사람과 비슷한 언어를 사용해야 할지, 언제 차별화된 언어를 사용해야 할지, 그리고 이해하기 쉬우면서도 긍정적인 반응을 끌어낼 확률이 높은 방식으로 자신의 아이디어를 제시하는 방법은 무엇인지 배울 것이다.

7장. 언어가 밝혀내는 진실

1장부터 6장까지는 언어의 영향력에 초점을 맞췄다. 언어를 어떻게 활용하여 더 행복하고 건강하며 성공적으로 살 수 있는지 살폈다. 마지막 장에서는 단어가 드러내는 몇 가지 놀라운 사실을 소개한다. 연구원들이 직접 읽지 않고도 셰익스피어가 집필한 희곡임을 파악한 이유, 대출 신청서에 사용하는 단어를 토대로 누가 대출금을 갚지 못할지 예측하는 방법을 살펴본다(힌트: 외향적인 사람을 믿지 마라). 또한 언어가 사회 전반에 대해 폭넓게 무엇을 드러내는지도 보여줄 것이다. 25만 개의 곡을 분석하면 '대중음악이 여성혐오적인가(그리고 점차 그런 양상이 개선되었는가)'라는 오래된 의문에 대한 해답을 얻을 수 있다. 경찰관이 착용하는 보디캠 영상을 살펴보면 경찰관이 흑인과 백인과 대화하는 방식에 미묘한 편견이 숨어 있음을 알 수 있다. 7장을 마칠 무렵이면 언어를 통해 세상에서 일어나는 일을 더욱 잘 이해하게 될 것이다. 언어가 타인과 그들의 의도에 대해 드러내는 진실뿐 아니라 언어가 미묘한 사회적 고정관념과 편견을 반영하는 방식까지도 알 수 있다.

각 장마다 한 가지 유형의 매직 워드와 그 사용 방법을 집중적으로 다룬다. 몇 가지 통찰은 '할 수 없다' 대신 '하지 않는다'를 사용하는 것처럼 비교적 간단하지만, 좀더 복잡하고 문맥에 따라 응용해야 하는 것도 있다.

이 책은 언어를 더욱 효과적으로 사용하는 방법에 초점을 맞추었는데, 이런 통찰을 얻는 데 사용한 분석 방법이 궁금하다면 부록에 소개한 참고 가이드를 보라. 널리 사용되는 몇 가지 분석 방법과 다양한 기업, 조직, 업계에서 이를 활용하고 사용한 실례도 소개한다.

스스로 깨닫든 아니든 우리는 누구나 작가다. 책을 쓰는 작가나 기사를 쓰는 기자라는 직함이 없다 해도 어쨌거나 우리는 글을 쓴다. 동료에게 이메일을 쓰고 친구에게 메시지를 보낸다. 상사에게 제출할 보고서를 작성하며 고객에게 보여줄 프레젠테이션 자료를 만든다.

우리는 모두 대중 연설가이기도 하다. 무대에 나가 수천 명 앞에 서는 일은 없을지 몰라도, 누구든 다른 사람 앞에서 말을 한다. 회사에서 발표를 하거나, 첫번째 데이트에서 상대와 잡담을 나누거나, 기부자에게 기부 서약을 해달라고 부탁하거나, 아이에게 방을 청소하라고 말한다.

하지만 더 좋은 글을 쓰고 조리 있게 말하려면, 즉 명확한 의도와 배려를 담아서 소통하려면 올바른 단어를 사용할 줄 알아야 한다. 상대방이 내 말에 귀를 기울이고 관심을 가지며 무언가를 행동에 옮기도록 설득하기는 무척 어렵다. 다른 사람에게 동기를 부여하고 상상력을 북돋우며 사회적 유대감을 쌓기도 쉽지 않다.

그러나 올바른 단어를 사용하면 도움이 된다.

어떤 사람들은 화술을 타고났다는 말을 자주 듣는다. 이런 사람들은 설득력이 있고 카리스마가 넘치며 어떤 말이 가장 효과적인지 잘 아는 것처럼 보인다. 그렇다면 그런 능력을 타고나지 않은 나머지 사람은 그저 운을 탓해야 할까?

그렇지 않다.

뛰어난 글쓰기 실력이나 화술은 타고나는 것이 아니라 배울 수 있다. 단어는 놀라운 영향력을 갖고 있으며 단어가 언제, 왜, 어떻게 작용하는지를 이해하면 누구나 단어를 활용하여 영향력을 키울 수 있다.

단어를 더 효과적으로 사용하고 싶은 독자든, 단순히 단어의 작동 기제를 이해하고 싶은 독자든, 이 책이 그 방법을 보여줄 것이다.

정체성과
능동성을
북돋우라

실리콘밸리의 북적거리는 스타트업 사무실에서 그리 멀지 않은 조용한 골목길에 미국 최고의 유치원으로 꼽히는 시설이 자리한다. 빙유치원Bing Nursery School은 모든 아이가 꿈꿔왔을 법한 곳이다. 교실마다 나지막한 언덕과 다리, 모래밭, 닭장, 토끼장이 갖춰진 600평 이상의 야외 놀이터가 딸려 있다. 환한 불빛이 가득한 커다란 교실에는 미술 도구, 블록 장난감, 원아들의 흥미를 돋우고 감성을 길러주도록 고안된 교재가 넘쳐난다. 심지어 건물도 아이들을 생각하고 설계해 어린아이의 눈높이에도 딱 맞도록 창문이 아래까지 길게 내려와 있다.

당연히 입학 경쟁도 무척 치열하다. 입학 정원은 고작 몇백 명인

데 아이를 대기자 명단에 올리려고 안달하는 부모는 수천 명이다. 어떤 부모는 아이가 어릴 때부터 음악적 재능을 보였다거나 여러 가지 언어로 숫자를 셀 줄 안다고 강조하며 자기 아이는 영재라고 입학 심사관을 설득한다.

그러나 빙유치원은 뛰어난 아이들을 선발하지 않는다. 오히려 그 반대에 가깝다. 빙유치원에서는 다양한 유형의 원아를 모집해 인구 구성을 반영한다. 빙유치원은 단순한 유치원이 아니라 연구소이기 때문이다.

1960년대 초반, 스탠퍼드대는 새로운 연구소 겸 학교를 짓고자 했다. 교수진과 직원에게는 아이를 맡길 보육원이, 교육학 및 심리학 대학원생에게는 직접 아이들을 접하며 실습할 기회가 필요했기에 스탠퍼드대는 국립과학재단에서 보조금을 받아 첨단 설비를 갖춘 연구 시설을 세웠다. 빙유치원을 인기 유치원으로 만든 근사한 실내외 설비뿐만 아니라 옆방에서 들여다볼 수 있는 거울과 관찰 공간까지 교실에 갖춰 연구진이 아동 발달을 연구하기에 이상적인 장소였다.

그후 빙유치원에서는 수백 건의 연구가 진행되었다. 예를 들어 아이들의 만족감을 지연시키는 능력(눈앞에 있는 마시멜로를 먹지 않고 기다리면 나중에 마시멜로를 하나 더 받는다)을 연구한 소위 '마시멜로 실험'도 빙유치원에서 했다. 마찬가지로 아이가 이미 좋아하는 일(예를 들어, 색칠하기)을 할 때는 이에 대해 보상해주면 오히려 미래에 그 일을 할 확률이 낮아진다는 사실을 발견해낸 내재적 동기부여 연구도 여기서 진행됐다.

보다 최근에는 한 연구팀이 빙유치원을 찾아 아이들이 남을 돕도록 동기를 부여하는 방법을 연구했다.[1] 물론 남을 돕는 것은 좋은 일이다. 부모는 아이에게 먹은 접시를 치워달라고 요청하고, 교사는 학생에게 장난감을 정리하도록 지시하며, 아이들은 서로에게 그네를 밀어달라고 부탁한다.

그러나 아이에게 뭔가 일을 시켜본 사람이라면 누구나 알겠지만, 아이들이 항상 기꺼이 도와주겠다고 나서는 것은 아니다. 고객이나 동료, 손님과 마찬가지로 우리가 바라는 일에 아이들이 항상 관심을 보인다는 법은 없다. 아이들은 시키는 일을 하기보다는 마그나 타일(자석이 달린 다양한 모양의 블록 장난감—옮긴이)을 쌓으면서 놀거나, 소파 위에서 방방 뛰거나, 신발장 안에 든 신발을 전부 꺼내서 신발끈을 풀어놓는 걸 더 좋아한다.

연구팀은 아이들 또는 타인을 설득하는 방법을 이해하기 위해 4세와 5세 아이들에게 아이들이 특히 꺼리는 일, 즉 정리하기를 도와달라고 부탁했다. 바닥에 잔뜩 쌓인 블록 더미는 블록 상자에 담아야 하고, 장난감은 깨끗하게 치워야 하며 통을 뒤집어서 전부 꺼내놓은 크레용도 깔끔하게 정돈해야 했다. 그뿐만 아니라 설득을 더 어렵게 만들기 위해 연구팀은 아이들이 장난감을 가지고 놀거나 크레용으로 그림을 그리는 등 다른 일에 몰두할 때까지 기다렸다가 부탁을 했다. 그러면 아이들은 남을 돕는 일에 훨씬 관심을 덜 가질 터였다.

몇몇 아이들에게는 단순히 도와달라고 부탁했다. 남을 돕는 것은 좋은 일이라는 점을 주지시키고, 바닥에 흩어진 물건을 줍거나 다른 사람이 힘들어할 때 거드는 식으로 다양하게 남을 도울 수 있다고 이야기해주었다.

한편 다른 아이들에게 연구팀은 흥미로운 방식으로 부탁했다. 이 아이들에게도 앞에서 다른 아이들에게 한 이야기와 거의 똑같은 얘기를 들려줬다. 다른 사람을 돕는 것은 좋은 일이며 여러 가지 방법으로 도울 수 있다는 내용이었다. 그러나 단 한 가지 작은 차이점이 있었다. 아이들에게 '도와달라help'고 부탁하는 대신, '남을 돕는 사람helper'이 되어달라고 이야기했다.

이 두 가지 부탁법은 별 차이가 없어 보인다. 너무 미미한 차이라서 뭐가 다른지 알아채지 못할 수도 있다. 실제로 여러 측면에서 거의 차이가 없었다. 두 가지 요청 모두 동일한 내용이었고(어지럽게 흩어진 장난감 줍기), 둘 다 어떤 형태로든 "돕는다"라는 단어를 사용했다. 사실 차이는 고작 두 글자에 불과했다(돕다help라는 단어 끝에 그렇게 하는 **사람**er이라고 붙였을 뿐이다).

하지만 이렇게 미미해 보이는 차이에도 불구하고 결과는 크게 달랐다. 단순히 아이들에게 도와달라고 부탁했을 때보다 남을 돕는 사

람이 되어달라고 부탁했을 때 아이들이 도와줄 확률은 33퍼센트쯤
까지 높아졌다.

왜 그럴까? 왜 그 두 글자가 그렇게 큰 영향력을 미쳤을까?

그 대답은 동사와 명사의 차이에 있다.

행동을 정체성으로 바꿔라

리베카와 프레드에 대해 이야기한다고 가정해보자. 리베카는 러
닝을 하지만 프레드는 러너다. 둘 중 누가 더 달리기를 더 좋아할 것
같은가?

사람은 다양한 방식으로 묘사할 수 있다. 피터는 나이가 많고 스
콧은 젊다. 수전은 여성이고 톰은 남성이다. 찰리는 야구를 좋아하
고 크리스틴은 진보적이며 마이크는 초콜릿을 많이 먹는다. 제시카
는 아침형 인간이고 대니는 개를 좋아하며 질은 커피 애호가다. 나
이 및 성별 같은 인구학적 요소부터 의견, 특징, 취향에 이르기까지
이런 묘사는 해당 인물이 누구인지, 어떤 사람인지 조금이나마 설
명해준다.

그러나 같은 말도 여러 가지 방법으로 할 수 있다. 예를 들어 정치
적으로 좌파에 가까운 신념을 가진 사람이 있다면 그 사람을 "진보
적이다" 또는 "진보주의자"라고 표현할 수 있다. 개를 아주 좋아하
는 사람을 "개를 좋아한다" 또는 "애견인"이라고 표현할 수도 있

다. 미세한 차이처럼 보일지 모르지만 두 사례 모두 후자는 특정한 범주를 나타낸다. 누군가를 진보적이라고 표현한다면 그 사람이 좌파의 신념을 지녔다는 의미다. 하지만 누군가를 "진보주의자"라고 표현하면 그 인물이 특정 집단이나 유형에 속한다는 뜻이다. 특유의 무리에 속하는 일원이라는 의미다.

범주라는 꼬리표는 영속성이나 안정성의 정도를 나타내기도 한다. 과거 또는 현재에 어떤 행동을 하거나 감정을 느낀다고 표현하지 않고 특정 범주라는 꼬리표를 붙이면 그보다 깊은 본질, 즉 그 사람이 **누구인지**를 암시하게 된다. 시기나 상황에 관계없이 그 사람은 항상 그런 유형의 인물이라는 뜻이다.

누군가를 진보적이라고 말한다면 그 사람이 현재는 좌파적인 신념을 가졌다는 의미지만, 누군가를 **진보주의자**라고 말한다면 더욱 영구적인 상태를 시사한다. 누군가가 개를 좋아한다고 말하면 그 사람이 현재 개를 좋아한다는 뜻이지만, 애견인이라고 말하면 그 사람은 특정한 유형에 해당하며 앞으로도 계속 그 정체성을 유지한다는 의미다. 예를 들어 ("샐리는 그릇을 치우지 않았다"처럼) 일시적인 상태로 보이는 일도 ("샐리는 게으름뱅이다"라는 식으로) 특정한 범주의 꼬리표를 붙여서 표현하면 훨씬 더 지속되거나 근본적인 상태로 인식되기 쉽다. 패배하는 것은 나쁘다. 패배자가 되는 것은 그보다 더 나쁘다.

실제로 누군가가 "당근을 많이 먹는" 로즈를 "당근 마니아"라고 표현하면 듣는 사람은 로즈의 그러한 기질을 고착된 특징이라고 생각하기 마련이다. 사람들은 로즈가 아마 어렸을 때도 당근을 많이 먹었을 테고 앞으로도 당근을 많이 먹을 가능성이 높으며 심지어 옆에서 당근을 못 먹게 막아도 당근을 먹을 가능성이 높다고 생각한다. 과거나 미래, 주변에서 반대하느냐 마느냐와 관계없이 당근을 먹는 행동을 계속한다고 여긴다.[2]

꼬리표가 주는 인상은 매우 강렬하므로 꼬리표와 해당 꼬리표가 묘사하는 행동을 신경써서 분리하는 경우도 많다. 의뢰인을 선처해 달라고 주장할 때 변호사는 이렇게 말하기도 한다. "피고인은 범죄자가 아닙니다. 그저 잘못된 결정을 했을 뿐입니다." 마찬가지로 이렇게 말하는 스포츠팬도 있다. "경기를 종종 보기는 하지만 나는 광적인 팬은 아니야."

지금까지 소개한 모든 예시에서 꼬리표는 특정한 형태로 나타난다. 바로 명사다. "진보적인"이라는 특징은 형용사지만 범주를 나타내는 "진보주의자"는 명사다. 누군가가 "자주 달린다"라고 말하면 "달리기"를 동사로 쓴 것이지만, 누군가가 "러너"라고 말하면 행동(동사)을 정체성(명사)으로 바꾼 셈이다.

다양한 주제와 영역에 걸쳐 진행된 연구에 따르면, 행동을 정체성으로 바꿀 때 타인에 대한 인식이 다르게 형성된다.[3] 예를 들어 어떤 사람이 커피 애호가('커피를 많이 마신다'와 비교할 때)라고 하거나 컴퓨터광('컴퓨터를 많이 사용한다'와 비교할 때)이라고 하면 우리는 해당 인물이 커피(또는 컴퓨터)를 다른 사람보다 더 좋아하며, 미래에도 그런 성향을 유지할 것이며 주변 사람이 다르게 생각해도 자신의 선호를 고수할 가능성이 크다고 추론한다.

동사를 사용한 표현("커피를 마신다")을 명사("커피 애호가")로 바꾸면 그 사람의 태도나 선호가 더욱 그 사람의 기질에 근거한 것으로 보이기에 더 강력하게, 더 안정적으로 인식된다. 단순히 그가 현재 보이는 태도가 아니라 그 사람을 이루는 정체성의 일부로 여긴다.

행동을 정체성으로 바꾸면 타인에 대한 인식이 다르게 형성된다는 사실은 다양한 상황에 응용 가능하다. 예를 들어 이력서에 "열심히 일한다"라고 적기보다 "열심히 일하는 사람"이라고 적으면 채용 담당자에게 더 좋은 인상을 심어준다. 동료를 "혁신적인" 사람이라고 표현하기보다 "혁신가"라고 표현하면 주변 사람들이 그를 더욱 긍정적으로 인식할 것이다.

이 효과는 훨씬 광범위하게 적용될 수도 있다. 단순히 인식에 영향을 미칠 뿐 아니라 같은 원리를 활용해 실제로 **행동**을 바꿀 수도 있다. 특정한 행동이 원하는 정체성 또는 주체성을 수립하는 하나의 방법이라고 규정하는 것이다. 이렇게 행동을 지칭하는 말을 정체성을 나타내는 말로 바꾸면 실제로 타인의 행동을 변화시킬 수 있다.

누구나 자기 자신을 지적이고 유능하며 매력적인데다가 능률적인 사람이라고 긍정적으로 평가하고 싶어한다. 원하는 것이 구체적으로는 다를 수 있다. 운동을 잘하는 사람, 아는 게 많은 사람, 아니면 냉장고에 뭐가 있든 근사한 저녁을 차려낼 수 있는 사람…… 하지만 어쨌든 일반적으로 누구나 긍정적으로 자기 자신을 바라보고 싶어한다. 따라서 우리는 자신이 바라는 좋은 사람이 되려고 노력한다. 뛰어난 운동 능력을 갖추고 싶은가? 가끔 달리기를 하면 좋을 것이다. 돈 많고 사회적 지위가 높은 사람이면 좋겠나? 멋진 차를 사거나 이국적인 휴가를 즐기면 된다. 이상에 부합하게 행동하고 부합하지 않는 행동을 피함으로써, 자기가 원하는 유형의 사람이라고 자기 암시를 보낼 수 있다.

그런데 여기서 문제는 더욱 흥미로워진다. 사람들이 특정한 방식으로 보이고 싶어한다면, 특정 행동을, 각자가 되고 싶어하는 존재임을 증명하는 기회로 정의해 거기에 맞는 행동을 하게끔 동기를 부여할 수 있다. 빙유치원의 연구를 살펴보자.

우리는 다른 사람에게 도움을 부탁할 때 이렇게 동사를 사용해서 말한다. "블록 장난감 정리 좀 **도와줄래?**" 또는 "접시 치우는 일을 **도와줄** 수 있니?" 두 문장 모두 행동을 나타내는 동사 "도와주다"로 부탁한다. 동사를 명사로 바꿔서 같은 부탁을 다르게 표현할 수 있다. 블록 장난감 정리를 "도와달라"가 아니라 "남을 **도와주는** 아이가 되어서 블록 장난감 정리를 해줄 수 있겠니?"라고 부탁하는 것이다. 이렇게 간단히 단어를 바꾸기만 해도 이전에는 단순한 행동(도와주다)이었던 게 좀더 심오한 무언가로 바뀐다. 이제 블록 장난감 정리는 단순히 누군가를 돕는 행동이 아니라 하나의 기회다. 원하는 정체성을 획득할 기회가 된다.

일부 부모는 의구심을 표현할지도 모르겠지만, 아이들은 대부분 남을 돕는 아이로 인정받고 싶어한다. 물론 무거운 쓰레기를 치울 수도 저녁을 준비할 수도 없겠지만, 남을 도와주는 아이로 자신이 속한 집단에 이바지하기는 아이들이 원하는 긍정적인 정체성이다. 따라서 동사에 이름을 붙이거나 동사를 명사로 바꾸면 단순한 행동(도와주기)이 긍정적인 정체성(남을 돕는 아이)을 증명하는 기회로 변신한다. 이제 블록 장난감을 정리하는 일은 아이에게 자기 자신과 다른 사람들에게 착한 아이라는 사실을 보여줄 기회다. 바람직한 집단의 일원으로 자리잡는 기회다.

누군가를 돕는다고? 물론 좋은 일이다. 하지만 남을 돕는 아이임을 증명할 기회를 얻는다? 남을 돕는 아이라는 근사한 정체성을 가질 수 있다고? 그렇다면 크레용을 내려놓고 장난감 정리를 도울 만해진다. 빙유치원 아이들이 한 행동이 바로 그런 맥락이었다.

동사를 명사로 바꾸는 일의 영향력은 아이들과 장난감 정리에 국한되지 않는다. 예를 들어 2008년에는 한 연구팀이 같은 원리를 활용해 투표율을 상승시켰다. 투표는 건전한 민주주의의 핵심이며 나라의 운영 방식을 결정할 기회지만, 많은 사람이 여전히 투표장에 모습을 드러내지 않는다. 남을 돕는 일과 마찬가지로, 유권자들 역시 투표해야 한다고 생각하면서도 항상 실천에 옮기지는 않는다. 너무 바쁘거나, 깜박하거나, 후보들에게 별 관심이 없어서 투표를 크게 신경쓰지 않는다.

연구팀은 언어가 투표율 향상에 도움을 줄 수 있을지 궁금했다. 그래서 일반적인 소통 방식("투표합시다vote"라고 사람들에게 요청하기) 대신 약간 다른 방법을 시도했다. 이들은 사람들에게 투표자voter가 되자고 주장했다. 여기서도 차이는 매우 미미해 보인다. 사실상 '투표한다vote'라는 단어 끝에 'r'이라는 글자를 하나 덧붙였을 뿐이다. 그러나 이 변화는 먹혀들었다. 투표율이 무려 15퍼센트 이상 증가했다.[4]

'투표한다'라는 행동을 '투표자'라는 긍정적인 정체성으로 바꿔 표현하자 더 많은 사람이 투표장으로 향했다. 투표한다는 단순한 행동을 자신의 긍정적인 측면을 보여줄 기회로 바꾸자 많은 사람이 투표장에 모습을 드러냈다.

상대방이 자신의 말에 귀기울였으면 하는가? 경청하는 **사람**이 되어달라고 부탁하라. 주도하게 하고 싶은가? **리더**가 되라고 촉구하면 된다. 더 열심히 일하게 만들고 싶은가? 우수사원이 되도록 동기를 부여하라.*

이 같은 원리는 사람들이 부정적인 행동을 하지 않도록 막을 때도 사용할 수 있다. 비윤리적인 행동에는 대가가 따른다. 예를 들어 미국 기업은 직장 내 범죄 때문에 연간 500억 달러 이상의 비용을 치른다.

사람들이 윤리적인 행동이나 옳은 일을 하도록 독려하는 경우가 자주 있지만, 정체성을 나타내는 언어를 사용하면 효과가 훨씬 높아진다. 실제로 연구에 따르면 "부정행위를 하지 마라"라고 말하기보다 "부정행위하는 **사람**이 되지 마라"라고 말할 때 부정행위의 빈도가 절반 이하로 줄었다.[5] 그렇게 행동하면 자신이 바람직하지 않은 정체성을 가지고 있다고 암시하므로 부정한 행동을 실행할 확률이 크게 낮아진 것이다.

쓰레기를 버리지 않게 하고 싶은가? "제발 쓰레기를 버리지 마세요" 대신 "쓰레기 버리는 사람이 되지 마세요"라고 말해보자. 아이가 진실을 말하도록 이끌고 싶은가? 그렇다면 "거짓말하지 마라"보다 "거짓말쟁이가 되지 마라"라고 말하는 편이 훨씬 효과적이다.

* 다른 모든 유용한 접근 방식과 마찬가지로 이러한 전략이 오히려 역효과를 부르기도 한다. 예를 들어, 아이들에게 과학 관련 게임을 소개하면서 "과학을 탐구하는" 게임이라고 설명할 때보다 "과학자가 되는" 게임이라고 설명할 때 게임에 관한 여자아이들의 관심이 줄어들었다. "아이들 스스로 자신이 과학자 범주에 걸맞은 사람인지에 대해 의구심을 가질 만할 때(예를 들어 과학 과목 때문에 좌절하거나 과학자에 대한 선입견이 있는 경우), 정체성을 나타내는 단어를 사용하면 부정적인 결과로 이어질 수 있다. 과학자가 자신의 정체성과 일치하지 않는다고 생각하면 관심이 멀어지기 때문이다"라고 연구자들은 추측했다. 자세한 내용은 『심리과학*Psychological Science*』 30권 3호(2019), 455~466쪽에 실린 마저리 로즈 및 공저자의 「여학생의 과학에 대한 몰입도를 증가시키는 미묘한 언어적 단서Subtle Linguistic Cues Increase Girls' Engagement in Science」, https://doi.org/10.1177/0956797618823670를 참고하라.

이 원리는 심지어 자신에게도 적용할 수 있다. 운동이나 달리기를 더 자주 하는 습관을 들이고 싶은가? 주변 사람들에게 러닝한다고 말하는 대신 러너라고 얘기해보자. 달리기가 안정적이고 일관적인 자기 정체성의 일부가 되어 습관을 몸에 붙일 확률이 높아진다.

그러나 행동을 정체성으로 바꾸기는 정체성과 능동성의 언어라는 더욱 폭넓은 언어 범주를 활용하는 한 방법일 뿐이다.

정체성과 능동성을 활용하는 그 외의 네 가지 방법은 다음과 같다. (1) '할 수 없다'를 '하지 않는다'로 바꾸기 (2) '해야 한다'를 '할 수 있다'로 바꾸기 (3) 혼잣말하기 (4) "당신"이라는 단어를 올바르게 사용하기.

'할 수 없다'를 '하지 않는다'로 바꾸기

언어로 바람직한 행동을 북돋울 수 있다는 사실은 매우 흥미롭다. 그렇지만 언어는 지향하는 정체성을 독려할 뿐 아니라 다른 역할도 한다. 언어는 누가 책임자인지를 나타낸다.

누구나 이루려는 목표가 있다. 운동을 더 많이 하고 체중을 감량한다. 빚을 갚거나 재무관리를 제대로 한다. 규칙적으로 생활한다, 새로운 것을 배운다, 친구 및 가족과 더 많은 시간을 보낸다 등으로 다양하다.

이렇게 누구나 목표를 세우고 이를 성취하기 위해 열심히 노력하지만, 그에 못 미치는 경우가 많다. 운동을 더 많이 하거나 돈 관리를 제대로 하려고 해도 실제로는 그렇게 되지 않는 것이다.

이러한 실패는 대개 유혹 때문이다. 건강한 식생활을 추구하고 싶지만 동료가 피자를 먹으러 가는데 너무 맛있어 보인다. 규칙적으로 생활하려고 하지만 친구의 소셜미디어를 구경하다보니 나도 모르게 두 시간이 훌쩍 지나가버렸다. 새해 결심을 지키거나 새로운 사람이 되려고 최선을 다하지만, 유혹이 앞길을 가로막는다.

과연 언어가 도움이 될 수 있을까?

유혹에 직면했을 때 우리는 "할 수 없다"라는 말을 자주 사용한다. 딥디시 피자가 너무 맛있어 보이지만 건강한 식생활을 하려고 노력중이라 피자를 먹을 수 없다. 너와 함께 휴가를 가고 싶지만 돈을 절약하는 중이라 갈 수 없다. 무언가를 할 수 없는 이유를 쉽게 설명할 수 있기에 우리는 이렇게 할 수 없다는 말을 자연스럽게 사용한다.

그렇긴 하나 2010년에 두 소비심리학자가 건강한 식생활에 관심이 있는 사람들을 대상으로 어떻게 하면 더욱 효과적으로 건강식단을 유지할 수 있는지 실험을 실시했다.[6] 참가자들은 유혹에 직면할 때마다 거기에 넘어가지 않기 위해 특정한 전략을 사용해야 한다는 지시를 받았다. 참가자 중 절반에게는 "할 수 없다"라는 일반적인 방법을 사용하라고 요청했다. 예를 들어 초콜릿케이크가 유혹하면 스스로에게 또는 다른 사람에게 "나는 초콜릿케이크를 먹을 수 없어"라고 말했다.

한편 나머지 참가자에게는 약간 다른 방법을 사용하라고 요청했다. 유혹을 떨쳐낼 때 "할 수 없다"라고 말하기보다는 "하지 않는다"라고 말하라고 했다. 위의 예와 마찬가지로 초콜릿케이크가 눈앞에 있을 때 스스로에게 또는 다른 사람에게 "나는 초콜릿케이크를 먹지 않아"라고 말하라고 지시했다.

'도와주다'와 '남을 돕는 **사람**'의 차이와 마찬가지로 "할 수 없다 can't"와 "하지 않는다 don't"의 차이는 미미해 보인다. 실제로도 그렇다. 두 가지 모두 알파벳이 네 글자로 동일하며 누구나 거절할 때 자주, 쉽게 사용하는 표현이다.

하지만 실험 결과 한쪽이 다른 쪽보다 훨씬 더 효과적이었다. 몇 가지 질문에 답하고 관련 없는 다른 실험을 마친 후 참가자들은 연구실을 떠나기 위해 일어섰다. 그리고 설문조사 결과를 제출하면서 참가에 대한 답례로 초콜릿바와 몸에 좋은 그래놀라바 둘 중 하나를 고르도록 했다.

초콜릿바는 아주 맛있어 보였다. 실제로 "할 수 없다"라고 말한 참가자 중 약 75퍼센트가 초콜릿바를 골랐다. 그러나 "하지 않는다"라고 말하는 쪽을 연습한 참가자 중 초콜릿바를 고른 사람은 그

절반에 불과했다. "할 수 없다" 대신 "하지 않는다"라고 말하자 유혹을 극복하고 목표를 위해 계속 노력하는 역량이 두 배 이상 증가했다.

학자들이 더욱 심도 있게 연구한 결과, "하지 않는다"가 더 효과적인 이유는 그 말이 주는 기분 때문이었다.

"할 수 없다"라고 말하면 우리가 어떤 행동을 할 수 없다는 의미이지만, 그와 동시에 특정한 하나의 이유를 시사하기도 한다. 그 이유를 더욱 잘 이해하기 위해 다음 문장의 빈칸을 채워보자.

> 나는 ____을(를) 먹을 수 없다. 왜냐하면 ____이기 때문이다.
> 나는 ____을(를) 살 수 없다. 왜냐하면 ____이기 때문이다.
> 나는 ____을(를) 할 수 없다. 왜냐하면 ____이기 때문이다.

음식, 행동, 대상이 무엇이든 간에 "왜냐하면"이라는 말 뒤에 적어넣은 이유는 아마도 외부적인 제약일 것이다. 나는 딥디시 피자를 먹을 수 없다. 왜냐하면 의사가 건강식을 해야 한다고 조언했기 때문이다. 나는 새 텔레비전을 살 수 없다. 왜냐하면 배우자가 돈을 절약하라고 말했기 때문이다.

"할 수 없다"라고 말하면 우리는 어떤 행동을 하고 싶지만 무엇 또는 누군가가 우리를 가로막는다는 의미일 때가 많다. 어떤 외부적인 제약(예를 들어 의사, 배우자 또는 그 외의 요소)이 하고 싶은 일을 못하게 방해하는 것이다.

그러나 "하지 않는다"라고 말하면 상당히 뜻이 달라진다. "하지 않는다"를 사용한 문장의 빈칸을 채우라고 요청하면 사람들은 전혀 다른 이유를 댄다.

나는 _____을(를) 먹지 않는다. 왜냐하면 _____이기 때문이다.
나는 _____을(를) 사지 않는다. 왜냐하면 _____이기 때문이다.
나는 _____을(를) 하지 않는다. 왜냐하면 _____이기 때문이다.

이렇게 되면, 하지 않는 이유는 일시적인 제약보다는 좀더 영구적인 요인, 즉 몸에 밴 태도를 가리키게 된다.

하고 싶어도 외부 요인이나 다른 사람 또는 무언가 때문에 못하는 것이 아니라, 이제 결정권은 내 쪽으로 넘어온다. 나는 딥디시 피자를 먹지 않는다. 왜냐하면 나는 별로 좋아하지 않기 때문이다. 나는 이메일을 5분마다 확인하지 않는다. 왜냐하면 나는 깊이 생각하고 싶기 때문이다.

"하지 않는다"라고 말하면 화자에게 능동성을 부여하기 때문에 유혹을 피하는 데 도움이 된다. 자신이 결정권을 가진 것처럼 말이다. 하고 싶은 일을 다른 무언가 때문에 못하는 게 아니라, 자신이 주도권을 쥐고 있으며 모든 것이 전적으로 자신에게 달렸다. 텔레비전을 몰아서 보거나 흥청망청 돈을 쓰거나 시간을 낭비할 수 있지만 나는 그러지 않는다. 그보다 나는 다른 일을 하고 싶기 때문이다.

그리고 이렇게 주도권을 쥐었다고 느끼면 유혹을 물리치기가 훨씬 쉬워진다. 결국 그런 목표를 세운 것은 나여서다.

새해 결심을 지키기 힘든가? 목표를 위해 꾸준히 노력하기가 힘든가? "할 수 없다"보다는 "하지 않는다"라고 말해보자.

삼가려고 노력하는 일과 그 이유를 적어보되, 특히 자신이 주도권을 쥐고 있다고 느낄 만한 이유에 집중해보자. 잊어버릴까봐 걱정된다면 포스트잇에 "하지 않는다"라는 문장을 적어서 냉장고나 컴퓨터에 붙여둬 유혹을 느낄 때마다 볼 수 있게 해두자. 결심이 흔들릴 것 같을 때 알림이 뜨도록 달력에 입력해도 좋다. 이렇게 하면 자신에게 주도권이 있음을 다시금 되새기고 목표를 향해 계속 노력하기가 더 수월해진다.

같은 전략을 다른 유형의 거절에도 응용할 수 있다. 가끔 하기 싫은 일을 부탁받았을 때 예의바르게 거절할 방법이 없어 난감하다. 남을 돕거나 지원하는 것은 좋은 일이지만 모든 부탁을 들어줄 수는 없다. 업무와는 전혀 관련 없는 프로젝트팀에 참여해달라고 동료에게 부탁받거나 합의한 업무의 범주를 넘어서는 일을 상사가 요구하면 빠져나갈 구실을 찾기 어렵다.

이럴 때 전문가들은 "거절 친구"를 찾으라고 조언한다. 거절 친구란 거절할 외부적인 구실이 되어줄 동료나 상사, 그 외의 사람을 뜻한다.

그러나 언어로도 같은 일을 할 수 있다.

앞서 언급한 것과 같은 상황에서는 "할 수 없다"라는 표현이 특히 유용하다. "할 수 없다"라고 말하는 건 외부 요인 때문임을 시사하기에 유혹을 피하는 데는 효과적이지 않으나 원하지 않는 요청을 거절하는 데는 매우 유용하다.

상사가 신입사원 교육을 부탁했기 때문에 프로젝트팀에 참여할 수 없다고 말하거나 완제품 출시가 지연될 우려가 있으므로 합의한 업무 범주를 넘어서는 일은 할 수 없다고 말함으로써 거절과 일정한 거리를 두게 된다. 당신이 도와주기 싫어서 거절하는 것이 아니라 외부적인 문제 때문이다. 당신은 돕고 싶지만 다른 이유로 도울 수 없는 것이다.

사실 상대방이 외부적인 제약을 통제하는 경우, 그 제약이 장애물임을 분명히 밝히면 양쪽 모두에게 도움이 되기도 한다. 두 가지 일을 동시에 할 수는 없지만, 외부적인 제약이 무엇인지 분명하게 밝힘으로써 상대방에게 둘 중 무엇이 더 중요한지 판단할 기회를 주게 된다. 도와줄 다른 사람을 찾거나 외부적인 장애물을 해결하기 위해 함께 노력할 수도 있다.

'해야 한다'를 '할 수 있다'로 바꾸기

창의력을 발휘하기는 쉽지 않다. 한 연구에 따르면 CEO의 60퍼센트가 창의성을 가장 중요한 리더십 자질로 꼽았지만, 자신이 창의적 잠재력을 충분히 발휘하지 못한다고 생각하는 사람이 75퍼센트에 달한다.

창의력은 특히 문제를 해결할 때 중요하다.

당신의 반려동물이 희귀암에 걸렸다고 가정해보자. 여러 수의사의 의견을 종합한 결과, 생명을 구할 약은 딱 하나뿐인 것 같다. 다행히도 그 약을 만드는 제약회사가 거주지 근처다. 하지만 안타깝게도 그 약은 엄청나게 비싸다.

대출을 받거나, 신용카드를 추가로 발급받거나, 친구나 가족에게 돈을 빌려보지만 치료비의 절반밖에 모으지 못한다. 절망에 빠진 나머지 당신은 공장에 몰래 들어가서 약을 훔치겠다고 마음먹는다.

아픈 반려동물을 위해 약을 훔칠 것인가 같은 도덕적 딜레마는 옳고 그름 사이의 윤리적인 문제로 표현되는 경우가 많다. 예를 들어 아무도 알아채지 못할 때 좋은 성적을 받으려고 부정행위를 할 것인가, 또는 돈을 절약하기 위해 거짓말을 해도 되는가와 같은 문제다.

이런 상황에는 분명한 정답이 있다. 다른 사람이 눈치채지 못하더라도 부정행위는 잘못된 행동이다. 들키지 않더라도 거짓말은 나쁘다. 물론 자신의 이익과 다른 선택지 사이에서 갈등할 수는 있으나 무엇이 "올바른" 행동이냐에는 의심의 여지가 없다.

하지만 "올바른" 대답이 없거나, 있더라도 명확하지 않은 상황도 존재한다. 앞에서 언급한 아픈 반려동물의 경우, 두 가지 선택지 모두 이상과는 거리가 멀다. 도둑질은 잘못된 행동이지만 불쌍한 반려동물이 죽어가도록 방치하는 일도 올바르지는 않은 듯하다.

두 가지 도덕적 의무 사이에서 하나를 선택해야 하는 이러한 상황을 "올바름 대 올바름"의 딜레마라고 부른다. 하나의 원칙(사랑하는 생명에 대한 의무 다하기)을 지키기 위해 다른 한 가지 원칙(정직하고 윤리적으로 행동하기)을 희생해야 하는 난감한 상황에 처한다. 한쪽을 선택하면 다른 한쪽을 포기하는 것처럼 보이므로 윈-윈하는 상황이라기보다는 둘 다 지는 상황처럼 느껴지기 마련이다.

이처럼 난감한 상황에 직면했을 때 우리는 곧잘 스스로에게 전형적인 질문을 던진다. 어떻게 **해야 할까**? (도둑질하면 안 된다는 도덕적 의무를 저버리고) 반려동물의 목숨을 구해야 할까, 아니면 (소중한 반려동물을 구하지 못하더라도) 법을 준수해야 할까?

우리는 항상 **해야 한다**를 기준으로 생각한다. 제품 설명서는 소비자가 제품을 어떻게 사용**해야 하는지** 알려주고, 취업규칙은 사무실에서 어떻게 행동**해야 하는지** 안내하며 기업 행동강령은 다양성 및 환경을 위해 조직이 무엇을 해야 하는지 명확하게 규정한다.

그러니 도덕적 딜레마나 다른 난감한 상황에 직면했을 때 무엇을 해야 하는지 떠올리는 것도 당연하다. 실제로 사람들에게 다양한 도덕적 딜레마에 대응하는 방법에 관한 생각을 가장 잘 표현하는 단어나 구절을 물어보면 삼분의 이 정도가 무엇을 해야 한다는 식으로 답변한다.

이렇게 '해야 한다'를 보편적으로 사용하지만, '해야 한다'를 중심으로 생각하다보면 막다른 골목에 다다르기 쉽다. '해야 한다'는 옳고 그름의 문제를 해결할 때 매우 효과적이다. 그다지 대단한 일도 아니고 아무도 알아차리지 못하더라도 거짓말, 부정행위, 도둑질을 할 것인가 말 것인가를 놓고서는 이런 사고가 유용하다. 이런 상황에서 어떤 행동을 해야 하느냐를 생각하면 자신의 도덕적 잣대를 되돌아보게 된다. 해야 할 "마땅한 행동"이 뭔지 생각하게 되고, 그 결과 도덕적으로 올바른 선택을 하는 데 도움이 된다.

그러나 그 외의 여러 상황에서 '해야 한다'라는 관점은 별로 도움이 되지 않는다. 아픈 반려동물을 위해 약을 훔칠 것인지를 생각할 때, '해야 한다'를 중심으로 사고하면 쉽게 결론을 낼 수 없다. "올바른" 대답이 없기 때문이다. 무엇을 해야 하는지 생각하다보면 내키지 않는 두 가지 선택지 사이에서 갈팡질팡하면서 더욱 딜레마에 빠질 뿐이다. 해야 한다를 중심으로 한 사고에서는 가치가 서로 다른 두 가지 선택지를 저울질해 가장 덜 나쁜 쪽을 고를 수밖에 없으므로 답답하게 느끼기 쉽다.

하지만 그보다 더 좋은 방법이 있다.

윤리적 딜레마를 해결하려고 할 때, 혹은 더 일반적으로는 창의적으로 생각하려고 노력할 때 우리는 번뜩이는 통찰력을 추구하곤 한다. 갑자기 해결책이 또렷하게 보이거나 문제를 바라보는 관점이 달라지는 유레카 같은 순간이다. 실제로 통찰력은 문제를 파악하는 즉시 떠오르거나 심도 있는 분석 및 고찰의 결과로가 아니라 가장 예상치 못한 순간에 번개처럼 떠오르는 경우가 많다.

예를 들어서, 창의적인 사고를 토대로 문제를 다른 관점에서 바라볼 때 통찰력이 생기기도 한다. 성냥 한 통과 압정 한 상자만 사용해서 불이 붙은 초를 벽에 고정해야 한다고 가정해보자. 잠시 시간을 갖고 생각해보자. 이 문제를 어떻게 해결할 것인가?

대다수는 해결 방법을 찾아내려고 바로 압정을 꺼내들기 마련이다. 압정을 사용해서 초를 벽에 고정하려고 한다.

안타깝게도 문제는 해결되지 않는다. 초를 고정하기에 압정은 너무 작아서 압정으로는 초를 붙일 수도 없다. 따라서 사람들은 다양한 각도로 여러 차례 시도해보지만 실패를 거듭한다.

하지만 이 문제를 다른 관점에서 바라보면 압정이 상당히 유용할 수 있다. 압정으로 초를 직접 벽에 고정하는 게 아니라 압정이 담긴 상자를 활용하는 것이다. 일단 상자에서 압정을 전부 꺼낸 후 압정으로 상자를 벽에 고정한다. 그리고 그 상자를 초의 받침대로 사용한다.

문제가 해결되었다.

이러한 문제를 해결하려면 유연한 사고방식이 필요하다. 사물의 기능이 정해졌다고 단정하기보다는(압정 상자는 압정을 보관하는 용도이다), 더욱 폭넓은 관점으로 어떻게 사물을 다른 방식으로 활용할지 생각해야 한다.

하버드대의 한 연구팀은 통찰력을 얻는 방법을 탐구하고자 했다.[7] 앞서 소개한 아픈 반려동물의 사례처럼 윤리적 딜레마를 갖는 다양한 상황을 모아두고, 사람들이 어떻게 문제를 해결하는지 조사했다.

또한 창의적 문제 해결력을 키울 수 있는지 알아보기 위해 참가자 중 한 집단은 약간 다른 각도에서 문제에 접근하도록 구성했다. 기본적인 접근법을 택하거나 무엇을 **해야** 하는지를 생각하기보다는 무엇을 할 수 있는지 생각해보라고 요청했다.

이 간단한 변화가 커다란 차이를 끌어냈다. 무엇을 할 수 있는지 생각해본 사람들이 훨씬 더 나은 해결책을 찾아냈다. 해결책의 완성도도 높았고 창의성도 세 배나 높았다.

두 가지 불완전한 선택지 사이에서 하나를 고르라고 수렁에 빠트리기보다는 무엇을 할 수 있는지 생각하도록 독려하자 문제를 보는 마음가짐이 달라졌다. 한 걸음 물러나서 상황과 거리를 두고 좀더

거시적인 관점에서 생각했다. 다양한 목표와 대안, 결과를 고려하고, 다른 가능성도 존재할 수 있음을 인식하게 됐다.

흑백 논리나 이분법에 매몰되기보다, 할 수 있는지에 대해 생각해보라고 조언하자 사람들은 대안이 있을지 모른다는 사실을 깨달았다. 반려동물 구하기와 도둑질하기 사이에서 진퇴양난의 늪에 빠지는 대신, 더 좋은 다른 길이 존재할지도 모른다. 약값의 부담을 덜기 위해 제약사(또는 동물병원)에 무료로 일하겠다고 제안하거나, 크라우드펀딩을 진행해 치료비를 모금할 수도 있다.

'할 수 있다'는 다양한 사고방식을 장려하므로 더 혁신적인 해결책으로 이어졌다. 틀 밖에서, 경계를 넘어 생각하기. 여러 가지 접근 방식을 고려하고 새로운 연결고리를 찾아내며 뻔한 해답에 안주할 가능성을 낮추기. 주어진 것을 액면 그대로 받아들이기보다는 '할 수 있다'는 관점에서 생각하면 그것의 가능성을 보게 된다. 흔해 빠진 결론을 배제하고 다른 방식으로 문제를 해결할 길을 탐구하게 된다.

예를 들어 연필 자국을 지워야 하는 상황에서, 사물이 무엇을 할 수 있는지를 고려하는 사람은 평범한 물건을 더욱 현명하게 활용할 방법을 찾아낼 확률이 높다.[8] 연필 자국을 지워야 하는데 지우개가 없다면 고무밴드도 같은 용도로 쓸 수 있다는 점을 깨닫는다. 마찬가지로 유해 먼지 흡입을 막기 위해 마스크가 필요할 경우, 사물이 무엇을 할 수 있는지 생각하는 사람은 양말을 써도 비슷한 효과를 얻는다는 점을 인지할 확률이 높다.

까다로운 문제로 골머리를 앓고 있는가? 더 창의력을 발휘하고 싶거나 누군가의 창의력을 북돋우고자 하는가?

할 수 있다라는 관점에서 생각하는 습관을 들이자. 무엇을 해야 하는지보다는 무엇을 할 수 있는지 생각해보자. 이렇게 하면 누구나 능동적으로 새로운 길을 고려하며 장애물을 기회로 바꾸기 위해 노력하게 된다.

타인에게 조언을 구할 때도 마찬가지다. 조언을 부탁할 때 우리는 보통 우리가 어떻게 해야 한다고 생각하느냐고 묻는다.

어떤 상황에서는 이렇게 하는 것이 도움이 된다. 그러나 항상 올바른 접근 방식은 아니다. 우리가 무엇을 할 수 있겠느냐고 묻는다면 상대방도 훨씬 폭넓게 생각해 더 창의적이고 좋은 방향을 제시해줄 것이다.

혼잣말하기

지금까지 언어를 사용해 정체성과 능동성을 북돋울 수 있는 몇 가지 방법을 살펴보았다. 특정 행동을 바라는 정체성으로 정의하거나 원하지 않는 정체성을 피하는 방법으로 정의함으로써 상대방이 그렇게 행동하도록 설득하는 방법. 주도권을 가졌다고 느끼게 해

유혹을 피하는 방법. 그리고 외부의 제약에 얽매이기보다는 무엇을 할 수 있느냐에 초점을 맞추어 창의력을 발휘하는 방법.

그러나 어떤 경우에는 언어를 사용해서 자신과 대상 사이에 거리를 두는 것이 더 좋은 결과로 이어지기도 한다.

중요한 프레젠테이션을 앞둔 전날 밤, 좀처럼 잠들지 못한다. 내용을 충분히 숙지했다고 생각하지만, 내일 진행할 발표에 너무 많은 것이 걸려 있어서 정말 제대로 준비하고 싶다. 프레젠테이션용 슬라이드를 대여섯 번 이상 검토하고 여기저기 설명을 덧붙이고 구절도 바꿔보지만 좀처럼 불안이 가시질 않는다.

이러한 상황에서 어떻게 긴장을 풀고 최고의 프레젠테이션을 할 수 있을까?

중요한 발표를 할 때, 첫번째 데이트를 할 때, 까다로운 대화를 앞뒀을 때 누구나 한 번쯤 신경이 곤두서는 기분을 느껴봤으리라. 실수할까봐, 말실수를 할까봐, 일을 엉망진창으로 만들까봐 걱정한다. 걱정하면 할수록 상황은 더 나빠진다. 일이 잘못될 수 있는 모든 시나리오를 머릿속으로 그려보고 부정적인 가능성에 지나치게 신경을 쓴 나머지 실전에까지 영향을 미친다.

다행히 이런 상황에서 종종 주변 사람이 개입한다. 친구, 배우자, 또는 친한 동료가 우리의 불안을 감지하고 긴장을 풀어주려고 노력한다. "틀림없이 잘할 거야" "걱정하지 마. 워낙 말도 잘하고 준비도 충분히 했잖아"라고 격려해준다. 긍정적인 면을 바라보게 도와주거나, 모든 일이 순조롭게 풀릴 거라고 다독여주거나, 지난번에 얼마나 잘했는지 떠올리게 해준다. 긍정적인 요소와 통제 가능한 것에 집중하도록 도와준다.

그렇다면 왜 자기 자신에게는 그렇게 못하는 걸까? 주변 사람에게 잘할 거라는 말만 들어도 실제로 긴장이 풀린다면, 자기 자신에게도 똑같이 말해주면 되지 않을까?

그러지 못하는 이유는, 자기 자신의 문제를 다른 사람의 문제보다 훨씬 크게 느껴서다. 내 프레젠테이션, 내 첫 데이트, 내 까다로운 대화는 다른 사람이 겪는 비슷한 문제보다 더 중요하고 긴장되며 어려워 보이니까.

그럴 수 있다. 그러나 백악관에서 발표를 하거나 핵무기 조약을 협상하지 않는 이상, 우리가 직면한 어려움은 아마 다른 사람들이 겪는 어려움과 비슷한 수준일 것이다.

사실, 문제는 더 미묘한 요소에서 기인한다. 완전히 똑같은 상황에 직면해도 자신에게 일어나는 일은 다르게 느낀다.

다른 사람이 불안해하거나 긴장할 때 유용한 조언을 건네기란 쉽다. 한 발짝 물러서서 보다 넓게 상황을 파악하고 합리적인 방식으로 철저히 고찰한다. 상황을 좀더 객관적으로 파악하는 것이다.

프레젠테이션이 진짜 그렇게 불안해할 일일까? 아닐 것이다. 잘못하면 세상이 끝나는가? 그럴 리가. 거시적으로 바라보면 생각만큼 그렇게 두려운 일은 아니다.

하지만 그 일이 우리에게 일어나면 적당한 거리를 유지하기가 어렵다. 상황에 너무 사로잡혀서 제대로 사고하는 능력을 잃어버린다. 감정이 앞서면서 평정심을 유지하기 힘들다. 시야가 좁아지고 부정적인 것에 집착하며 나쁜 생각을 떨치지 못한다.

미시간대 연구팀은 사람들을 진정시키는 방법을 연구하기 위해 여러 실험 참가자를 대상으로 고도의 스트레스를 유발하는 상황을 구현했다.[9] 연구팀은 참가자들에게 꿈의 직장, 항상 동경하던 회사의 원하는 직책을 떠올려보도록 요청했다.

그리고 왜 자신이 그 직책에 적합한지 발표해달라고 부탁했다. 여러 명의 면접관 앞에서 수백 명에 달하는 지원자 중 왜 자신이 그 직책에 맞는 사람인지 설명해야 했다. 그 자리를 원하는 사람들, 그 일에 적합한 다른 지원자보다 왜 자신이 더 적합한지 이야기해야 했다.

여기까지만 해도 충분히 어려운데, 준비할 시간은 고작 5분만 주어졌다.

듣기만 해도 스트레스를 받을 것 같은가? 실제로 그랬다. 참가자들의 심박수와 혈압은 올라갔고 주요 스트레스 호르몬인 코르티솔 수치도 치솟았다. 자신의 일거수일투족을 평가하는 사람들 앞에서 공개적으로 발표하는 일로 과학자들은 가장 효과적으로 스트레스를 유발할 수 있었다.

연구팀이 참가자들을 이런 상황에 처하게 한 것은 소위 자기대화 self-talk의 효과가 궁금했기 때문이다. 우리는 언어를 사용하여 타인과 소통하지만, 자기 자신과도 이야기한다. 힘든 일을 할 때 마지막으로 한 번만 힘을 내자고 스스로를 격려하기도 하고, 거울을 자세히 들여다보면서 여기저기 희끗거리는 흰머리에 대해 스스로에게 불만을 털어놓기도 한다.

자기대화는 자연스러운 내적 대화다. 의식적인 생각과 무의식적인 신념 및 선입견이 합쳐진 내면의 목소리다. 이러한 자기대화는 자신을 격려하거나 지지할 수도 있지만("한번 더 해보자!"), 부정적이고 자멸적일 수도 있다("또 흰머리야? 나이는 어쩔 수 없네!").

미시간대 연구팀은 자기대화 방식을 바꿈으로써 스트레스를 더 잘 관리할 수 있는지 알아보고자 했다. 따라서 참가자들에게 발표를 준비할 시간을 5분 주고 언어로 긴장감을 다스리는 두 가지 지침 중 하나를 주었다.

사람들은 일반적으로 자기 자신에게 일인칭으로 이야기한다. 자신의 감정을 이해하거나 왜 불안해하는지 파악하려고 할 때, "나는 지금 왜 이렇게 화가 났지?" "무엇 때문에 내가 이런 감정을 느끼는 거지?"라고 묻는다. 자신을 지칭할 때는 "나는" "내가" "나의"(모두 일인칭 대명사) 같은 단어를 쓴다.

실험 참가자 중 한 집단에게는 일반적인 접근 방식을 따르라고 지시했다. 자신의 감정을 이해하려고 노력할 때 일인칭 대명사를 사용해서 "나는 왜 이런 감정을 느끼지?" "지금 내가 느끼는 감정의 근본적인 원인과 이유는 뭘까?"라는 식으로 묻게 했다.

다른 집단에게는 약간 다른 관점을 취하는 언어를 사용하도록 안내했다. 불안감을 자신의 관점에서 이해하려고 노력하기보다는 외부인의 관점에서 보도록 요청했다. 자신을 "내가" "나는"이라고 지칭하기보다는 다른 사람이 말하듯 "당신"이라고 하거나 이름을 부르거나 "그" "그녀"라고 지칭하게 했다.

예를 들어 제인이라는 참가자는 자신에게 이렇게 물었다. "제인은 왜 이런 기분을 느낄까? 왜 그녀는 발표 때문에 불안해하지? 제인이 느끼는 감정의 근본적인 원인과 이유는 뭘까?"

참가자들은 지시 사항을 읽고 잠시 자신의 감정을 되돌아본 다음 발표를 하기 위해 다른 방으로 향했다. 면접관들은 이들의 발표를 지켜보고 다양한 관점에서 점수를 매겼다.

그 결과는 놀라웠다. 양쪽 그룹 모두 힘든 경험을 했다. 똑같이 까다로운 상황에 직면했고(사람들 앞에서 발표해야 한다) 준비할 시간이 거의 없는데다 발표하기 전에 5분간 자기 감정에 대해 생각해볼 시간을 가졌다. 자신에게 말을 걸 때 일인칭을 사용했는가, 이인칭 또는 삼인칭을 사용했는가만 유일하게 달랐다. 혼잣말을 "나는 왜 그토록 화가 났을까"라고 했는가, 아니면 "너는 왜 그렇게 화가 났을까"라고 했는가의 차이였다.

이렇게 사용하는 단어만 바꿔도 실제 발표에 커다란 영향을 미쳤다. "나는"이나 "내가"라고 지칭하며 일반적인 혼잣말을 한 사람과 비교할 때, 타인의 관점에서 혼잣말을 한(자기 이름이나 "너" 같은 단어를 사용한) 사람이 발표를 더 잘했다. 더 자신감이 넘치고 덜 긴장했으며 전반적인 발표도 더 훌륭했다.

이렇게 사용하는 언어를 바꾸자 참가자들은 어려운 상황과 어느 정도 거리를 두고 이를 외부인의 관점에서 바라보게 되었다. "나"에 초점을 맞춘 일반적인 사고방식으로 접근했다면 "세상에, 내가 이걸 어떻게 하지? 나는 메모도 없이 5분 안에 발표를 준비할 수 없어. 준비하려면 최소한 며칠은 걸린다고!"라고 혼잣말을 했을 것이다.

반면, 이름이나 "너" "그" "그녀" 같은 단어를 사용하자 제삼자처럼 생각하고 상황을 보다 긍정적으로 바라보게 격려해주었다. 불평하거나 자신에게 더 스트레스를 주기보다는 응원을 보내고 조언을 해주었다. "제인, 너는 할 수 있어. 너 전에도 발표 많이 해봤잖아."

제삼자의 언어를 사용함으로써 상황을 보다 객관적으로 바라보고, 그 결과 덜 불안해진 셈이다. 부정적인 감정도 줄어들었고 상황을 보다 긍정적인 관점에서 평가했다. 눈앞에 어려움이 닥쳤지만 준비되지 않았다고 느끼거나 압도당하기보다는, 충분히 대처하고 의연하게 감내해낼 만한 과제로 인식했다.

다른 분야에서도 이와 비슷한 효과를 찾을 수 있다. 음식을 선택하든, 건강 문제로 고민하든, 일인칭 언어에서 벗어나면 상황과 거리를 두어 더 좋은 결과를 얻을 수 있다.[10] 더 건강한 음식을 선택하거나 정확한 사실에 초점을 맞추게 됐다. 언어를 바꿔 외부인의 관점에서 자신을 바라보도록 독려함으로써 더욱 긍정적인 방향으로 나아가게 해준 것이다.

이와 같은 원칙은 매우 다양한 상황에 적용할 수 있다. 운동선수가 긍정적인 자기대화를 연습하면 더 큰 활약을 펼칠 수 있다.[11] 프로 운동선수들은 종종 성공하는 모습을 머릿속에 그리고 다양한 시나리오를 연습하는가 하면 훈련 도중 명상할 때 쓰는 주문을 반복하기까지 한다.

예를 들어 운동선수들은 경기 출전에 앞서 사기를 북돋우려 스스로에게 "너는 할 수 있어!"라고 격려한다. "나는 할 수 있어!"라고 말하면 다소 부자연스러울 수 있지만, 외부인의 관점에서 자신을 격려하면 더욱 자연스럽게 느껴지며 적용하기도 쉽다.

"당신"이라는 단어를 올바르게 사용하기

일반적인 자기대화 연구에 따르면 당신과 같은 대명사를 쓰는 것이 유용할 때도 있지만 오히려 역효과를 불러올 때도 있다.

몇 년 전, 한 다국적 기술 기업이 자사 소셜미디어 게시물을 분석해 효과적인 콘텐츠와 그렇지 않은 콘텐츠를 파악해달라고 요청해왔다. 수천 건의 게시물에 대한 텍스트 분석 결과, "당신"이라는 단어를 사용할 때 읽는 사람의 참여도가 올라간다는 사실이 드러났다. "당신" "당신의" "당신 자신"처럼 이인칭 대명사를 사용한 게시물은 좋아요 수도 댓글 수도 더 많았다.

이 기업은 이러한 분석 결과를 바탕으로 소셜미디어 전략을 조정했다. 이인칭 대명사를 사용한 게시물을 더 많이 올리자 고객의 참여율이 상당히 올라가는 긍정적인 결과를 얻었다.

이 기업은 고객 기술지원 문서에 대해서도 비슷한 분석을 의뢰해왔다. 새 노트북을 설정하는 방법이나 장비의 문제를 해결하는 방법을 안내한 웹사이트 페이지를 분석하고, 고객이 그런 기술지원 페이지를 유용하게 생각하는지 조사했다.

소셜미디어 게시물과는 달리 고객 기술지원 문서에서 "당신"이라는 단어의 사용은 정반대 효과를 낳았다. "당신" 같은 단어를 쓰면 소셜미디어에서는 게시물에 대한 몰입도가 올라갔지만, 기술지원 문서에서는 오히려 덜 유용하다는 평가를 받았다.

연구팀은 흥미로워하며 왜 결과가 정반대로 나타나는지 연구했다.

소셜미디어 게시물은 여러 면에서 기술지원 문서와 다르다. 길이가 짧고 자세한 내용이 담겨 있지 않으며, 기존 사용자가 아닌 사람이 볼 확률이 높다.

그러나 왜 "당신"이라는 단어가 정반대 영향을 미쳤는지 제대로 이해하려면, "당신"을 비롯한 다른 이인칭 대명사가 각각의 맥락에서 어떤 역할을 하는지 파악하는 것이 중요했다.

소셜미디어에서는 사용자의 피드에 가지각색의 콘텐츠가 흘러넘쳐서 어느 하나를 자세히 보게 만들기가 어렵다. 눈길을 끄는 데 사진도 도움이 되지만 올바른 단어 사용도 같은 효과를 낸다. 이런 상황에서는 "당신"과 같은 단어가 정지 신호 역할을 하며, 해당 게시물이 볼만한 내용이라고 알려준다.

"돈을 절약하는 다섯 가지 팁"이라는 게시물이 눈에 들어올 경우, 그게 내가 참고할 만한 내용인지는 확실치 않다. 그러나 여기에 "당신"이라는 단어를 추가해 "당신이 돈을 절약하는 다섯 가지 팁"으로 바꾸면 갑자기 게시물은 훨씬 개인적으로 연관성이 높은 내용처럼 느껴진다. 일반적인 정보가 아니라 당신이 유용하게 참고할 만한 내용으로 보인다. 게시물에 담긴 정보 자체는 전혀 바뀌지 않았는데도 말이다.

"당신"이라는 단어는 관심을 끌고, 관련성을 높이며, 누군가가 직접 자신에게 이야기하는 것처럼 느끼게 해준다.[12]

그러나 고객 기술지원 문서의 경우에는 이미 사용자가 거기까지 찾아왔기 때문에 굳이 주의를 끌 필요가 없다. 궁금한 점이 있거나 해결해야 할 문제가 발생해서 기술지원 문서를 검색한 것이므로 사용자는 이미 콘텐츠에 집중한다.

그뿐만 아니라 "당신"이라는 단어는 해당 정보가 사용자와 관련성이 크다는 인상도 주지만 동시에 책임을 전가하거나 비난한다는 인상도 준다. "프린터가 제대로 작동하지 않는다면"과 비교할 때, "당신이 프린터를 제대로 작동시키지 못한다면"이라는 서술은 사용자가 잘못해서 프린터가 제대로 작동하지 않는다는 말처럼 들린다. 프린터 문제가 아니라 사용자가 프린터의 기능을 제대로 활용하지 못한다는 식으로 느껴진다.[13]

마찬가지로 더 수동적인 서술법("공간을 비우는 방법은……")과 비교할 때, 능동적인 서술법("당신이 공간을 비우는 방법은……")은 사용자가 무언가 작업을 수행해야 한다는 의미를 강하게 담는다. 그리고 "당신"이라는 단어를 더 많이 쓸수록 사용자는 더 많은 작업을 해야 한다.

그렇다면 "당신"이라는 단어가 소셜미디어에서는 관심을 끌어서 도움이 되지만, 고객 기술지원 문서에서는 사용자에게 잘못이 있다고 추궁하거나 사용자를 비난하는 것처럼 보여 역효과를 낸다고 해도 되겠다.

1장 전체에 걸쳐 다루었듯이, 일반적으로 단어는 누가 주도권을 쥔 주체인지를 바꿀 수 있다. 즉 단어만으로 누가 지휘석에 앉아 주도권을 쥐고 있느냐, 즉 좋은 의미와 나쁜 의미를 모두 포함해 누구에게 책임이 있느냐가 바뀐다.

"너 강아지한테 밥 줬니?" "너 서류 마감이 언제인지 확인했니?" 같은 질문은 듣는 사람을 추궁하는 느낌을 준다. 물론 좋은 의도에서 단순히 정보를 요청하는 질문일 수도 있지만, 부정적으로 해석

되기 쉽다. '그게 왜 내 책임이야?' '나라고 왜 처리하고 싶지 않겠어?' 하며 반발하기 마련이다.

표현을 살짝만 바꿔도("강아지 저녁 먹었어?") 반발심이 들 가능성이 훨씬 줄어든다. 행동을 하는 사람보다 행동 자체에 초점을 맞추면 비난조로 들리지 않는다. 네가 해야 하는 일이라는 게 아니라, 그저 그 일이 끝났는지 궁금한 것뿐이야. 아직이라면 내가 할 수 있으니까.

"나는 이야기 좀 하고 싶었는데 네가 바빴어"라는 말도 마찬가지다. 이 말이 사실일 수도 있다. 대화를 하고 싶었지만, 상대방이 바빴을 수 있다. 그러나 이런 식으로 표현하면 상대방을 비난하는 셈이다. 상대방이 바빴던 것이 나쁠 뿐만 아니라, 대화를 못한 게 상대방 잘못이라는 느낌을 준다.

"당신"이라는 말을 없애고 "나는 대화 좀 하고 싶었는데 적절한 때가 아닌 것 같아"라는 식으로 바꿔 말하면 손가락질하는 느낌이 들지 않는다. 대화하지 못한 게 누구의 잘못도 아님을 명확히 밝히며, 무작정 요구하기보다는 상대방을 배려하는 사람이라는 인상을 준다. 비난하는 듯 느껴지는 "당신"이라는 단어를 피함으로써 혹여 상대방이 추궁당한다고 느낄 가능성을 없애는 것이다.

"내가" "나를" 그 외의 다른 일인칭 대명사도 마찬가지다. 친구의 세 살짜리 아들이 음식을 한입 먹고 나서 "저녁이 맛없어"라며 불평했다.

부모는 저녁 메뉴를 계획하고 재료를 사서 요리하는 데 몇 시간이나 썼기에 당연히 실망했다. 아들이 맛있게 먹어줬으면 했다. 그러나 부모는 이 일을 아들에게 중요한 교훈을 가르칠 기회로 활용했다. 어떤 대상이 나쁘다는 것과 그 대상을 좋아하지 않는다는 것은 엄연히 다르며, 한 사람이 무언가를 좋아하지 않더라도 반드시 그 대상이 나쁘다는 의미는 아니라고 아들에게 가르쳤다.

의견을 피력하는 문장에서 일인칭 대명사를 빼면 사실을 진술하는 것처럼 보인다. "이건 옳지 않아"나 "저녁이 맛없어"라는 말은 객관적으로 무언가가 나쁘다는 뜻을 암시한다. 그러나 "나"라는 단어를 추가하면 사실보다는 개인의 의견을 밝힌다는 게 분명해진다.

"내 생각에 이건 옳지 않아"라는 말은 다른 모든 사람이 동의하든 아니든 그 진술이 개인적인 의견임을 보여준다.

인칭 대명사는 소유권을 나타낸다. 따라서 인칭 대명사를 사용하느냐 마느냐는 우리가 이야기하는 주제에 대해 얼마큼 책임지려는지를 보여준다.

예를 들어 프로젝트 결과를 발표할 때 "나는 X를 발견했습니다" "결과에 따르면 X입니다"라고 말할 수 있다. "나는 무엇을 발견했다"라고 발표하면 누가 프로젝트를 진행했는지가 분명해진다. 발표자가 노력을 기울였고 결과에 대한 공로도 인정받아야 한다.

그러나 동시에 "내가 발견했다"라고 말하면 프로젝트 결과물이 더 주관적으로 보인다. 물론 당신이 무언가를 발견했지만, 다른 사람도 똑같은 것을 발견하지 않았을까? 아니면 당신이 발견한 것은 프로젝트를 진행하면서 **당신**이 내린 선택에 기반한 것인가? 결과적으로 대명사를 사용할지 말지는 누구에게 공로 또는 비난을 돌리고자 하는가, 말하는 내용을 얼마나 주관적 또는 객관적으로 보이게 하고 싶은가에 달렸다.

매직 워드 활용하기

단어는 단순한 정보 전달 이상의 역할을 한다. 누가 주도권을 쥐는지, 잘못은 누구에게 있는지, 특정한 행동을 한다는 게 무엇을 의미하는지를 시사한다. 따라서 우리는 정체성의 언어를 활용함으로써 자신과 다른 사람 모두에게서 바람직한 행동을 끌어낼 수 있다. 이번 장에서 소개한 요령을 다시 한번 짚겠다.

1. 행동을 정체성으로 바꾸기

다른 사람에게 도움을 요청하거나 어떤 행동을 하도록 설득하려고 하는가? 동사("나를 도와줄 수 있어?") 대신 명사("남을 돕는 사람이 되어볼래?")를 사용하자. 원하는 정체성을 확인할 기회로 특정 행동을 정의하면 상대방도 그에 부응하기 마련이다.

2. '할 수 없다'를 '하지 않는다'로 바꾸기

목표를 향해 꾸준히 노력하지 못하고 유혹을 떨쳐내기 어려운
가? "할 수 없다" 대신 "하지 않는다"라고 말해보자(예를 들어 "나
는 지금 디저트를 먹지 않는다"). 이렇게 하면 자신이 더 많은 자
율권을 가진 것처럼 느끼므로 목표를 달성할 가능성이 커진다.

3. '해야 한다'를 '할 수 있다'로 바꾸기

더욱 창의적인 사고력을 기르고 싶은가? 까다로운 문제를 두
고 독창적인 해결책을 찾고 싶은가? 무엇을 해야 하는지 생각하
기보다는 무엇을 할 수 있는지 생각하자. 이렇게 하면 색다른 관
점으로 상황을 보게 되므로 판에 박힌 사고방식에서 벗어나기
쉽다.

4. 혼잣말하기

중요한 발표 때문에 긴장되거나 중요한 면접을 앞두고 마음의
준비가 필요한가? 제삼자에게 하듯이 혼잣말을 해보자("너는
할 수 있어!"). 이렇게 하면 어려운 상황과 거리를 두게 되어 긴
장을 덜고 더 활약하게 된다.

5. 올바른 대명사 선택하기

누군가의 관심을 끌려고 노력하든, 배우자와 싸우지 않으려고 노력하든, "나"와 "당신" 같은 대명사를 사용할 때는 좀더 신중하게 생각해보자. 이러한 대명사는 상대방의 관심을 끌고 책임감을 나타내기도 하지만, 동시에 책임을 추궁하고 비난하는 의미도 담기 때문이다.

정체성의 언어를 이해하고 올바른 상황에 적절히 배치함으로써 매직 워드를 우리에게 유리하게 활용할 수 있다.

그러나 정체성과 능동성 외에도 주목할 만한 또다른 매직 워드가 있다. 바로 자신감을 전달하는 매직 워드다.

2장

자신감을
전달하라

유명한 연설가를 들라면 아마 도널드 트럼프를 맨 먼저 떠올리지는 않을 것이다.

로마의 정치가 키케로는 종종 역사상 가장 위대한 연설가로 꼽힌다. 키케로는 대중 연설을 가장 고차원적인 지적 활동이라고 생각했으며 좋은 연설가란 신중하면서도 유창한 어조로 절도 있고 위엄 있게 논지를 전달해야 한다고 믿었다. 마찬가지로 에이브러햄 링컨이나 윈스턴 처칠 같은 연설가도 명확하고 논리적인 주장, 설득력 있는 사고, 합리적인 아이디어로 칭송을 받았다.

트럼프는 이런 유명 연설가들의 공통점에 부합하지 않는다. 트럼프의 연설은 보통 문법적으로 어색하고 반복적이며 지나치게 단순한 단어로 구성돼 있다. 대선 출마 선언 연설을 예로 들어보자. "저는 거대한 장벽을 세울 것이며, 아무도 저보다 더 미국을 지킬 장벽을 잘 세우지는 못할 것이며, 저를 믿으세요, 게다가 장벽을 아주 경제적으로 지을 겁니다. 우리 미국은 심각한 문제에 직면해 있습니다." 트럼프의 연설은 계속 이어진다. "우리 미국은 더는 승리하지 않습니다. 예전에는 승리했지만, 지금은 아닙니다. 중국과의 무역 협상에서 미국이 마지막으로 우위를 점한 게 도대체 언제입니까? 저는 중국에 져본 적이 없습니다. 한 번도."

당연하게도 이 연설은 엄청난 조롱을 받았다. 사람들은 연설이 너무 단순하다고 비웃었고 『타임』지는 "내용이 없다"라고 혹평했으며 일각에서는 순전히 허풍이라고 웃어넘겼다.

그로부터 채 1년이 지나지 않아 트럼프는 미국 대통령에 당선됐다.

트럼프의 연설 스타일은 사람들이 웅변가의 그것으로 생각하는 연설과는 거리가 멀다. 횡설수설하며 상당 부분 앞뒤가 맞지 않는 데다, 일관성 없는 생각으로 가득차 있고 아무렇게나 문장을 시작하고 끝맺는가 하면 말을 더듬기도 한다.

하지만 트럼프에 대한 호불호와는 관계없이, 트럼프는 뛰어난 영업 전문가다. 트럼프의 연설은 확신에 차 있고 설득력이 뛰어나며, 원하는 행동을 하도록 청중을 독려하는 데 놀라운 효과를 발휘한다.

그렇다면 트럼프 연설의 비밀은 무엇일까?

트럼프의 연설 스타일이 왜 그토록 효과적인지 이해하려면 전혀 다른 각도에서 이 문제를 바라봐야 한다. 노스캐롤라이나주 더럼 카운티의 작은 법정부터 가보자.

힘있게 말하기

실제로 법정에 가본 적이 없다 하더라도 아마 TV를 통해 법정을 본 적은 있을 것이다. 양측 변호인이 큼직한 나무 책상 주위를 둘러싸고 모여 있다. 증인들은 진실, 있는 그대로의 진실, 오직 진실만을 증언하겠다고 선서한다. 그리고 무늬가 들어가지 않은 검은 판사복을 입은 판사가 높은 단상에 놓인 책상 앞에 앉아 엄숙하게 재판을 진행한다.

법정은 언어가 매우 중요한 역할을 하는 장소다. 시간을 과거로 되돌릴 수는 없으므로 단어로 무슨 일이 벌어졌는지 전달한다. 무슨 일이 일어났는지, 누가 언제 무엇을 했는지, 용의자나 주요 참고인이 특정 시간에 어디에 있었는지 열거한다. 단어가 유죄와 무죄를 결정짓는다. 누가 감옥에 가고 누가 풀려나는지, 누구에게 책임이 있으며 누구에게 책임이 없는지가 단어로 판가름난다.

1980년대 초반, 인류학자인 윌리엄 오바는 증언이나 변론 스타일이 법적 판결에 영향을 미치는지에 흥미를 가졌다.[1] 따라서 법정에서 **어떻게** 진술하느냐가 그 내용만큼이나 재판 결과에 영향력을 미치는지 알아보고자 했다.

일반적인 가정에 따르면 법정에서 논의되는 내용이 가장 중요하다. 물론 증인의 증언이나 변호사의 주장이 배심원단의 결정을 좌우하지만, 이는 단순히 그들이 사실을 제시하기 때문이다. 어쨌든 법체제는 객관적이고 편견 없는 진실의 중재자 역할을 해야 하기 때문이다.

그러나 오바는 이런 가정이 틀린 건 아닐지 의문을 품었다. 말하는 스타일을 약간 바꾸면 듣는 사람의 인식과 결정에 영향을 미칠 수 있는지 궁금했다. 예컨대 증인이 사용하는 단어를 살짝 바꾸면 증언의 평가와 해당 사건에 대한 배심원의 전반적인 결정에 영향을 미칠 수 있을지 알아보고자 했다.

이를 조사하기 위해 오바의 연구팀은 어느 해 여름 10주 동안 여러 건의 재판을 관찰하고 녹취했다. 경범죄와 중범죄를 비롯한 가지각색의 사건이었다. 총 150시간 이상에 달하는 법정 진술을 녹취했다.

그 후 연구팀은 녹취 자료를 들으면서 진술 내용을 기록했다.

오바가 데이터를 분석하자 뭔가가 눈에 들어왔다. 판사, 변호사, 전문가 증인은 사건 증인이나 피고인 등의 일반인과는 화법이 달랐다. 물론 "인신보호청원"이나 "공동 과실" 같은 법률 용어도 더 많이 사용했지만, 단순히 법률 용어를 사용하느냐 마느냐 차이가 아니었다. 말을 하는 방식 자체가 달랐다.

판사, 변호사, 전문가 증인은 격식을 차리는 단어("실례하지만" "네, 선생님")를 덜 사용했고 불필요한 말("어……" "음……" "뭐랄까……")이나 주저하는 단어("제 말은" "잘 아시겠지만")도 별로 사용하지 않았다. 에둘러서 말하거나 자신의 발언에 단서를 다는("어쩌면" "일종의") 경우도 적었고, 진술을 질문으로 바꿀 확률도 낮았다("그렇게 일이 일어난 거죠, 그렇지 않나요?" "그 사람이 방안에 있었어요, 아닌가요?").

그러는 이유는 단순히 상황 때문일 수도 있다. 사실 피고인은 재판을 받는 당사자이기 때문에 형량이 줄어들기를 바라며 아주 공손하게 보이려고 노력할지도 모른다. 마찬가지로 판사, 변호사, 전문가 증인은 법정에 선 경험이 더 많으므로 아마 긴장도 덜 할 것이다.

이렇게 각자의 입장이나 재판 경험에 따라 어느 정도의 차이는 당연하다고 해도, 오바는 그보다 더 근본적인 무언가가 작동할지도 모른다는 가정을 세웠다. 단순히 말하는 사람이 누구인가의 차이를 반영하는 것 이상으로 이들이 사용하는 언어가 말하는 사람에 대한 인식이나 재판의 결과에 영향을 주는지에 초점을 맞췄다.

따라서 오바는 몇몇 동료의 도움을 받아 실험을 진행했다.[2] 특정 사건과 특정 증인을 골라, 배우를 동원해 목격자 증언을 약간 다른 두 가지 버전으로 녹음했다.

증언 내용은 동일했으나 사실을 표현하는 데 사용한 언어가 달랐다. 한 버전에서는 증인이 법정 전문가(판사, 변호사, 전문가 증인)처럼 이야기했고 다른 버전에서는 증인이 보통 사람처럼 이야기했다.

예를 들어 변호사가 "구급차가 도착하기 전에 대략 얼마나 오래 그곳에 계셨습니까?"라고 질문하면 전문가처럼 말한 증인은 "20분입니다. 데이비스 부인이 정신을 차리도록 돕기에 충분한 시간이었습니다"라고 답했다. 보통 사람처럼 발언한 증인은 같은 사실을 말하면서도 중간에 주저하는 기색을 보였다. "아, 제 생각에는 대략, 음, 20분이었어요. 제 친구인 데이비스 부인이, 뭐랄까, 정신을 차리게 도와줄 정도의 시간이었죠."

마찬가지로 변호사가 "이 문제에 대해서는 잘 아시죠?"라고 질문하면 전문가처럼 발언하는 증인은 "예"라고 단답형으로 대답하는 반면, 보통 사람처럼 말하는 증인은 "네, 아마 그런 것 같아요"라고 단서를 달아 말했다.

다음으로 연구팀은 이러한 차이가 재판에 어떤 영향을 미치는지 알아보기 위해 여러 사람에게 각각의 녹음을 들려주고 배심원의 관점에서 사건을 판단하도록 부탁했다. 이 녹음을 들은 사람들은 증인에 대해 의견을 제시하고 이 사건의 피고인이 원고에게 손해배상금을 지급해야 하는지, 그렇다면 얼마가 적당할지 적어내야 했다.

오바가 예측한 대로 표현을 약간 바꾸자 목격자에 대한 인식이 달라졌다. 전문가처럼 발언하는 증인이 더 믿음직스럽다는 인상을 주었다. 녹음을 들은 사람들은 전문가처럼 말하는 증인이 더 신뢰할 만하고 더 유능하며 설득력이 있다고 보았기에 이들이 하는 말을 더 잘 믿었다.

이러한 화법의 변화는 증언에 대한 듣는 사람의 반응에도 상당한 영향을 미쳤다. 사실 자체는 변함이 없는데도, 전문가처럼 발언하는 증인의 말을 들은 사람들은 원고가 수천 달러의 손해배상을 더 받을 자격이 있다고 생각했다.

오바는 힘있는 화법의 영향력을 발견해낸 것이었다.

그후 여러 해에 걸쳐 과학자들은 '힘있는' 언어의 정확한 구성요소를 다듬어왔다. 그러나 주된 핵심 요소는 변하지 않는다. 힘있게 말하면 사람이 자신만만해 보인다. 그러면 그 사람이 좀더 확신에 차 있으며 두루 잘 아는 것처럼 보이므로 듣는 사람이 귀를 기울이고 생각을 바꿀 확률도 높아진다.[3]

트럼프는 힘있는 화법을 구사하고, 리더십 구루들도 힘있게 말하며, 스타트업 창업자 중에서 카리스마가 넘치는 사람들도 힘있는 화법을 사용한다. 그들은 비전이나 세계관, 자신의 관점이나 관념을 매우 설득력 있게 제시하므로 듣는 사람이 동의하지 않을 수가 없다. 이들은 엄청난 확신을 가지고 말하는 것처럼 보이기에 현실은 다를지도 모른다는 생각은 좀처럼 들지 않는다.

하지만 힘있게 또는 자신감 있게 말하는 능력은 타고나는 것이 아니라 배울 수 있다.

자신감 있게 말하기 위한 네 가지 방법은 다음과 같다. (1) 에두르는 말 쓰지 않기 (2) 주저하지 않기 (3) 과거형을 현재형으로 바꾸기 (4) 언제 의구심을 표현해야 하는지 이해하기.

에두르는 말 쓰지 않기

2004년에 한 연구팀은 재무상담사 선택에 관한 실험을 실시했다.[4] 실험 참가자들에게는 약간의 유산을 상속받아서 투자처 결정을 도와줄 적당한 재무상담사를 물색하는 상황이라고 가정했다. 어떤 친구는 재무상담사 A를 추천했고 다른 친구는 B를 추천했기 때문에 결정을 내리기 위해 경쟁을 제안했다. 각 재무상담사는 3개월 후 몇 가지 개별 주식의 주가가 오를 확률을 판단했다. 그리고 실험 참가자들은 주가의 실제 추이와 비교하여 재무상담사의 판단을 확인하고 선호하는 재무상담사를 고용했다.

재무상담사 A는 특정 기업의 주가가 오를 확률이 76퍼센트라고 말했으며 해당 주식은 실제로 주가가 올랐다. 마찬가지로 B는 다른 기업의 주가가 오를 확률이 93퍼센트라고 예측했으며 그 주식도 실제로 올랐다.

각 재무상담사가 제시한 주식에 대한 수십 가지 예측을 읽고 각 주식의 추이를 확인한 후, 실험 참가자들에게 둘 중 어떤 재무상담사를 고용하겠느냐고 물었다.

정확성 측면에서는 두 재무상담사 모두 뛰어났다. 각각 50퍼센트는 예측이 맞았고 50퍼센트는 맞지 않았다.

다만 두 재무상담사 사이에는 실험 참가자들이 모르는 중요한 차이점이 있었다. 두 상담사의 예측 정확도는 동일했지만, 한 명이 다른 한 명보다 훨씬 극단적으로 예측했다. 예를 들어 신중한 재무상담사가 주가 상승 확률을 76퍼센트라고 예측했다면 다른 상담사는 93퍼센트라고 예측했다. 또한 신중한 재무상담사가 주가 하락 확률을 18퍼센트라고 예측했다면 극단적인 상담사는 3퍼센트 정도라고 판단했다.

실험 참가자들이 신중한 상담사를 선호할 것이라고 생각할지도 모른다. 결과적으로 신중한 상담사가 더 현실적인 예측을 했다. 주가에 영향을 미치는 모든 불확실성을 고려할 때, 비교적 신중하게 예측하는 쪽이 더 합리적이라고 볼 수 있다.

그러나 실제 결과는 달랐다.

거의 75퍼센트에 가까운 참가자가 훨씬 극단적인 예측을 한 재무상담사를 선택했다. 비록 이 재무상담사가 시장의 추이를 예측하는 자신의 실제 능력보다 훨씬 더 과장된 자신감을 보였음에도, 참가자들은 좀더 자신 있게 표현한(더 확신하는 것처럼 보이는) 상담사의 조언을 선호했다.

힘있는 언어가 더 큰 영향력을 발휘하는 이유도 여기에 있다. 재무상담사를 선택하든, 증인의 증언을 경청하든, 대통령을 선택하든, 청중은 자신이 말하고자 하는 내용을 더욱 확신하는 화자나 자신감을 보이는 화자에게 쉽게 설득된다.

왜냐하면 어떤 사람이 확신에 차서 이야기하면 듣는 사람은 그 말이 옳다고 생각할 확률이 높기 때문이다. 어떤 후보자가 일을 가장 잘할까? 미래의 일을 정확히 예측할 수는 없지만 특정 후보자가 확신을 가지고 이야기한다면 그 사람의 말이 틀렸을지도 모른다는 생각은 좀처럼 들지 않는다. 어쨌거나 너무나 자신만만해 보이기 때문이다.

재무상담사는 확률을 통해 자신감을 전달했다. 두 상담사의 의견은 같았지만(주가가 오를 것이다), 그 의견을 각각 다른 정도로 확신하며 표현했다. 어떤 일이 일어날 확률이 76퍼센트라고 말하기보다 그 일이 일어날 확률이 93퍼센트라고 말하는 게 훨씬 가능성 있어 보이며 말하는 사람이 더욱 확신하는 것처럼 느껴진다.

숫자뿐만 아니라 단어도 이러한 기능을 할 수 있다. 예를 들어 누군가가 **틀림없이** 비가 올 것이라고 말하면 그럴 가능성이 매우 높다는 의미다. 100퍼센트는 아닐지 몰라도 95퍼센트 또는 그 이상이다. 반면 누군가가 **아주 높은 확률**로 비가 올 것이라고 말하면 강수 확률 예측치를 약간 낮춰 잡게 된다. 100퍼센트보다는 95퍼센트에 가까울 것이다.

"아마도"나 "가능성이 있는" 등의 단어를 사용하면 확률은 낮아지고(약 70퍼센트), "반반 정도"라고 하면 대략 50퍼센트를 의미하며, "가능성이 낮은"이라고 하면 확률이 50퍼센트보다 낮다는 의미다. 누군가가 비가 올 가능성이 거의 없다고 말한다면, 강수 확률을 0퍼센트에 가깝게 여길 것이다.

결과적으로 이런 단어는 단순히 예측 내용을 전달할 뿐 아니라 행동에도 영향을 미친다. 틀림없이 비가 온다는 말을 들으면 아마도 우산을 챙길 것이다. 분명히 또는 당연히 비가 온다는 말을 들어도 마찬가지다.

비가 올지도 모른다, 올 수도 있다, 올 것 같지 않다라는 말을 들으면 우산을 챙길 가능성도 내려간다. 비를 맞을 확률이 낮다고 추정해 우산을 집에 두고 외출할 공산이 크다.

하지만 재무상담사 연구에서 살펴본 바와 같이, 단어에 따라 말하는 사람이 얼마나 확신에 차 있는지 혹은 자신감 있게 보이는지가 판가름나기도 한다. 누군가가 "틀림없이" "분명히" "당연하게" 등의 단어를 사용하면 강한 자신감을 드러내는 것이다. 이런 이들은 무슨 일이 일어날지에 대해 꽤 확신한다. 의심의 여지 없이 비가 올 것이다.

"할지 모른다"나 "할 수도 있다"라는 단어를 사용하면 불확실성이 더 크다는 신호다. 비가 올 수도 있다고 생각하지만, 그렇게까지 확신할 수는 없다.

"할지 모른다" "할 수도 있다" 같은 표현을 에두르는 말hedges이라고 부른다. 이런 단어는 모호함, 조심스러움, 우유부단함을 나타낼 때 쓴다. "짐작하다" "추측하다" "가정하다" 같은 단어도 마찬가지다.

에두르는 말의 예		
할지 모른다	내 의견으로는	어느 정도
할 수 있다	내 생각에는	일종의
하게 보인다/보였다	내가 볼 때	대략
아마	내가 믿기로는	대체로
어쩌면	내가 짐작하기로는	일반적으로
인 것 같다	내가 가정하기로는	약간

그리고 에두르는 말은 가능성을 표현하는 것 이상의 역할을 한다. 어떤 대상의 정확한 양에 대한 불확실성("대략 석 달 정도 이런 상태였던 것 같아")이나 다른 누군가가 한 말에 대한 불확실성("그 사람 말에 따르면 잘 작동하고 있대"), 자신의 의견이 보편적인지에 대한 불확실성("내 의견으로는 그만한 돈을 들일 가치가 없는 것 같아")을 표현할 때 에두르는 말을 사용할 수 있다. 누군가가 "대략" "주장하건대" "내가 믿기로는" "일반적으로" "어느 정도" "어쩌면" "짐작건대" "드물게" 또는 "보통"이라고 말하면 그 사람은 에두르는 어법을 사

용한 것이다. 어떤 식으로든 불확실성을 표현했다.

우리는 에두르는 말을 자주 쓴다. 내 생각에는 잘될 것 같다, 그 해결책은 효과를 발휘할 수도 있다, 다른 방법이 더 좋을지도 모른다는 식으로 말한다. 무언가가 좋은 대책처럼 보인다라든가 내 의견으로는 다른 것도 시도해볼 만하다고 말하기도 한다.

그러나 에두르는 말은 미처 깨닫지 못하는 사이에 우리의 영향력을 약화시킬 수 있다. 왜냐하면 에두르는 말은 생각이나 제안을 제시하는 동시에 그 생각이나 권고를 깎아내리기 때문이다. 말하는 사람조차 그 생각이나 제안이 시도해볼 만한지 확신하지 못한다는 인상을 준다.

실제로 내가 동료와 함께 사람들이 누군가의 조언을 따를 가능성을 조사했을 때, 조언에 에두르는 말을 덧붙이면 듣는 사람이 조언대로 행동할 확률이 낮아졌다. 추천하는 제품을 구매하거나 추천하는 대응법을 채택하는 빈도도 낮았다.

이는 에두르는 말이 자신감 부족을 암시하기 때문이다. 어떤 해결책이 효과적일지도 모른다라거나 내 생각에는 이곳이 제일 좋은 식당이다, 아마도 엔진을 손볼 시기가 되었을 것이다 등의 말을 들으면 화자가 말하는 내용에 대해 자신 없어한다는 인상을 준다. 해결책이 효과적일지, 그 식당이 제일 좋은 식당인지, 차를 수리할 때가 되었는지 확신하지 못하는 것이다. 물론 상황에 따라 조심스러운 접근이 좋을 때도 있지만, 에두르는 말을 하면 화자가 자신감 없는 것처럼 보여 다른 사람에게 미치는 영향력이 약화된다.

말하는 사람조차 잠재적 해결책이 효과를 거둘지 확신하지 못하는 데 왜 그 방법을 시도하겠는가? 거기가 좋은 식당인지 확실치 않은데 그냥 다른 식당에 가는 게 낫지 않을까? 기술자가 내 차의 엔진을 수리할 때인지 확신하지 못한다면, 수리를 맡기기는커녕 차에 대해 더 잘 아는 다른 기술자를 찾을 것이다.

물론 에두르는 말을 절대 사용해서는 안 된다는 뜻은 아니다. 하지만 에두르는 말은 좀더 주의깊게 사용해야 한다.

때로는 의도적으로 에두르는 말을 사용한다. 불확실하거나, 확신하지 못하거나, 결과를 예측할 수 없는 상황임을 표현하고 싶을 때가 있다. 그런 목적이라면 에두르는 말은 훌륭하게 제 역할을 해낸다. 하지만 우리는 심지어 자신도 모르는 사이에 에두르는 말을 자주 사용한다. 자기 말을 일일이 검증하는 데 너무 익숙해져서 습관처럼 에두르는 말을 던지는 것이다. 그리고 그것은 실수다.

원하는 말을 시작하기 전에 무의식적으로 "내 생각에는" "내 의견으로는" "내가 보기에는" 하고 말문을 여는 사람이 많다. 이렇게 자신의 말을 검증하는 태도가 유용할 때도 있지만, 일반적으로는 하려는 말이 어디까지나 주관적 견해임을 불필요하게 강조하는 모양새다.

"그녀는 아주 훌륭한 인재야" "우리는 이렇게 해야 해"라고 말하면, 여기에는 이미 말하는 사람의 의견이 반영되어 있다. 그래서 그 말을 입 밖으로 꺼냈다. 따라서 일부러 주관적 의견임을 강조하려는 의도가 아닌 한, "내 생각에는"이나 "내 의견으로는" 하고 말문을 떼면 말의 영향력이 줄어든다. 말하는 사람조차 듣는 사람이 같은 결론에 이를 것이라고 확신하지 못하니 다른 이들도 그 의견을 따를 확률이 낮아진다.[*]

그러니 자신감을 전달하려면 에두르는 말을 버리자.[**]

에두르는 말 대신 도널드 트럼프의 화법대로 해보자. 명확함을 나타내는 단어를 사용하자.

"확실히" "명백히" "분명히" 같은 단어는 일말의 의구심조차 없애준다. 사실은 **모호하지 않고**, 증거는 **반박의 여지가 없으며**, 답은 부인할 수 **없다**. 누구나 알고 있으며, 보증되어 있고, 바로 지금 우리에게 필요한 일이다.

명확함을 나타내는 단어는 '불확실하지 않다' 이상의 의미를 담는다. 상황이 110퍼센트 분명하다고 말한다. 화자는 자신감이 있으

---

[*] 약간의 불확실성을 표현하려는 경우에는 올바른 에두름 말을 사용하자. "이 방법은 효과가 있을 것 같아"라고 말하기보다 "내가 보기에 이 방법은 효과가 있어"라고 개인화하는 것이다. 이렇게 말하면 자신감이 전달되므로 실제로 설득력이 높아진다. 불확실성이 존재한다는 사실을 인식하고 솔직하게 인정하기 때문이다.

[**] 에두르는 말을 사용하는 순서도 중요하다. 에두르는 말을 맨 앞에 두는 게("내 생각에는 이 방법이 최고야") 맨 끝에 두는 것("이 방법이 최고야, 내 생각에는")보다 더 많은 자신감을 전달한다. 에두르는 말을 서두에 두면, 앞으로 말하려는 내용이 개인의 의견이라는 점을 인정하면서도 그 의견을 상당히 확신한다는 인상을 준다. 그러나 에두르는 말을 문장 뒤쪽에 놓으면 자기 주장에서 한 발짝 물러난다고 느끼게 하므로 정보 자체와 그 정보를 전달하는 사람 모두가 불확실해 보인다.

며 대응 방식은 분명하다. 화자가 이런 화법을 사용하면 듣는 사람이 화자를 따르거나 화자가 제안하는 행동을 할 가능성이 커진다.[5]

명확함을 나타내는 말의 예		
확실히	보증된	모호하지 않은
명백히	반박의 여지가 없는	의문의 여지가 없는
분명히	절대적인	필수적인
부인할 수 없게	누구나	매번

주저하지 않기

에두르는 말을 사용하면 자신감이 떨어져 보이고 말에 힘이 실리지 않으며 영향력도 약해진다. 그렇지만 에두르는 말보다 더 치명적인 또하나의 언어 습관이 있으니 바로 주저함이다.

린지 새뮤얼스는 프레젠테이션 스타일을 개선하는 방법을 찾고 있었다. 41세의 영업부 임원 린지는 일주일에 열두 번 이상 프레젠테이션을 했다. 대상은 기존 고객, 잠재적 고객, 자사 직원과 경영팀으로 다양했다.

린지의 프레젠테이션은 기대만큼의 효과를 거두지 못했다. 가끔은 사람들이 조언을 받아들이거나 제안을 따랐지만, 기존 방식을 고수하는 일도 잦았다. 린지가 제안하는 방법이 더 나은데도 현상황에 안주했다.

린지는 더욱 많은 잠재 고객을 실제 고객으로 유치하고 더 많은 고객을 설득해 자신의 영향력을 높이고 싶었기에, 자신의 소통 방식을 검토하는 작업에 착수했다. 린지가 무엇을 잘하는지, 무엇을 더 잘할 수 있는지 살펴봤다.

우선 린지에게 프레젠테이션 자료 몇 개를 공유해달라고 부탁했다. 자료를 훑어봐도 별다른 문제점을 찾을 수 없었다. 슬라이드 자료에 발표할 내용이 명확히 담겼고 구체적이고 간결한 언어를 사용했으며 복잡한 아이디어를 이해하기 쉽게끔 매우 적절한 비유를 들었다. 자료 자체의 구성은 훌륭해 보였다.

내용이 문제가 아니라면 전달하는 방식이 문제일 듯했다. 그래서 린지에게 해당 자료를 바탕으로 진행한 프레젠테이션을 들어볼 수 있겠느냐고 물었다. 코로나가 한창 기승을 부리던 시기였기에 직접 만나는 대신 온라인 화상 통화를 했다.

첫번째 통화부터 무언가 문제가 있음이 분명하게 드러났다. 아이디어 자체는 짜임새가 있었지만, 린지가 이를 전달하는 방식에서 무언가가 전달력을 떨어뜨렸다. 무엇이 문제인지는 알 수 없었다.

린지와의 통화를 녹음해두었기에 다시 들어보면서 원인을 파악하려고 노력했다. 자료를 넘기면서 슬라이드마다 다른 내용을 발표하는 린지의 목소리에 귀를 기울였지만, 정확히 뭐가 문제인지 꼭 집어낼 수 없었다.

그러던 중 영상 통화 프로그램 제조업체가 월간 소프트웨어 업데이트를 진행하면서 몇 가지 새로운 기능을 출시했다. 더욱 쉽게 온라인 투표를 하는 기능, 화면에 그림을 그리는 몇 가지 방법 및 자동 음성 인식 기록 기능이 추가됐다. 회의할 때마다 영상 및 음성이 기록되고 회의중 이뤄진 모든 대화를 기록한 문서를 받을 수 있었다.

혹시 유용할까 싶어 이 음성 기록을 자문을 의뢰한 고객들에게 보냈다. 대다수 고객은 녹음 내용을 전부 다 듣는 것보다 문서로 대화 기록을 훑어보는 편이 더 간편하다며 좋아했지만, 린지는 문서를 보고 "제가 진짜 이렇게 말하나요?"라며 경악했다. 무슨 뜻으로 묻는 건지 잘 모르겠다고 대답하자 10분 뒤에 린지가 녹취 문서 하나를 공유했다. "어" "음" "저기"라고 말한 부분에 다 동그라미를 쳐놓았다. 상당히 많았다.

녹취록이 린지의 문제를 적나라하게 보여주었다.

그후 몇 주 동안 린지는 발표할 때 주저하는 말을 쓰지 않도록 노력했다. 무슨 말을 할지 미리 연습하고 질문에 대한 대답을 미리 작성해서 준비하는 한편, 다시 본론으로 돌아갈 때 잠시 멈추었다.

이러한 노력은 효과를 발휘했다. 발표할 때 "음"이나 "어"를 사용하는 빈도가 줄어들고 논조도 명확해졌다. 바로 다음달 린지는 삼분의 일 이상이나 많은 잠재 고객을 실제 고객으로 유치했다. 문장 사이사이의 불필요한 이음말을 줄이자 린지는 더욱 효과적으로 소통하게 됐다.

많은 사람이 평상시 대화에서 "어" "음" "저기" 등의 말을 자주 쓴다. 생각을 정리하거나 다음에는 뭐라고 말해야 할지 떠올릴 때 흔히 튀어나오는 보편적 언어 습관이다. 자칫하면 이런 이음말에 지나치게 의존하기 쉽다.

가끔은 괜찮지만 이렇게 주저하는 말이나 이음말을 너무 자주 쓰면 말하는 내용이 희석돼버린다.*

누군가 중요한 발표를 이렇게 시작한다고 상상해보자. "저는……음…… 제 생각에는…… 어…… 지금부터 이야기하려는 것이……음…… 진짜 핵심이라고 생각합니다." 이러한 도입부를 들으면 발표하는 사람과 발표하는 내용에 대해 어떤 생각이 들겠는가? 예리하고 침착해 보일까, 아니면 불안하고 준비가 부족해 보일까? 발표하는 사람이 권하는 내용을 어느 정도나 신뢰하겠는가? 발표자가 제안하는 내용을 따르겠는가?

아닐 것이다. 연구 결과에 따르면, 주저하는 말은 심지어 에두르는 말보다 더 해롭다. 말하는 사람의 영향력과 권위가 떨어질 뿐 아니라 이야기하려는 내용이 청중에게 전달되는 효과도 낮아진다.[6]

누군가가 "어" "음" 또는 "저기" 등의 말을 자주 사용하면 자신

---

* "마치" "아시겠지만" "제 말은" "좋아요" "그러니까" 등도 비슷한 기능을 하는 경우가 많다.

이 하는 말에 대해 정리가 덜 됐다는 뜻이다. 즉 진짜 전문가가 아니라는 의미다.

실제로 어떤 사람이 주저하느냐 아니냐는 그 사람이 누구인지보다 오히려 더 깊은 인상을 남기기도 한다. 한 연구에서 학생들에게 강사가 수업을 시작하면서 뭐라고 말하는지 녹음을 들려주었다.[7] 이 연구를 진행한 연구팀은 언어가 사람의 인상에 어떤 영향을 미치는지에 초점을 맞추고자 했기 때문에 일부 학생들에게는 강사가 말하는 도중에 몇 번 주저하는 상황을 들려주었다. 이들 강사는 수업을 시작하면서 "어" "저기" 또는 "음"이라고 5~7번 정도 말했다. 다른 학생들에게는 주저하지 않으며 말하는 강사의 녹음을 들려주었다. 그 외에 내용 자체는 같았다.

강사가 말하는 방식뿐 아니라 강사를 소개하는 방식에도 변수를 두었다. 일부 학생에게는 강사가 상대적으로 높은 지위(교수)라고 소개했지만, 다른 학생에게는 강사가 낮은 지위(강의 조교)라고 소개했다.

우리는 아이디어를 제시할 때 지위가 매우 중요한 역할을 한다고 믿는다. 예를 들어 회의에 참석한 사람들은 일반 직원보다 상사가 말할 때 더 귀를 기울일 거라고 생각한다. 또한 같은 아이디어라도 지위가 높은 사람이 제안하면 더 효과적이라고 여긴다.

부분적으로는 맞는 말이다. 지위는 중요하다. 가끔은 말이다. 예를 들어 저명한 강사라고 소개하면, 학생들은 강단에 선 사람을 더 뛰어나고 활력이 넘친다고 평가했다.

그러나 강사의 말이 지위보다 훨씬 더 중요했다. 주저하는 말은 강사에게 타격을 줬다. 주저하면서 말하는 강사는 그리 똑똑하지 않고 지식도 얕으며 강의할 자격이 떨어져 보였다. 청자들은 주저하는 강사가 전문성이 부족하며 실제 직책과는 관계없이 지위가 낮은 강사로 인식했다.

사실 주저하지 않는 말투로 강의한 '낮은 지위'의 강사가, 주저하는 말투를 가진 '높은 지위' 강사보다 더 긍정적인 평가를 받았다. 화법이 지위를 이겼다.

그러니 주저하지 말자. "어"나 "음"을 가끔 사용해도 세상이 끝나진 않는다. 생각하는 중이거나 아직 말을 다 마치지 않았다는 신호다.

하지만 주저하는 말을 너무 자주 사용하면 말의 효율성이 떨어진다. 주먹구구식이고 말하는 내용을 확신하지 못한다는 인상을 주며, 이렇게 자신감이 부족한 모습을 보이면 듣는 사람이 말하는 사람이나 그 사람의 의견을 신뢰하지 못하게 된다.*

대화하다가 공백을 채우려고 주저하는 말을 사용하는 경우가 많

---

* 문장 뒤에 덧붙이는 소위 부가의문문("오늘 날씨 춥네, 그렇지 않니?")도 비슷한 효과를 가져온다. 평서문을 의문문으로 바꾸면 화자가 자기 의견을 확신하지 못한다는 인상을 줘 설득력이 떨어진다.

다. 정확히 무슨 말을 할지 계획을 세우지 않고 말부터 꺼내므로, 다음에 뭐라고 할지 생각하는 동안 중간중간에 "음"이나 "어" 등의 말을 끼워넣는다. 실제로 "음" "어" 같은 말을 **메움말**fillers이라고 부르는 이유도 바로 이것이다.

그러나 말을 시작하기 앞서 기다리면 주저할 필요가 없다. 무슨 말을 할지 생각을 가다듬을 시간을 벌 수 있고 그러면 훨씬 더 유능하다는 인상을 준다.

중간에 말을 멈추는 것에는 다른 이점도 있다. 동료들과 함께 진행한 연구에 따르면, 잠깐 말을 멈추는 연설자가 더욱 긍정적인 인상을 주었다. 잠깐 멈춤으로써 청중이 앞서 말한 내용을 이해할 시간을 제공해줄 뿐만 아니라 동의하는 의미의 짤막한 응답("맞아" "응" "그렇군")을 더 쉽게 할 수 있는 분위기가 조성돼 청중이 연설자에게 전반적으로 더 호감을 갖게 됐다.

따라서 "음"이나 "어"라고 말하는 대신 잠시 말을 멈춰보자. 그러면 사람들은 당신을 더욱 긍정적으로 인식하고 당신의 제안을 수용할 확률도 높아진다.

지금까지 살펴본 바를 종합하면, 에두르는 말과 주저하는 말에 관한 연구는 명확한 방향성을 제시한다. 중요한 발표를 앞두고 있는가? 중요한 영업 협상을 해야 하는가? 불확실성을 암시하는 단어나 구절, 또는 행동 대신 확신을 전달하는 언어를 사용하자.

누군가가 해결책이 **분명하다**고 말하거나 결과가 **명백하다**고 언급한다면 그 말 자체에서 자신감이 흘러넘친다. 단순히 의견을 공유하는 것이 아니라 명확한 진실을 알려준다는 인상을 준다. 그러면 결과적으로 듣는 사람이 그 말을 따를 가능성은 자연스레 커진다.

과거형을 현재형으로 바꾸기

에두름 말이나 주저하는 말을 피하는 것은 자신감 있게 말하는 한 방법이지만, 사실 이보다 더 미묘한 접근법이 있다.

사람들은 항상 자기 의견을 공유한다. 좋아하는 제품, 별로였던 영화, 즐겁게 보낸 휴가에 대해 이야기한다. 성능 좋은 진공청소기나 따분했던 영화, 석양이 근사했던 해변에 대해 말하기도 한다.

이러한 정보를 소비할 때 명사와 형용사, 부사에 집중하는 경향이 있다. 진공청소기의 성능이 좋은지, 영화가 재미있었는지, 휴가를 갈 만한지 궁금해한다.

그러나 문장에서 명사, 형용사, 부사 외에 우리가 간과하는 다른 요소가 있다. 바로 동사의 시제다.

동사는 의사소통에서 빼놓을 수 없는 요소다. 명사는 무엇 또는 누구에 관한 이야기인지 주체를 나타내지만, 동사는 명사의 상태나 행동을 전달한다. 사람이 걷는다. 이메일을 보낸다. 아이디어를 공유한다. 우리는 동사를 통해 언급하는 대상을 특정한 위치에 놓거나 대상의 동작을 지정한다. 동사가 없으면 의사소통은 명확한 의미 없이 사람, 장소, 사물을 가리키는 데 그친다.

동사가 다양한 의미를 나타내는 여러 가지 방식 중 하나는 시제, 즉 서술하는 시기다. 영어의 경우, 특정한 행동이나 사건이 언제 발생했는지 설명하는 동사 시제가 있다. 예를 들어 어떤 사람이 시험 준비를 위해 "공부했다"라고 말하면 그 행동이 과거에 일어났음을 나타낸다. 즉 예전에 공부했다는 뜻이다.

같은 행동이 현재도 일어날 수 있다. 어떤 사람이 시험 준비를 위해 "공부한다"라고 말하면 그 사람이 지금 그렇게 한다는 의미다. 동사 시제를 과거에서 현재로 바꿈으로써 그 사람이 무엇(공부)에 관해 이야기하느냐뿐만 아니라 언제(과거 또는 현재)를 지칭하느냐까지 동시에 나타낸다.

동사 시제는 누군가가 공부를 하는지, 지금 한창 공부하는 중인지, 앞으로 공부할 것인지를 나타낸다. 마찬가지로 프로젝트가 끝났는지, 끝나는 중인지, 나중에 끝날지를 동사 시제로 전달한다.

실제로 많은 경우 시제는 상황에 따라 결정된다. 어떤 사람이 공부를 시작하지 않았다면(거짓말을 하지 않는 이상) "공부했다" 같은 과거시제로 말할 수 없다. 마찬가지로 프로젝트가 이미 끝났다면 일반적으로 "끝날 것이다"라는 미래시제는 쓰지 않는다.

그러나 어떤 동사 시제를 사용할지 선택할 수 있는 상황도 존재한다. 예를 들어 입사 지원자에 대해 이야기할 때, 그 지원자가 괜찮아 "보인다"고도 하지만 괜찮아 "보였다"라고 말할 수도 있다. 새 진공청소기를 언급할 때도 "잘 작동한다" "잘 작동했다" 어느 쪽으로든 표현할 수 있다. 또한 휴가지를 묘사할 때 해변이 "근사하다"라고 말할 수도 있지만 "근사했다"라고 얘기할 수 있다.

동료인 그랜트 패커드와 나는 동사 시제를 바꾸면 설득력에 영향을 미치는지 궁금했다. 즉, 무언가를 말할 때 과거시제 대신 현재시제를 사용하면 듣는 사람을 더 쉽게 설득할지도 모른다는 가설을 세우고 관련 연구를 진행했다.[*]

우선 이 가설을 실험해보기 위해 소비자들이 제품과 서비스에 대한 의견을 남긴 온라인 리뷰 백만 건 이상을 분석했다.

각 리뷰마다 리뷰어가 과거시제나 현재시제를 사용하는 빈도와 해당 리뷰의 영향력을 수치화했다. 리뷰를 읽는 사람이 해당 리뷰를 도움이 되거나 유용하다고 평가했는지, 그 리뷰 덕분에 그 제품이나 서비스를 구매할 확률이 높아졌는지를 파악했다.

첫번째 분석 대상은 책이었다. 약 25만 건의 아마존 도서 리뷰를 분석한 결과, 현재시제가 리뷰의 영향력을 높였다. 좋은 "책이었다"보다는 좋은 "책이다"라는 리뷰를, 내용 전개가 "흥미진진했다"는 리뷰보다는 "흥미진진하다"는 리뷰를 유용하다고 평가했다.

---

[*] 영어에는 미래시제를 나타내는 동사가 없다. 그 대신 일반 동사에 "할 것이다will" 같은 조동사를 추가해서 어떤 일이 나중에 벌어진다는 뜻을 전달한다. 따라서 여기서는 과거시제와 현재시제에만 초점을 맞춘다.

꽤 흥미로운 발견이었지만, 조사 대상으로 삼은 상품 항목의 고유한 특성을 반영한 결과가 아니냐는 의문을 제기할 수도 있다. 대다수 독자는 책을 한 번만 읽기 때문에 서평은 과거시제로 작성되는 경우가 많고, 따라서 현재시제로 작성된 서평이 색다르게 느껴질 수도 있다.

그런 가능성을 확인하기 위해 다음에는 여러 차례 소비하는 품목, 즉 음악을 분석 대상으로 삼았다. 일반적으로 소비자들은 특정한 곡이나 앨범을 한 번 이상 듣기 때문에 현재시제를 사용하는 리뷰가 더 많을 것이다.

그러나 음악 리뷰 분석 결과도 마찬가지였다. 현재시제의 동사를 많이 사용한 음악 리뷰가 더 설득력 있었다.

다른 다양한 제품(가전제품) 및 서비스(식당)를 살펴봐도 같은 경향이 나타났다. 어느 분야에서든 현재시제의 영향력이 컸다. 음악이 "좋았다"보다는 "좋다"가, 프린터가 잘 "작동했다"보다는 잘 "작동한다"가, 식당의 타코가 "맛있었다"보다는 "맛있다"라는 리뷰가 더 유익하고 유용하며 설득력이 높았다. 해변의 경치가 "근사했다"라는 리뷰보다는 "근사하다"는 리뷰를 보고 더 많은 사람이 그 휴가지에 매력을 느꼈다.

이러한 결과는 에두르는 말, 주저하는 말, 힘있는 말이 효과적인 이유와 근본적으로 동일하다.

과거시제는 무언가가 과거의 특정 시점에 사실이었음을 의미한다. 누군가가 "그 입사 지원자는 **똑똑했어**" 또는 "그 해결책은 **효과가 좋았어**"라고 말한다면, 어제 면접에서 지원자를 보고 똑똑하다고 생각했다거나 지난주에 도입했던 해결책이 효과적이었다는 뜻이다.

그뿐만 아니라 개인의 경험은 주관적일 수밖에 없으므로 과거시제를 사용하면 전달하는 내용도 마찬가지로 주관적이라는 얘기다. 어떤 책이 **재미있었다**라고 말하면, 그 의견이 특정 개인의 경험에 바탕을 두며 리뷰를 한 사람이 그 책을 읽었을 때 재미있었다는 의미다.

결과적으로 과거시제는 주관성과 일시성을 전달하기 마련이다. 과거시제로 작성된 의견은 특정 개인이 특정 시기에 경험한 일을 바탕으로 한다.

반대로 현재시제는 그보다 일반적이고 지속적인 것을 암시한다. 무언가가 **잘 작동한다**라고 말하면 단순히 과거에 **잘 작동했을** 뿐만 아니라 지금도 잘 작동하며 앞으로도 계속 그럴 것이라는 의미다. 무언가가 **효과적이다**라는 말은 과거에 **효과적이었을** 뿐만 아니라 다음에도 **효과적일 것**이라는 뜻이다. 현재시제는 특정 개인이나 경험에 기반한 주관적인 의견보다는 더 안정되고 지속적인 느낌을 준다. 누가 경험하든 언제 경험하든 간에 현재도 사실이며 앞으로도 그럴 것이다. 단순히 한 사람의 과거 경험이 아니라 다른 사람들도 미래에 비슷한 경험을 할 것이다.*

현재시제를 사용하면 청중이 대상을 바라보는 방식이 달라지므로 영향력이 상승한다. 현재시제를 사용한다는 것은 제한된 경험을 바탕으로 한 개인적인 의견이라기보다는 특정한 상태에 대해 보편적인 판단을 내릴 정도로 화자가 확신한다는 뜻이다. 단순히 과거 특정 시점에만 그런 것이 아니라 지금도, 앞으로도 그럴 것이다. 이는 나의 개인적인 믿음이나 판단이 아니라 객관적이고 보편적인 진리다.

무언가가 보편적인 사실로 보인다면 더 큰 영향력을 발휘할 공산이 크다. 어떤 식당의 음식이 맛있었다거나 어떤 호텔의 서비스가 좋았다는 말을 들으면 한 번 시도해볼 만할지도 모른다.

하지만 어떤 식당의 음식이 맛있다거나 호텔의 서비스가 좋다고 말하면 훨씬 더 괜찮다는 뜻이다. 결과적으로 그 말을 듣는 사람은 더 가보고 싶어진다.

다른 말로 하면, 현재시제를 쓰면 화자가 단순히 의견을 제시하는 게 아니라 비교적 그 의견을 확신한다는 의미다.

환자들이 더욱 적극적으로 치료법을 따르게 설득하고 싶다면 해당 치료법의 성공률이 90퍼센트에 달했다보다는 90퍼센트에 달한다

---

* 이는 1장에서 다룬 명사와 동사의 차이점과 관련된다. 누군가가 '러닝한다'고 말하기보다는 '러너'라고 말하는 것이 더욱 근본적인 상태를 나타내며, 그 사람의 행동이 더 영구적이고 안정적이라는 의미를 담는다. 현재시제도 마찬가지다. 무언가에 대해 '좋았다'보다 '좋다'고 말하면 그러한 특성이 대상에 근본적으로 내재되어 있다는 인상을 준다.

고 소개하고, 콜레스테롤을 낮췄다보다는 낮춘다라고 설명해보자. 다이어트가 체중 감량에 도움이 되었다가 아닌 도움이 된다라고 말하면 살을 빼려는 사람들이 더 의욕적으로 도전할 것이다. 또한 어떤 자동차가 『모터트렌드』에서 올해의 차로 인정받았다보다 인정받는다라고 말하면 더 많은 고객이 그 차를 구입하는 데 관심을 보일 것이다.

영향력을 높이고자 하는가? 대형 프로젝트의 결과를 발표할 때는 특정한 성과를 냈다보다는 낸다라고 표현해보자. 사람들이 무언가를 했었다가 아니라 하고 있다고 말해보자. 어떤 식당의 음식이 아주 맛있었다라고 하기보다 아주 맛있다라고 말하는 것만으로도 다른 사람이 그 식당에 가볼 확률이 높아진다.

과거형을 현재형으로 바꾸면 사람들이 우리 말에 귀를 기울일 가능성이 커진다.

언제 의구심을 표현해야 하는지 이해하기

지금까지는 자신감을 전달하는 몇 가지 방식에 대해 이야기했다. 에두르거나 주저하는 말을 피하고, 확실성을 나타내는 말을 사용하며, 과거형을 현재형으로 바꾼다. 이렇게 힘있는 화법을 사용하면 말하는 사람이 더욱 자신만만해 보이고 사람들이 제안을 따를 확률이 높아지는 것은 사실이다. 그렇지만 몇몇 상황에서는 다소 신중한 태도가 더 큰 효과를 발휘한다.

추수감사절은 특별한 명절이다. 가족이나 친지들과 시간을 보내고, 맛있는 음식을 먹으며 한 해 동안 일어난 모든 좋은 일에 감사를 표하기 위해 사람들이 각지에서 모인다.

그러나 최근 추수감사절은 이러한 전통, 축제, 칠면조 요리와 더불어 의견 충돌이 일어나는 시기이기도 하다. 오늘날 미국은 그 어느 때보다 정치적으로 양극화되어 있다. 평상시에는 사고방식이 비슷한 사람과 어울리기 마련이지만 일가친척이 다 모이는 명절에는 그 경계를 벗어난다. 전혀 다른 견해를 가진 사람과 얼굴을 맞닥뜨린다.

정치 얘기는 금지라고 미리 못박아두는 집도 많지만, 어차피 누군가는 그 이야기를 꺼내기 마련이다. 일자리를 잃거나, 복지 제도를 누릴 수 없는 상황이거나, 경기가 나빠 분노를 터뜨리는 경우가 있는데, 그들이 문제의 원흉이라고 생각하는 대상이 우리 생각과는 전혀 다를 수도 있다. 정중한 대화가 순식간에 열띤 논쟁으로 이어지기도 한다.

거실에서 짜증나는 루이 삼촌과 소리를 지르며 논쟁하는 대신, 좀더 점잖게 토론할 수는 없을까? 그러면 상대의 생각을 약간 바꿀 수도 있지 않을까?

몇 년 전 카네기멜런대 연구팀은 논란이 많은 주제를 놓고 토론할 수백 명의 참가자를 모집했다.[8] 토론 주제는 임신중지를 합법화해야 하는가, 대학 입학에 소수자 우대 정책을 적용해야 하는가, 특정한 요건을 충족한 불법 이민자에게 합법적으로 거주할 권리를 주어야 하는가 등이었다. 사람에 따라 첨예하게 견해가 다른 문제들이었다.

일부 참가자에게는 다른 사람이 견해를 바꾸도록 설득력 있게 글을 써달라고 요청했다. 예를 들어 임신중지 문제의 경우, 임신중지 반대론자는 "다양한 요소가 임신중지를 하도록 여성을 압박한다"며 "임신중지는 생명을 앗는 문제이므로 인생에서 가장 중요한 결정일 것이다"라고 적었다.

다른 참가자에게는 그냥 듣기만 하라고 부탁했다. 이들에게 다양한 문제에 대한 기존의 견해(임신중지 찬성인지 임신중지 반대인지 등)를 미리 받아두고 다른 사람이 쓴 설득력 있는 글을 읽은 후 생각이 바뀌었는지 확인했다.

또하나 중요한 변수로, 의견을 듣기만 한 참가자 중 일부는 설득력 있는 글을 읽기에 앞서 그 글을 쓴 사람이 자기 의견에 대해 의구심을 표현했다는 간단한 메모를 읽었다. 그 메모에는 글쓴이가 해당 주제에 대해 깊이 생각해보았지만, 자기 견해가 맞는지 100퍼센트 확신하지 못한다고 적혀 있었다.

만약 확실성이 항상 설득력을 발휘한다는 가정이 맞다면 이렇게 의구심을 표현할 경우 영향력이 감소되어야 했다. 설득하려는 사람조차 자기 생각을 확신하지 못하면 다른 사람을 설득하기는 어려울 테니까 말이다.

그러나 이 실험에서는 정반대의 결과가 나왔다. 논쟁을 불러일으키는 문제에 대해 의구심을 표현하자 오히려 설득력이 올라갔다. 특히 이미 강한 신념을 가진 사람의 경우, 다른 사람이 본인 의견에 대해 확신하지 못한다는 이야기를 듣자 오히려 그쪽으로 생각이 기울 확률이 높았다.

우리는 자신과 의견이 다른 사람의 마음을 바꾸려고 노력할 때 의사전달을 직접적으로 하는 게 최선이라고 생각한다. 단순히 사실을 제시하고 편견 없는 정보를 제공하면 상대방도 우리처럼 생각할 거라고 믿는다.

하지만 모든 사람이 "사실"을 같은 방식으로 바라보는 건 아니다. 특히 어떤 사안에 대해 매우 신념이 강한 사람을 적극적으로 설득하려고 나서면, 상대방은 오히려 자신의 신념에 반하거나 배치되는 정보를 피하거나 무시할 가능성이 높다.

따라서 상대방의 마음을 돌리려고 노력할 때 너무 직설적으로 접근하면 역효과가 날 수 있으며, 상대방은 이전보다 기존 의견을 더 굳히게 된다. 실제로 설득력 있게 쓴 글을 보여주자 상당수 실험 참가자가 그 글에 설득되기는커녕 반대쪽으로 생각을 바꿨다.

어떤 의미에서 설득은 두 단계로 나눌 수 있다. 두번째 단계는 다른 사람의 견해나 제시된 정보를 고려하고 자신의 신념을 바꿀지 결정하는 단계다. 그러나 그 단계에 도달하기에 앞서 얼마나 수용적인 자세를 취할지를 결정해야 한다. 상대방의 말에 귀를 기울일지 말지 판단하는 단계다.

누군가가 자신을 설득하려고 할 때 사람들은 설득 방지 레이더, 즉 방어기제를 작동시킨다. 누군가 또는 무언가에 동의하지 않을수록 귀를 기울일 가능성은 작아진다. 결과적으로 변화가 그토록 일어나기 힘든 이유는, 사람들이 자신의 믿음에 반하는 정보를 고려조차 하지 않기 때문이다.

따라서 상반되는 견해를 다룰 때는 다소 우회적인 접근법이 더 효과적인 경우가 많다. 다짜고짜 정보부터 늘어놓기보다는 우선 상대방이 좀더 마음을 열고 수용력을 보이도록 독려부터 해야 한다.

그렇기에 의구심을 표현하는 것이 도움이 된다. 우리도 갈등한다거나 확신하지 못함을 내비치면 덜 위협적으로 보인다. 자신의 견해에 의구심을 표현하는 것은 반대되는 신념도 인정한다는 뜻이므로, 상대방도 존중받는다고 느끼고 우리 말에 좀더 귀를 기울이려고 한다. 논의하는 주제가 복잡하고 민감하다는 사실을 인정하는 셈이므로 상대방도 더 수용적인 태도를 보인다.

불확실성을 표현한다는 것은 다른 관점에 대한 개방성을 보여준다.[9] 따라서 특히 논란이 심한 쟁점을 다룰 때나 서로 한 치도 물러

서지 않고 대립할 때, 약간의 의구심을 표현하면 오히려 설득력이 올라가기도 한다.

예를 들어 언론에서 과학적 내용을 보도할 때는 종종 특정 연구에서 발견한 결과를 실제보다 더 확실한 사실처럼 취급한다. 커피를 마시면 췌장암에 걸릴 확률이 높아진다, 격한 운동을 짧게 하는 것이 오래 운동하는 것보다 효과적이다 같은 기사를 1면에 싣는 식이다. 물론 이런 기사는 독자의 눈길을 끄는 훌륭한 헤드라인이지만, 몇 달이나 몇 년 후 정반대 연구 결과가 보도되는 경우도 적지 않다. 따라서 이런 식의 보도는 독자를 혼란에 빠뜨릴 뿐만 아니라 과학의 신뢰성에도 타격을 준다.

어떤 이들은 에두르는 말이 과학자와 언론인 모두의 신뢰도를 떨어뜨린다고 주장하지만, 사실이 아니다. 과학 연구의 한계를 보고하거나 인정하면 오히려 독자가 과학자와 언론인 모두를 더 신뢰한다.[10]

무언가가 불확실하다는 사실을 알면서도 확실한 것처럼 행동하면 역효과를 불러오기 쉽다. 지나치게 자만한다거나 비현실적이라는 인상을 주므로 설득력이 떨어진다.

따라서 이러한 상황에서는 의구심을 표현하는 것이 최선의 접근법이다. 예를 들어 서술문을 의문문으로 바꾸는 것은 피드백을 받는 좋은 방법이다. 이렇게 하면 우리가 독단적으로 행동하는 게 아니라 타인의 견해에 귀를 열고 적극적으로 의견을 구하고 일을 진행하는 과정에서 참여를 권유하는 사람임을 보여준다. 물론 우리에게도 의견은 있지만 다른 사람의 의견을 경청하는 데에도 관심이 있음을 표현하는 것이다.

에두르는 말과 그 외의 다른 잠정적인 표현도 마찬가지다. "할지 모른다" "할 수도 있다" "가능하다" 같은 표현은 확실히 다소 막연하고 모호하다. 그렇기에 정보분석전문가들은 오해를 살 수 있으므로 브리핑할 때 이런 용어를 피하라고 배운다.

그런 표현이 불확실성을 나타내기는 하지만, 불확실성이 항상 나쁜 것만은 아니다. 특히 사안에 조심스럽게 접근하고자 할 때나 확실하지 않은 사실을 단정하고 싶지 않을 때 유용하다. 연구 결과가 X의 원인이 Y임을 **시사한**다는 말은 **증명한**다는 말과 비교할 때 X와 Y 사이에 관련성이 존재할지는 몰라도 100퍼센트 증명되지는 않았다는 의미다. 그러한 의도가 담긴 한, 잠정적인 언어는 의사소통에서 상당히 효율적인 역할을 할 수 있다.

매직 워드 활용하기

단어는 단순히 사실과 의견을 전달하는 것 이상의 역할을 한다. 단어는 말하는 사람이 자신이 설명하는 사실과 의견을 얼마나 확신하는지를 나타낸다. 따라서 사용하는 단어에 따라 우리가 인지되고 파급력을 미치는 정도가 달라진다.

좀더 긍정적인 인상을 주고 싶은가? 말의 영향력을 끌어올리고 싶은가?

1. 에두르는 말 쓰지 않기

자신감을 전달하는 것이 목표일 때는 말하는 사람조차 내용을 확신하지 못한다는 인상을 주는 "일지 모른다" "일 수도 있다"

"내 의견으로는" 같은 단어나 구절을 피하자.

2. 명확함을 나타내는 말 사용하기

에두르는 말 대신 명확함을 나타내는 말을 사용하자. "확실히" "명백히" "분명히" 같은 단어는 말하는 내용이 단순한 의견이 아니라 반박할 수 없는 진실임을 나타낸다.

3. 주저하지 않기

"음"과 "어"는 말하다보면 자연스럽게 등장하지만, 너무 많이 사용하면 우리 그리고 우리가 전하는 메시지에 대한 청중의 신뢰가 떨어진다. 그러니 메움말 사용을 줄이자. 주저하는 빈도를 줄이려면 미리 무슨 말을 할지 계획하고, 필요할 때마다 잠시 말을 멈추고 생각을 정리하자.

4. 과거형을 현재형으로 바꾸기

현재시제를 사용하면 자신감을 전달하며 설득력도 높아진다. 확실성을 표현하려면 과거형("나는 그 책을 좋아했다") 대신 현재형("나는 그 책을 좋아한다")을 사용하자.

5. 언제 의구심을 표현해야 하는지 이해하기

많은 경우 자신감을 드러내는 것이 좋은 효과로 이어지지만,

마음이 열려 있으며 반대 의견을 수용할 수 있고 주제의 민감성을 이해하고 있음을 보여주려는 상황에서는 의구심을 표현하는 게 유용할 수 있다.

우리는 자신감의 언어를 적재적소에 활용함으로써 우리의 전문성을 드러내고, 반대 의견에 대한 개방성을 보여주며, 상대방이 우리 제안을 따르도록 독려할 수 있다.

지금까지 두 가지 유형의 매직 워드를 다루었다. 정체성과 능동성을 부여하는 단어, 그리고 자신감을 전달하는 단어다. 이제 세번째 유형, 올바른 질문을 던지게 해주는 매직 워드를 살펴보자.

3장

올바른
질문을
던지라

직장에서 해결할 수 없는 까다로운 일을 맡거나 어떤 작업을 하다가 예상보다 큰 난관에 봉착했을 때는 다양한 방법으로 문제 해결을 모색할 수 있다. 인터넷 검색을 하기도 하고, 대안을 브레인스토밍해 보기도 하며, 제대로 될 때까지 시행착오를 거듭하기도 한다.

그러나 많은 사람이 피하는 해결책이 하나 있다. 바로 조언 구하기다. 동료에게 물어보거나 친구에게 전화해서 도움을 청할 수 있지만 보통 그렇게 하지 않는다. 다른 사람을 귀찮게 하고 싶지 않을 뿐더러 그들이 실제로 도움이 될지도 확실하지 않다. 설사 도와줄 수 있대도 내심 우리를 무시하지 않을까 걱정한다. 조언을 구하면 무능해 보인다고 생각해 아예 시도조차 하지 않는다.

하지만 이는 잘못된 생각이 아닐까?

2015년, 와튼 경영대학원의 동료 몇 명과 하버드대의 행동과학자가 실험 참가자들에게 몇 가지 문제를 풀도록 부탁했다.[1] 여기에는 "미국 초대 대통령은 누구인가?"(정답: 조지 워싱턴) 같은 쉬운 문제부터 "'다음절 단어 애호'의 올바른 정의는?"(정답: 긴 단어를 자주 사용하는 경향) 같은 어려운 문제까지 모두 포함돼 있었다.

참가자들에게는 의사소통이 문제 해결에 어떤 역할을 하는지에 관한 연구를 진행중이며, 연구 기간 동안 의사소통할 익명의 대화 상대를 각각 짝지어줄 것이라고 설명했다. 또한 모든 참가자는 우선 두뇌 운동을 도울 문제를 몇 가지 풀게 되며, 각자의 상대는 나중에 같은 문제를 풀 것이라고 안내해줬다.

문제를 푼 참가자들은 결과를 받았다. 참가자의 정답률은 상당히 높지만(10점 만점에 7점) 대화 상대의 정답률은 그보다 낮다는(10점 만점에 6점) 내용이었다. 그러고 나서 대화 상대에게 쪽지를 받았다. 어떤 경우에는 단순히 인사말만 적혀 있었고("안녕하세요") 어떤 경우에는 결속을 다지는 몇 단어가 덧붙어 있었다("안녕하세요. 같이 잘해봅시다"). 그리고 다른 메시지들은 맨 끝을 질문으로 마무리했다. "안녕하세요. 저에게 해줄 조언이 있으신가요?"

사실 '대화 상대'는 존재하지 않았다. 연구팀은 조언을 구하는 사람이 상대방에게 어떻게 인식되는지에 관심이 있었다. 단순한 잡담과 비교할 때, 조언을 구하면 누군가가 더 긍정적 또는 부정적으로 보이기 마련이었다. 따라서 연구팀은 참가자들을 컴퓨터 시뮬레이션으로 만들어낸 대화 상대와 짝지은 후, 그 '대화 상대'가 하는 말이 그들에게 어떻게 인식되는지를 관찰했다.

'대화 상대'에게 메시지를 받은 참가자들은 대화 상대를 여러 가지 기준으로 평가했다. 대화 상대가 얼마나 유능하다고 생각하는지, 그리고 얼마나 자격과 숙련된 기술을 갖췄는지에 대해 점수를 매겼다.

만약 조언을 구하는 행위가 그 사람을 덜 유능한 사람으로 보이게 한다면, 참가자들은 대화 상대를 더 낮게 평가해야 했다. 조언을 구하는 행위가 남에게 의존하는 성향이나 열등함을 나타낸다고 해석되어야 했다.

결과는 정반대였다.

연구팀이 분석한 결과에 따르면, 참가자들은 조언을 구한 대화 상대를 오히려 더 유능하다고 생각했다. 그리고 그 이유는 누군가에게 조언을 구하는 행위가 상대방에게 어떤 기분을 느끼게 하기 때문이다.

누구나 똑똑한 사람이 되고 싶어한다. 다른 사람이 나를 영리하다고 생각하거나 유익한 말을 해주는 사람으로 여긴다는 것은 기분 좋은 일이다.

조언을 구하면 상대방의 자부심이 고양되기 때문에 조언을 구하는 우리를 더 똑똑한 사람으로 바라보기도 한다. 조언을 부탁받은 사람은 상대방을 무능하다거나 멍청하다고 생각하기는커녕, 전혀 다른 결론을 낸다. "당연히 내 의견이 중요하지. 나에게 조언을 부탁하다니 저 사람은 똑똑한데."[*]

어떤 의미에서 조언을 구하는 것은 아부와 비슷하다. 우리는 상대방에게 호감을 사고 싶을 때 종종 아부하는 말을 한다.

하지만 사람들은 아부를 즐기기는 해도 아부하는 사람을 늘 신뢰하지는 않는다. 아부에 숨은 의도가 있음을 알아챌 정도의 눈치는 있다. 따라서 아부는 오히려 역효과를 내기도 한다.

그러나 조언을 구하는 행위는 아부만큼 노골적이지 않기 때문에 더 효과적이다. 누군가가 훌륭하다고 말하는 대신 그에게 조언을 구하면 상대방을 높게 평가한다는 걸 직접 **보여주는** 셈이다. 상대방이 똑똑하다고 생각하며, 그 사람의 의견을 중요시한다는 뜻을 전달한다.

결과적으로 조언을 구하면 귀중한 통찰력을 얻을 뿐만 아니라 조언을 구하는 사람이 더 유능해 보이는 효과도 있다. 조언을 해주는 사람은 자신감이 높아지며 자신이 현명하다고 생각하기 마련이고, 자연히 조언을 구하는 사람도 더 긍정적으로 바라보게 된다.

---

[*] 다른 전략과 마찬가지로 적당한 상황에서 사용해야 효과적이다. 상대가 전혀 모르는 부분이나 혼자서도 충분히 해결할 만한 문제를 조언해달라고 부탁하면 역효과를 불러올 수 있다.

질문의 효용

조언을 구하는 것은 '질문을 던진다'라는 더욱 폭넓은 언어 범주의 한 가지 사례에 불과하다.

집에서나 직장에서나 우리는 끊임없이 질문을 던진다(그리고 대답한다). 어떤 방법을 더 선호하는가? 이 제품은 얼마인가? 학원에서 아이들을 데려올 수 있는가? 일부 추정치에 따르면 사람들은 하루에 평균 수백 개의 질문을(그리고 대답을) 한다.

질문은 다양한 역할을 한다. 정보를 수집하거나 호기심을 충족하는 역할도 하지만, 질문하는 사람의 인상과 대화의 흐름, 대화하는 사람 사이의 사회적 유대감에도 영향을 미친다.

어떤 유형의 사회적 상호작용이든, 물어볼 수 있는 질문의 가짓수는 거의 무한하다. 상대방의 직업이나 관심사, 심지어는 아침으로 무엇을 먹었는지 물어볼 수도 있다.

어떤 질문들은 사회적 유대를 촉진하거나 질문하는 사람의 인상에 긍정적인 영향을 미치지만 어떤 질문들은 그렇지가 않다. 누군가에게 당황스럽거나 거슬리는 질문을 하면 상대가 다시는 우리와 말을 섞지 않을 수도 있다.

그렇다면 특정한 질문이 다른 질문보다 더 효과적일까? 그리고 어떻게 하면 올바르게 질문을 던질 수 있을까?

더 좋은 질문을 하기 위한 네 가지 전략은 다음과 같다. (1) 앞말을 받아서 질문 던지기 (2) 난처한 질문 피하기 (3) 넘겨짚지 않기 (4) 점진적으로 질문 쌓아나가기다.

앞말을 받아서 질문 던지기

성공적인 대인관계는 성격과 외모에 달렸다는 말이 있다. 어떤 사람은 다른 이들보다 더 재미있거나, 더 카리스마가 넘치거나, 더 매력적이며, 이러한 개인적인 특징 때문에 자연스럽게 많은 사람에게 호감을 얻기도 한다.

대인관계에서는 유사성이 핵심이라는 이야기도 자주 듣는다. 우리는 유유상종이라는 말을 자주 한다. 공통된 관심사를 가진 사람과의 대화는 화제가 풍부하고 이야깃거리도 알차다.

이런 요소들은 분명 대인관계에 영향을 미치지만 동시에 무력감을 안겨주기도 한다. 타고난 매력이나 관심사를 바꿀 방법은 없기 때문이다. 키를 바꿀 수는 없고 성격을 고치는 것도 힘든 일이다. 특정 집단에 억지로 적응하려고 블록체인, 금욕주의, 또는 다른 주제에 대해 배울 수는 있어도 전문가처럼 해박해지기는 어렵다.

그렇다면 선천적인 매력이 떨어지는 사람은 반드시 실패할 운명일까? 아니면 다른 방법이 있을까?

스탠퍼드대와 샌타바버라주립대 연구팀은 무엇이 첫인상을 결정하는지 파악하기 위해 수천 건의 첫번째 데이트를 분석했다.[2] 연구팀은 나이 같은 인구학적 정보부터 키와 몸무게 같은 신체적 특징, 취미와 관심사 등 여러 가지 특징을 수집했다. 그리고 상호작용과정 자체도 포착했다. 데이트하는 동안 각자가 말한 내용을 녹음해 기록으로 남겼다.

예상대로 외모가 상당히 큰 역할을 했다. 여성은 특히 평균보다 키가 큰 남성에게 매력을 느꼈다. 유사성의 영향도 적지 않았다. 사람들은 비슷한 관심사와 취미를 가진 상대와의 두번째 데이트에 더 관심을 보였다.

그러나 이러한 정해진 특성보다 더욱 큰 영향을 미친 것은 데이트하는 사람이 사용하는 단어였다. 이것저것 묻는 사람은 좋은 첫인상을 남겼다. 질문을 받은 사람은 상대방과 마음이 통했다고 느꼈으며 두번째 데이트로 이어질 가능성도 높았다.[3]

데이트뿐만 아니라 다양한 영역에서 비슷한 현상이 발견됐다. 초면인 사람들이 서로 알아보기 위해 나누는 일상적인 대화에서도 질문을 많이 한 사람은 호감도가 높았고 함께 있으면 즐거운 사람으로 인식됐다. 의사가 환자를 진료할 때도 환자들은 자신의 생활과 경험에 대해 더 많이 묻는 의사에게 더 만족했다.[4]

그런데 연구팀이 더 자세하게 분석하자 특정한 유형의 질문이 더 긍정적인 효과를 일으킨다는 사실이 드러났다.

조언에 관한 연구에서도 살펴보았듯이, 질문한다는 것은 상대방의 관점을 궁금해한다는 신호다. 상대방과 그의 관점을 중시하며 더 자세히 알아보고 싶다는 뜻이다. 마찬가지로 데이트를 할 때나 일상적인 대화를 나눌 때도, 질문을 하면 단순히 자기 이야기를 하기보다는 대화 상대와 그들이 하는 말에 관심을 보인다는 의미가 된다.

따라서 다양한 질문이 얼마나 긍정적인 영향을 미치느냐는 그 질문에 어느 정도의 존중과 관심이 담겼느냐에 따라 달라진다.

"잘 지냈어?" 이렇게 말문을 여는 질문은 일상적인 대화에서 너무 흔하게 등장한다. 상대방이 진심으로 근황을 궁금해하는지 단순히 예의상 하는 인사인지 파악하기 어렵다.

소위 거울 질문(질문을 받았을 때 앵무새처럼 같은 질문으로 응수하는 것)도 비슷한 효과를 낸다. 누군가가 "점심으로 뭘 먹었어?"라고 질문하면 우리는 보통 "루벤 샌드위치 먹었어, 너는 뭐 먹었어?" 하고 대꾸한다. 단순히 질문에 대답만 하기("루벤 샌드위치 먹었어")와 비교할 때, 질문을 덧붙임으로써 약간의 관심을 표현하게 된다. 완전히 자기중심으로 생각하는 것이 아니라 상대방에게 관심이 있거나 같은 질문을 돌려줄 정도의 예의를 갖췄다는 뜻이다. 그러나 똑같은 질문을 다시 던지는 건 거의 노력이 필요 없는 일이므로 크게 긍정적으로 작용할 확률은 높지 않다. 말문을 여는 질문과 마찬가지로, 질문하는 사람이 진짜 관심이 있어서 묻는지 단순히 예의상 묻는지 확실치 않다.

어떤 유형의 질문은 심지어 악영향을 미치기도 한다. 누군가 "일주일 휴가를 내고 산에 갈 거야"라고 말했는데 "제일 좋아하는 영화는 뭐니?"라고 응수한다면 전혀 합리적이지가 않다. 첫번째 사람이 한 말과는 거의 관련이 없으며 대화중인 주제와도 맞지 않는 질문이다. 존중과 관심은커녕 정반대 인상을 준다. 상대방의 말을 전혀 듣고 있지 않거나, 너무 지루하고 재미가 없어서 대화 주제를 바꾸려는 상황처럼 보인다. 관련 없는 질문을 던진 사람은 당연히 좋은 인상을 남기지 못하며 심지어는 아무것도 안 물은 것보다 더 부정적인 효과가 날 수도 있다.

그 대신에 방금 들은 이야기를 받아서 후속 질문을 이어가는 게 더 좋다. 예를 들어 누군가가 음식 애호가라고 말하면 어떤 음식을 좋아하는지 물어본다. 누군가가 새로운 프로젝트가 잘 진행되지 않을까봐 걱정된다고 하면 왜 그렇게 느끼는지 묻는다. 주말을 고대한다는 말을 들으면 왜 그런지 묻는다.

후속 질문을 하면 상대는 자기 이야기를 더 상세히 풀어놓게 된다. 맥락과 함께 자세한 내용을 훨씬 더 많이 털어놓을 수 있다.

친구에게든 낯선 사람이든 고객이나 동료든 앞말을 받아서 질문을 이어가면 더 긍정적으로 인식된다. 실제로 연구팀이 데이트에서 나눈 대화를 분석해본 결과, 앞말을 받아서 후속 질문을 하면 긍정적인 인상을 주는 데 특히 효과적이었다. 후속 질문을 많이 던진 사람은 두번째 데이트를 요청받을 확률이 높았다.

앞말을 받아서 질문하기가 효과적인 이유는 반응성을 보여주기 때문이다. 이런 후속 질문은 단순히 예의를 차리거나 주제를 바꾸고자 함이 아니라, 듣는 사람이 경청하고 있으며 내용을 이해했고 더 자세히 알고 싶어한다는 신호다.

호감을 얻고 싶은가? 상대방의 말을 경청하고 상대를 존중한다는 점을 보여주고 싶은가? 그냥 질문이 아니라 **올바른** 질문을 던지자.

후속 질문을 통해 상대방의 말에 집중하고 있음을 드러낸다. 대화에 관심이 있고 이야기의 맥락을 잘 따라가고 있으며 기꺼이 더 자세한 내용을 알고 싶다는 걸 보여줄 수 있다. 상대방을 존중하기 때문에 그 사람의 말에 귀를 기울이며 그가 말하는 내용에 대해 더 상세히 질문할 수 있는 것이다.

난처한 질문 피하기

후속 질문을 던지는 것도 유용하지만, 상황에 따라서 다른 유형의 질문도 효과를 발휘할 수 있다.

동경하던 회사에 입사 면접을 보러 간다고 가정해보자. 새로운 도전을 찾던 여러분에게 이번 기회는 완벽해 보인다. 탄탄한 회사, 근사한 직책, 그리고 커리어를 한 단계 발전시킬 확실한 기회다.

면접은 순조롭게 시작됐고 면접관들이 당신을 상당히 마음에 들어한다고 느껴질 즈음, 장애물이 나타난다. 면접관들은 과거 경력과 새로운 직책에서 보여줄 수 있는 역량에 관해 질문하고는 이전 직장에서 얼마 받았는지 묻는다.

이런 까다로운 질문은 언제 어디서든 튀어나온다. 협상을 진행할 때, 잠재적인 구매자들은 얼마까지 낼 의향이냐는 질문을 받는다. 중고차를 팔 때, 잠재적인 판매자는 자동차의 수리 이력에 관한 질문을 종종 받는다. 입사 지원자들은 면접에서 왜 이전 직장을 그만뒀는지, 다른 회사에서 제안을 받았는지, 심지어 언제 아이를 낳을 계획인지까지 질문받기도 한다.

말도 안 되는 질문이라고 생각할지 모른다. 그런 질문은 불편할 뿐만 아니라 경우에 따라서는 법에 저촉되기도 한다. 하지만 대부분은 빠져나갈 출구가 없다는 생각이 든다.

이런 질문을 받으면 본능적으로 정직하게 대답해야 할 것만 같다. 직접 사실 그대로를 이야기해야 한다고 생각한다.

그러나 정직하게 대답하면 종종 큰 대가를 치른다. 예를 들어 협상할 때 비공개 정보를 유출하면 상대방에게 이용당할 수도 있다. 마찬가지로 입사 면접에서 이전 직장의 연봉과 퇴사 이유, 출산 계획 등을 솔직하게 털어놓으면 낮은 연봉을 제안받거나 아예 면접에서 탈락할 수도 있다.

이렇게 정직한 대답이 종종 우리에게 불리하게 작용하지만, 다른 선택지를 고른다고 훨씬 나은 결과로 이어진다는 보장은 없다.

대답을 거부해도 문제가 된다. 질문에 대답하지 않는 사람은 당연히 아무도 좋아하지 않는다. 그뿐만 아니라 민감한 정보를 보호하기 위해 대답을 거부한대도, 대답하지 않는 행동 자체가 우리의 의도보다 더 많은 것을 드러내기도 한다. 전 직장을 왜 그만두었느냐는 질문에 대답을 거부한다면 무언가 부정적인 정보를 은폐한다는 인상을 준다.

거짓말도 올바른 길은 아니다. 몇 가지 정보를 일부러 빼고 대답하거나 새빨간 거짓말을 할 수도 있지만, 상대방을 속이는 부정직한 행동일뿐더러 사실이 탄로나면 더욱 심각한 결과로 이어진다.

한마디로 요약하면, 직접적이고 까다로운 질문을 받으면 괜찮은 선택지가 없다고 느끼는 경우가 많다.

와튼 경영대학원의 동료 몇 명은 이런 상황에서 더 좋은 대응 방식이 있는지 알아보고자 했다.[5] 그래서 2019년에 수백 명의 성인 참가자를 모집해 협상에 대한 실험을 진행했다.

참가자들에게 자신이 〈봄의 정수〉라는 그림을 판매하려는 화랑 주인이라고 가정해보라고 지시했다. 이 그림은 네 점의 연작으로 구성된 〈정수〉 시리즈 중 하나로, 7천 달러에 구입했다는 정보를 제공했다.

잠재적인 고객이 이 그림에 어느 정도의 금액을 지불하려 할지는 그 고객이 이미 시리즈의 다른 작품을 보유했느냐에 달렸다는 정보도 제공했다. 연작 중 다른 작품을 갖고 있지 않다면 7천 달러만 내려고 할 테지만, 이미 다른 작품들을 소장해서 세트를 완성하고 싶어하는 고객은 기꺼이 그 두 배의 금액을 낼 것이다. 각 참가자는 다른 참가자와 짝을 지어 잠재적인 작품 판매를 위해 협상을 했다.

그룹에 따라 대화는 서로 다른 양상으로 흘러갔지만, 연작을 소장했느냐 아니냐는 협상에서 매우 중요한 요소였기 때문에 참가자들은 불가피하게 잠재적인 구매자에게 다른 작품을 소장했느냐고 질문해야 했다. 이 부분이 바로 실험의 핵심이었다. 어려운 질문에 대한 다양한 답변을 조사하기 위해 연구팀은 구매자(실제로는 연구 조교)가 직접적인 질문에 대답하는 방식을 조정했다.

일부 참가자에게는 구매자가 솔직하게 대답했다. 〈정수〉 시리즈의 다른 작품을 소장하고 있다고 대답했으며, 이는 해당 작품을 손에 넣기 위해 기꺼이 더 많은 돈을 지불할 생각이라는 의미였다.

그러나 다른 참가자들에게는 구매자가 대답을 거부했다. 질문에 대답하는 대신, 아직은 소장품에 대해 논의할 단계가 아니라고 응수했다.

당연하게도 대인관계에서는 정직함이 매우 긍정적인 영향을 미쳤지만, 경제적 관점에서는 큰 손실을 남겼다. 참가자들은 정직한 대답을 아주 좋아했고 상대방을 신뢰한다고 말하면서도 해당 작품에 가장 높은 가격을 매겨 최대한 많은 돈을 챙겼다.

그와는 반대로, 대답을 거부한 경우는 경제적인 측면에서는 큰 이득이 되었지만 대인관계에는 도움이 되지 않았다. 대답하지 않은 사람들은 낮은 가격에 그림을 구입했지만 거래자는 그들을 신뢰하지 않았고 그들이 무언가를 숨길 가능성이 두 배나 높다고 생각했다.

연구팀은 훨씬 효과적인 세번째 전략도 실험해보았다. 정보를 순순히 제공하거나 대답을 거부하는 대신, 세번째 집단은 까다로운 질문을 피하는 전략을 사용했다. 그들을 방향을 틀어 "다른 작품들은 언제 완성된 건가요?" "다른 작품들도 판매하나요?" 같은 질문으로 응수했다.

난처한 질문을 받았을 때 관련된 다른 질문으로 응대한 것이다.

무언가 감추고 있다는 인상을 주는 사람을 신뢰하기란 어렵다. 그렇기에 아무리 부당한 질문이더라도 대놓고 대답을 거부하면 부정적인 결과를 초래한다.

이렇게 정보를 감추는 행위는 일반적으로 눈살을 찌푸리게 하지만, 정보를 얻으려는 행위는 그렇지 않다. 오히려 그 반대다. 예를 들어 입사 면접에서 질문을 던지는 것은 해당 직책이나 기업에 관한 관심을 보이는 좋은 방법이 될 수 있다. 마찬가지로 **조언** 연구에서 드러났듯이, 사람들은 누가 자신의 의견을 물어오는 것을 좋아한다.

따라서 관련된 다른 질문으로 응수하면 상황이 반전된다. 얼렁뚱땅 얼버무리는 게 아니라 관심이 많으며 대화에 몰입하는 것처럼 보인다. 무례하고 신뢰할 수 없는 사람이 아니라 배려심이 넘치며 대화 주제에 대해 더 배우고 싶어하는 사람처럼 보인다.

연관된 질문은 대화의 초점을 다른 방향으로 옮기면서도 이와 같은 긍정적인 효과를 모두 가져온다. 질문에 대한 대답을 거부하면 무례해 보일 뿐만 아니라 화제의 초점이 바뀌지 않는다는 문제가 발생한다. 질문한 사람은 여전히 대답을 기다리며, 대답을 거부하면 심지어 그 질문이 더 중요해 보이기까지 한다. 피고인이 자신에게 불리한 증언을 하지 않겠다며 묵비권을 행사하면 오히려 더 유죄처럼 보이는 것도 마찬가지 이치다.

질문은 스포트라이트와 같다. 질문은 특정한 주제나 정보로 주의를 환기하는 역할을 한다. 따라서 난처한 질문을 받았을 때 관련된 다른 질문으로 대응하면 스포트라이트를 자기 자신 쪽에서 다른 쪽으로 돌릴 수 있다.

채용 면접에서 면접관이 여성 지원자에게 자녀 계획을 물어볼 경우 "면접관님은 자녀가 있으신가요?"라고 질문하면 대화의 방향이 바뀐다. 지원자가 아니라 면접관의 사생활로 대화의 초점이 옮겨 간다.

만약 면접관에게 자녀가 있다면 대화가 그쪽으로 이어질 수 있으며(아마도 면접관은 지원자가 다정하다고 느낄 것이다), 자녀가 없다면 아이를 낳는 일이 얼마나 힘든지에 대해 교감하고 위로를 주고받을 수 있다. 이런 대화를 나누는 동안 지원자는 부당하게 캐물은 첫번째 질문에 대답하지 않아도 된다.

실제로 연구팀의 분석 결과, 관련된 질문을 던지는 것이 까다로운 직설적 질문에 대응하는 가장 좋은 방법이었다. 이렇게 하면 정직하게 답변하는 경우보다 더 유리한 거래를 맺었고(그림을 낮은 가격에 구매하기), 답변을 거부하는 사람보다는 더 신뢰할 만하고 호감 가는 상대라는 인상을 주었다.

난처한 질문을 피하는 전략은 다른 난처한 상황에서도 효과를 발휘한다. 예를 들어 협상할 때 지불할 수 있는 최고 금액이 얼마냐는 질문을 받는다면 "혹시 생각하는 숫자가 있으세요?"라고 되물어볼 수 있다. 또는 면접에서 이전 직장의 연봉과 관련된 질문을 받을 경우 "이 직책의 연봉 범위는 어느 정도인지 조금 더 자세히 알려주실 수 있을까요?"라고 응수할 수 있다.

정보를 공개하지 않기보다는 단순히 질문자에게 상처 주지 않으려고 할 때도 이러한 전략이 효과적이다. 누군가가 발표를 잘했느냐고 묻거나 옷이 잘 어울리냐고 물었는데 부정적인 대답을 해야 할 경우, 난처한 질문을 피하는 전략은 상대방이 타격을 덜 받도록 도와준다. "발표가 어땠을 것 같아?" "못 보던 스타일이네, 그런 옷은 어디서 살 수 있어?"라는 식으로 질문하면 불필요한 부정적 대답을 피하면서도 좋은 쪽으로 돌려 말해야 할지, 그냥 언급하지 말아야 할지 생각할 시간을 벌 수 있다.

지금까지 다룬 다른 전략과 마찬가지로, 난처한 질문을 피하는 전략도 올바르게 적용하는 것이 중요하다. 이 전략은 단순히 질문을 받았을 때 다른 질문으로 응수하는 것이 아니다. 전략이 제대로 효과를 발휘하려면 이야기중인 주제와 밀접하게 관련되는 질문을 해야 한다. 면접관이 이전 직장의 연봉을 묻는데 아침식사 메뉴를 물으면 무례해 보일 뿐이다. 질문을 의도적으로 피하는 것처럼 보이기 때문이다.

따라서 관심을 보이는 관련 질문을 던지는 게 핵심이다. 정보를 숨기기보다는 관련된 정보를 궁금해한다는 신호를 보내야 한다.

넘겨짚지 않기

난처한 질문을 피하는 기술은 누군가에게 까다로운 질문을 받을 때 유용하지만, 올바른 질문을 건네는 것은 사실을 파악하는 데도 큰 영향을 미친다.

우리는 종종 다른 사람에게서 정보를 수집하려고 한다. 어떤 동네의 좋은 점과 나쁜 점, 중고차의 장단점, 구직자의 장단점을 알고 싶어한다.

안타깝게도 타인이 전달하고자 하는 바와 우리가 궁금해하는 내용이 항상 일치하는 것은 아니다. 예를 들어 부동산 중개인은 좋은 학군과 치안을 강조하는 반면 높은 재산세와 깐깐한 토지 이용 제한법에 대해서는 언급을 피할 것이다. 중고차 판매원은 최근에 수리한 부분을 강조하면서도 수리하지 않은 곳은 짚지 않고 넘어가기 마련이다. 또한 구직자는 최근의 승진에 관해서는 이야기하겠지만 (채용 확률이 높아지기 때문이다) 업무 시간에 소셜미디어를 사용하다가 해고된 일에 대해서는 입을 다물 것이다(면접 결과에 악영향을 미치기 때문이다).

자신이 불리해질 수 있음에도 상대방이 기꺼이 부정적인 정보를 털어놓게 하려면 어떻게 해야 할까?

언뜻 생각하면 직접 물어보는 게 가장 간단한 방법처럼 보인다. 구직자에게 해고당한 적이 있는지, 부동산 중개업자에게 동네에 단점이 있는지 물어보는 것이다. 그러나 이렇게 민감한 질문의 경우, 질문하는 **방식**이 진실을 밝혀낼지 아닐지에 큰 영향을 미친다.

한 연구팀은 민감한 질문을 던지는 올바른 방식을 파악하기 위해 중고 아이팟 판매 협상 실험에 참여할 참가자 수백 명을 모집했다.[6] 참가자들은 생일 선물로 아이팟을 받았고 아이팟이 마음에 들었지만, 아이팟의 기능을 전부 갖췄을 뿐만 아니라 더 많은 기능까지 제공하는 아이폰을 구매하기로 마음먹었기 때문에 아이팟이 필요 없어졌다고 상황을 가정했다.

다행히도 아이팟의 상태는 매우 훌륭했다. 찍히거나 긁히지 않도록 플라스틱 케이스에 보관했기 때문에 겉보기에는 새것이나 다름 없었다. 게다가 이미 음악도 여러 곡 넣어둬서 구매자가 그대로 들어도 좋고 삭제할 수도 있었다.

아이팟이 두 번 정도 완전히 먹통이 됐었다는 게 유일한 문제였다. 문제를 해결하려면 완전히 초기화를 해야 했는데, 그러면 아이팟에 저장된 음악이 전부 사라졌다. 그런 일이 생길 때마다 몇 시간씩 낭비되었으며 그런 일이 또 일어날지, 언제 일어날지는 알 수가 없었다.

각 참가자는 잠재적인 구매자와 간단한 온라인 협상을 진행했다. 몇 가지 일반적인 사항을 언급한 뒤, 구매자가 아이팟에 관해 물었다. 일부 참가자는 평범한 질문을 받았다("아이팟 상태가 어떤가요?"). 반면 다른 참가자들은 더 직접적인 질문을 받았다. 구체적으로 과거 아이팟에 문제가 있었는지 물었다("아이팟에 무슨 문제가 있는 건 아니죠?").

판매자는 당연히 제품의 긍정적인 측면에 초점을 맞췄다. 아이팟의 메모리가 어느 정도인지, 상태가 얼마나 좋은지는 물론이고 보호용 케이스까지 있다고 강조했다. 대다수의 전략적 정보 교환에서 항상 그러듯이, 판매자는 자신에게 유리한 측면을 강조했다.

실제로 "아이팟 상태가 어떤가요?"라는 일반적인 질문을 받았을 때 과거에 먹통이 된 적이 있었다고 솔직하게 답변한 판매자는 8퍼센트에 불과했다. 향후에 똑같은 일이 재발할 가능성이 있음에도 극소수를 제외하면 대부분은 자발적으로 부정적인 정보를 전달하지 않았다. 그 정보를 공개하면 아이팟의 판매 가격이 크게 떨어진다는 사실을 알았기 때문이다.

그냥 질문하는 것만으로는 충분치 않다. 그렇다면 문제에 대해 직접적으로 질문하면 효과가 있을까?

어느 정도는 그렇다.

구매자가 잠재적인 문제점에 대해 직접적으로 질문한 경우("아이팟에 무슨 문제가 있는 건 아니죠?"), 상당수 판매자가 상대적으로 솔직하게 이야기했다. 대략 60퍼센트의 판매자가 아이팟이 먹통이 된 적이 있다고 털어놓았다.

이렇게 직접적으로 물으면 일부 판매자에게 어느 정도는 부정적인 정보를 끌어낼 수는 있었지만, 여전히 열 명 중 네 명은 더 긍정적인 인상을 주기 위해 대답을 회피했다. 결국 구매자가 바가지를 쓸 확률은 거의 40퍼센트에 육박했다.

조금 혼란스러운 결과다. 아무리 핵심을 찌르는 직접적인 질문을 던져도 여전히 판매자들은 솔직하게 대답하지 않았다.

어쩌면 어떤 사람들은 원래 정직하지 않을 수도 있다. 어떤 질문을 받더라도 이들은 요리조리 빠져나간다. 거짓말쟁이는 어떤 상황에서도 어차피 거짓말을 할 테니 어쩔 도리가 없다.

물론 사실이 그렇다고는 해도, 질문하는 언어에도 문제가 있었다. "아이팟에 무슨 문제가 있는 건 아니죠?" 같은 질문은, 문제점에 관해 물어보면서 동시에 문제가 없다는 암묵적인 가정을 담고 있다.

스피드 데이트 및 조언 구하기에 관한 연구에서 드러났듯이, 어떻게 질문하느냐에 따라 질문하는 사람의 인상이 크게 달라진다. 그런데 질문은 얼마나 똑똑해 보이고 호감을 살 수 있는가뿐 아니라 상대방이 우리의 지식과 의도를 추론하는 데에도 큰 영향을 미친다.

"아이팟 상태가 어떤가요?"라고 물으면 응답자는 긍정적인 측면을 강조하기 쉽다. 문제점을 직접적으로 묻지 않으므로 굳이 부정적인 요소를 언급할 필요가 없다.

그보다 조금 더 직접적인 질문("아이팟에 무슨 문제가 있는 건 아니죠?")은 구매자가 잠재적인 문제점에 대한 실제 정보를 모르거나 문제가 있다고 생각할 이유도 없음을 보여준다. 따라서 판매자로서는 문제를 언급하지 않아도 괜찮다고 안심한다. 물론 솔직한 행동은 아니다. 하지만 정보를 숨김으로써 얻는 이득이 매우 크고 거짓말이 들통날 가능성은 적으므로 손해될 것이 없어 보인다.

그렇다면 우리는 40퍼센트의 확률로 거짓말하는 사람을 상대해야 하는 걸까?

그렇지는 않다. 세번째 질문 유형을 사용하면 더 유익한 정보가 담긴 답을 얻을 가능성이 크게 높아지기 때문이다.

"그 제품에 무슨 문제가 있지는 않죠?" 같은 질문은 부지불식간에 제품에 문제가 없음을 상정한다. 문제를 직접적으로 묻기는 하지만 그와 동시에 문제가 없을 거라는 질문자의 가정을 전달한다.

일반적인 질문("그 제품 상태가 어떤가요?")과 비교할 때, "무슨 문제가 있지는 않죠?"라고 질문하면, 질문자가 문제점이 있을 가능성을 인지는 하지만 그 문제점이 무엇인지 알아내는 데는 큰 관심이 없음을 의미한다. 문제가 없으리라고 추정하거나 문제점에 직면하고 싶지 않아서 보다 단정적으로 질문을 하지 않는다.

그러나 잠재적인 문제점에 관해 이러한 가정을 뒤집어 물어볼 수 있다. 즉 '문제가 없다'가 아니라, '문제가 있다'고 전제하고 질문하면 된다.

"그 제품은 뭐가 문제죠?"라는 질문은 이런 목적에 완벽하게 부합한다. 암묵적으로 문제가 없다고 추정하기보다는 무언가 문제가 있다고 상정하고 자세히 알아보고자 묻는 질문이다.

그뿐만 아니라 이렇게 부정적인 추정을 전제로 하고 질문하면 질문자에 대한 인상도 달라진다. 부정적인 측면을 집중 조명하는 질문을 던지면, 질문자는 문제점을 모르거나 피하고 싶어하는 게 아니라 문제점이 있을 가능성을 인지할 뿐만 아니라 이를 확인할 정도로 적극적인 사람으로 비친다.

이렇게 되면 두루뭉술 얼버무리기가 훨씬 어려워진다. 실제로 세번째 그룹의 잠재적 구매자가 "그 제품에 어떤 문제점이 있나요?"라고 묻자, 잠재적 판매자들은 훨씬 솔직하게 문제점을 털어놓았다. 긍정적인 추정 및 부정적인 추정을 바탕으로 하는 두 종류의 질문은 모두 문제를 직접적으로 물었지만, 부정적인 추정을 바탕으로 질문했을 때 판매자가 문제점에 대해 솔직히 대답할 확률이 50퍼센트나 높아졌다.*

질문은 정보를 구할 뿐 아니라 정보를 드러내기도 한다. 우리의 지식, 추정, 심지어는 질문하는 사람이 얼마나 적극적으로 행동할지도 보여준다.

따라서 질문은 질문자가 인식되는 방식은 물론이고 돌아오는 답변의 진실성에도 영향을 미친다. 물론 일부는 어떤 상황에서도 거짓말을 하거나 솔직한 대답을 피하려고 안간힘을 쓰겠지만, 상대방이 정직하지 않은 답변을 눈치챌지도 모른다고 생각하면 거짓말을 할 확률이 훨씬 낮아진다.

이런 질문은 단순히 거짓말을 방지하는 것 이상의 효과를 낳는다.

의사들은 온종일 꼬리를 물고 찾아오는 환자를 진료한다. 시간에

---

* 그렇게 단정적인 질문을 던지면 대인관계에 악영향을 미치지 않을지 궁금해할지도 모른다. 부정적인 가정을 바탕으로 한 질문을 하면 원하는 정보는 얻을지 몰라도 강압적이고 성가시며 너무 공격적인 사람으로 보일까봐 걱정할 수도 있다. 그러나 실제로는 그렇지 않았다. 그런 질문을 한 사람이 다른 사람보다 더 부정적으로 인식되지는 않았다.

쫓겨 신속하게 환자를 봐야 하므로 진료 시간을 단축하는 데 도움이 되는 질문을 던진다. 연례 건강검진을 받으러 온 환자에게 "담배 안 피우시죠?" "운동은 충분히 하고 계시죠?" 등을 물을 수도 있다. 이러한 질문은 환자를 빠르게 진료하는 데 유용하다.

그러나 문제가 없다고 가정하고 질문함으로써 의도치 않게 특정 유형의 답변을 재촉하게 된다. 설령 질문을 받은 환자가 담배를 피우거나 충분한 운동을 하지 않아도, 의사의 추정을 정면으로 반박하는 대답을 내놓을까? 결국 의사가 단순히 "아니요" 또는 "예"라고만 대답해도 되는 질문을 던지면 환자는 가장 무난하고 쉬운 길을 택하여 아무 문제가 없는 것처럼 행동한다.

특정 정보를 드러내기 싫어하는 성향이 강할수록 (긍정적인) 가정을 피해서 질문하는 것이 더욱 중요하다. 문제가 없다고 가정하지 않는 것이다. 사람들은 흡연이나 운동 부족에 대해 밝힐 경우 의사가 눈살을 찌푸릴 것임을 안다. 그렇기에 그런 정보를 언급하지 않으려고 어떤 변명이든 댈 것이다. 알코올 또는 마약 남용 문제가 있다면 더더욱 솔직하게 털어놓을 리가 없다.

청중의 발언을 이끌어낼 때도 마찬가지다. 무언가를 발표하거나 복잡한 개념을 가르칠 때 "질문 없으시죠?"라고 묻는 사람이 많다. 그 대신 "질문이 있으신가요?"라고 묻는다면 더욱 많은 사람이 잘 이해하지 못한 부분에 대해 추가 질문을 할 것이다.

지금까지 살펴본 내용을 종합해보자. 정보를 선별해서 전달하는 유인은 언제나 존재하지만, 올바른 방식으로 질문하면 문제의 핵심을 훨씬 쉽게 파악할 수 있다. 부정적인 요소를 파악해 의사 결정 과정에서 참고할 수 있다.

단순히 직접적으로 묻는 것만으로는 충분치 않다. 부정적인 정보가 존재할 가능성을 인지한다는 걸 보여주는 동시에 어떤 문제가 있는지 알아낼 때까지 적극적으로 정보를 구하겠다는 의지까지 보여주는 직접적인 질문을 던져야 한다.

물론 집주인은 동네에서 난잡한 파티가 열리며 아이들은 소란스럽고 개가 시끄럽게 짖는다는 이야기를 하기 싫을 것이다. 이럴 때 "동네가 어떤가요?"라는 질문으로는 동네의 정보를 끌어내기 어렵다. 그보다는 올바른 방식으로 질문을 구성해야 한다("주민들이 동네에 대해 불평한 적이 있나요?"). (긍정적인) 추정을 피하면 솔직한 대답을 들을 확률이 훨씬 높아진다.

점진적으로 질문 쌓아나가기

어떤 것이 올바른 질문인지 파악하는 능력은 유용한 기술이다. 모든 질문이 같은 효과를 내는 것이 아니라 특정한 질문 방식이 다른 질문 방식보다 더 효과적이다.

그러나 어떤 질문을 해야 하는가를 떠나서, 특정 유형의 질문들은 대화할 때 서로 다른 시점에 던져야 더 큰 효용을 발휘한다.

1960년대 후반, 캘리포니아주립대 버클리캠퍼스에 재학중이던 대학원생 아서 에런은 연구 주제를 놓고 고심하고 있었다. 사회심리학 석사학위과정을 밟고 있던 아서는 그때까지 깊게 조사된 바 없는 주제를 찾고자 했다. 보통 과학적 연구가 불가능하다고 여기지만, 자신이 어떻게든 돌파구를 찾을 만한 주제여야 했다.

연구 주제를 고민하던 즈음, 아서는 동료 대학원생 일레인 스폴딩과 연애중이었다. 사랑에 빠진 두 사람이 키스했을 때 아서는 두 가지 사실을 깨달았다. 첫번째는 앞으로 평생을 함께할 사람이 일레인이라는 것, 그리고 두번째는 자신이 찾던 연구 주제가 사랑일지도 모른다는 것이었다.

그후 50년이 흐른 지금까지도 아서와 일레인은 여전히 함께하고 있다. 그리고 두 사람은 놀라운 일을 해냈다. 전 세계를 여행하고 베스트셀러를 집필하는가 하면, 파리와 토론토, 밴쿠버와 뉴욕에 이르기까지 다양한 곳에서 살았다.

그 과정에서 에런 부부는, 친구와 연인부터 처음 만나는 낯선 사람에 이르기까지, 대인관계에 대한 우리의 생각을 바꿔놓았다.

두 사람은 사람들이 어떻게 유대관계를 쌓고 이를 유지하는지, 이러한 유대감이 개인의 성장과 발전에 어떤 영향을 미치는지 연구했다. 반려자와 함께 새롭고 흥미로운 일을 하는 것이 어떻게 두 사람의 관계에 좋은 영향을 미치는지, 다른 집단에 속한 사람과 나누는 우정이 어떻게 편견을 낮춰주는지, 강렬한 사랑이 주는 행복감의 기저에 존재하는 신경 메커니즘은 무엇인지(힌트를 주자면 코카인에 반응하는 것과 같다)를 연구했다.

그러나 에런 부부의 연구 중에서 가장 유명한 것은 사람들이 관계를 맺는 방법에 관한 연구일 것이다. 끈끈한 인간관계는 삶에 필수적이다. 사회적 관계를 맺으면 단순히 이야기를 나눌 사람이 생길 뿐만 아니라 더 행복하고 건강한 삶을 살게 된다. 관계의 질은 부나 성공보다 더 정확하게 행복을 예측하는 변수이며 건강과도 매우 밀접하게 관계된다. 수십 건의 연구에 따르면, 가족, 친구, 지역 사회로부터 강력한 사회적 지지를 받는 사람들은 불안과 우울증에 시달릴 확률이 낮으며 자부심이 높고 수명도 길다.

이렇게 친밀한 대인관계의 장점은 분명하지만, 그런 관계를 구축하려면 보통 상당한 시간이 걸린다. 동료가 친구로 발전하려면 여러 차례 상호작용을 해야 하는 경우가 많으며, 몇 주 혹은 몇 달에 걸쳐 여러 차례 데이트해야 비로소 탄탄한 연인관계가 구축된다.

더 끈끈한 관계로 발전시키기란 생각만큼 쉽지 않다. 예를 들어 회사 동료와 친구가 되거나 지인으로서 좀더 가까워지고 싶다고 가정해보자. 사무실에서 자주 마주치려고 노력하거나 그럴듯한 구실을 찾아서 커피 한잔 같이하자고 제안할 수는 있지만, 정확히 무슨 말을 해야 할지 난감할 때가 많다.

에런 부부는 더욱 효과적으로 관계를 구축하는 방법이 없을까 궁리했다. 누구든 두 사람이 서로 가까워졌다고 느끼는, 절대 실패하지 않는 단계별 과정을 찾아낼 수 있을까? 친구, 잠재적인 연애 상대, 심지어 방금 만난 낯선 사람조차도 쉽게 따라 할 수 있으며 한 시간 안에 관계 구축의 이점을 누릴 방법 말이다.

쉽지 않아 보인다. 아니 불가능해 보이기까지 한다. 어쨌거나 신뢰와 친밀감은 하룻밤에 쌓이지 않기 때문이다.

그럼에도 불구하고 가끔은 온갖 악조건이 존재함에도 사회적 유대관계가 형성되고 공고해지는 경우가 있다. 비행기에서 우연히 옆자리에 앉은 생면부지의 두 사람이 비행기에서 내릴 때 즈음에는 절친이 되기도 한다. 서로 잘 알지 못했거나 심지어 별로 인상이 좋지 않았던 동료들이 팀워크를 다지기 위한 행사에서 우연히 짝이 된 후로는 막역한 사이가 되기도 한다.

에런 부부는 1990년대 후반에 사회적 유대를 형성하고 공고히 하는 데 유용한 접근법을 고안하고 실험했다. 어떤 사람이든, 어떤 시기에든, 어디에서든 사람들을 가까워지게 만드는 기술이라 할 수도 있다.

이 접근법의 핵심은 올바른 질문 던지기다.

실험에 참여한 사람들은 둘씩 짝을 지어 세 종류의 질문 모음을 읽고 토론했다. 첫번째 질문은 매우 단순하게 시작한다. "전 세계 누구든 초대할 수 있다고 가정할 때 저녁 손님으로 누구를 초대하고 싶은가요?" 한 사람이 그 질문에 대답하고 나머지 사람도 대답한다.

그리고 다음 질문으로 넘어간다. "유명해지고 싶은가요? 어떤 방식으로요?" 각자 답한 후 세번째 질문을 읽는다. "전화를 하기 전에 무슨 말을 할지 연습해보시나요? 왜죠?"

파트너가 된 두 사람은 교대로 질문을 읽고 답변을 했으며, 15분 동안 첫번째 질문 모음을 바탕으로 최대한 많은 질문과 답변을 주고받았다.

첫번째 질문 모음

1. 전 세계 누구든 초대할 수 있다고 가정할 때 저녁 손님으로 누구를 초대하고 싶은가요?

2. 유명해지고 싶은가요? 어떤 방식으로요?

3. 전화를 하기 전에 무슨 말을 할지 연습해보시나요? 왜죠?

4. 당신에게 '완벽한' 하루를 구성하는 요소는 무엇인가요?

5. 마지막으로 혼자 노래를 부른 게 언제인가요? 다른 사람에게 불러준 적은요?

6. 60년간 30세의 마음과 몸을 유지하면서 90세까지 살 수 있다면 무엇을 하고 싶으신가요?

7. 언제 세상을 떠날지에 대한 남모를 예감이 있으신가요?

8. 당신과 파트너의 공통점으로 보이는 세 가지 요소를 말해보세요.

9. 인생에서 가장 감사하는 일은 무엇인가요?

10. 성장과정에서 뭔가를 바꿀 수 있다면 무엇을 바꾸시겠습니까?

11. 4분간 파트너에게 당신의 인생에 대해 최대한 자세하게 이야기해보세요.

12. 내일 아침 눈을 떴을 때 한 가지 자질이나 능력을 얻을 수 있다면 어떤 걸 갖고 싶으신가요?

15분이 지난 후, 두 사람은 두번째 질문 모음으로 넘어갔다. 앞서와 마찬가지로 파트너와 교대로 질문과 대답을 하면서 15분 안에 최대한 많은 문답을 주고받는다.

두번째 질문 모음

1. 수정 구슬이 당신과 당신의 삶에 대해, 미래를 비롯하여 모든 것을 보여줄 수 있다면 무엇을 알고 싶으신가요?

2. 오래전부터 꿈꿔온 일이 있으신가요? 왜 아직 안 하셨죠?

3. 지금까지의 인생에서 가장 큰 성취는 무엇인가요?

4. 우정에서 무엇이 가장 가치 있다고 생각하시나요?

5. 가장 소중하게 여기는 추억은 무엇인가요?

6. 가장 끔찍한 기억은 무엇이죠?

7. 1년 뒤에 갑자기 죽는다는 사실을 알게 된다면 현재 삶의 방식에서 무엇을 바꾸고 싶으신가요? 왜 그렇죠?

8. 우정은 당신에게 어떤 의미인가요?

9. 당신의 삶에서 사랑과 애정은 어떤 역할을 하나요?

10. 파트너의 긍정적인 특징이라고 생각하는 것을 하나씩 이야기해봅시다. 총 다섯 가지 장점을 공유해봅시다.

11. 당신의 가족은 얼마나 가깝고 단란한가요? 자신의 유년기가 대다수 다른 사람의 유년기보다 행복했던 것 같나요?

12. 어머니와의 관계에 대해서는 어떻게 생각하시나요?

15분이 지난 후, 마지막 질문 모음으로 문답을 진행했다.

마지막 질문 모음

1. "우리"를 넣어서 각자 세 가지 문장을 말해봅시다. "우리 둘다 이 방에 있으니 기분이 어떠어떠하다."

2. 다음 문장을 완성해봅시다. "무엇무엇을 나눌 누군가가 있으면 좋겠다."

3. 파트너와 친한 친구가 되려 한다면, 파트너가 알아둬야 할 중요한 사실을 공유해봅시다.

4. 파트너의 좋아하는 점을 말해봅시다. 방금 만난 사람에게는 공유하지 않을 법한 이야기를 아주 솔직하게 터놓아보세요.

5. 파트너에게 인생에서 당혹스러웠던 순간을 이야기해봅시다.

6. 다른 사람 앞에서 마지막으로 운 것이 언제인가요? 혼자서 운 적은요?

7. 파트너의 어떤 점이 우선 마음에 드는지 이야기해봅시다.

8. 농담거리로 삼기에는 너무 심각한 주제가 있다면 무엇인가요?

9. 아무와도 이야기하지 못하고 오늘 저녁에 죽는다면, 누군가에게 하지 못한 말 중에 무엇을 가장 후회하시나요? 왜 그 말을 아직 못하셨죠?

10. 당신의 모든 소유물이 보관된 집에 불이 납니다. 사랑하는 사람과 반려동물을 구한 후, 마지막으로 한 번 더 들어가서 한 가지 물건을 안전하게 가져올 수 있습니다. 무엇을 꺼내오겠습니까? 그 이유는 무엇인가요?

11. 가족 중 누가 죽으면 가장 충격을 받을까요? 그 이유는 무엇이죠?

12. 개인적인 문제를 공유하고, 상대방이라면 어떻게 처리할지 파트너에게 조언을 구해봅시다. 또 파트너에게 당신이 그 문제를 어떻게 생각하는 것처럼 보이는지 알려달라고 합시다.

에런 부부는 이런 접근법이 효과를 발휘하는지 알아보기 위해 실험을 진행했다.[7] 수백 명의 낯선 사람을 두 명씩 짝지은 후 서로 짤막한 대화를 나누도록 요청했고 그중 일부에게는 36개의 질문을 순서대로 던지고 대답하도록 안내했다. 대화가 끝난 뒤 참가자들은 대화 상대와 얼마나 가까워졌는지, 얼마나 교감했다고 느꼈는지 기록했다.

안면조차 없던 낯선 사람과 딱 한 번 45분간 이야기를 나누었다. 사회적 유대감을 쌓는 데는 보통 몇 주 또는 몇 달이 걸리는데 말이다.

그런데도 오직 질문과 답변만으로 이루어진 상호작용이 엄청난 영향력을 발휘했다. 단순한 잡담만 나눈 조에 비해 사전에 준비된 질문을 주고받은 조가 친밀감과 유대감을 훨씬 강하게 느꼈다. 친구나 가족처럼 이미 형성되어 있는 관계와 비교할 때, 방금 만난 파트너에게 그 중간 정도의 친밀감을 느꼈다고 답했다.

그뿐만 아니라 이 접근법은 애초에 두 사람의 성향이 비슷한지, 전혀 다른지에 관계없이 같은 효과를 발휘했다. 가치관이나 기호가 다르거나 정치적인 성향이 달라도 질문을 주고받으면서 더욱 가까워졌다고 느꼈고 보다 강한 유대감이 생겼다.

그후 소위 "빨리 친해지기Fast Friends"라고 불리는 이 기술은 수천 명의 사람이 처음 보는 이와 감정적인 유대감을 쌓는 데 큰 역할을 했다. 아서는 강의와 신입생 수업에서 자주 이 기술을 활용해 학생들 사이의 유대감 형성을 도왔다. 인종 간 우정을 쌓고 편견을 줄이기 위해 이 기술을 적용한 사람들도 있다.[8] 심지어 이 기술은 갈등이 한창 고조된 도시에서 경찰과 지역사회 구성원의 신뢰를 강화하고 상호 이해를 촉진하기 위해 활용되기도 했다.

기술의 효용만큼이나 흥미로운 점은 왜 이런 질문이 관계를 구축하는 데 그토록 유용한가이다. 종류와 관계없이 질문만 주고받으면 유대감이 형성될까? 그렇지 않다면 왜 정해진 순서대로 특정 질문을 던졌을 때 그토록 효과가 컸을까?

첫번째 질문에 대한 대답은 간단하다. 모든 질문이 유대감을 형성하는 데 똑같은 효과를 발휘하지는 않는다. 평범하고 방향성 없는 잡담을 나눈 낯선 사람들도 질문과 대답을 주고받기는 하나("지난번 핼러윈은 재미있게 보내셨나요?" "이번 여름에 뭘 하셨어요?"), 이러한 질문은 앞서 소개한 방법만큼 친밀감을 높여주지 않았다.

가까운 관계를 맺으려면 자신을 어느 정도 드러내야 하는 경우가 많다. 결국에는 친구나 배우자가 되더라도, 처음부터 가깝게 시작하지는 않는다. 사교적인 인사말을 주고받고 잡담을 하거나 대화를 풀어가면서 관계를 쌓는다.

그러나 관계가 거기서 한층 더 발전하려면 그 단계를 뛰어넘어야 한다. 잡담을 벗어나 더 내밀한 마음을 털어놓아야 한다. 자신의 여러 측면을 드러내고 상대방에 대해 더 많이 알게 되면서 진정한 유대감이 형성된다.

이 과정에서 질문이 큰 도움이 된다. 물론 아무 질문이나 효과적인 것은 아니다. "아무와도 이야기하지 못하고 오늘 저녁에 죽는다면, 누군가에게 하지 못한 말 중에 무엇을 가장 후회하시나요? 왜 그 말을 아직 못하셨죠?"처럼 심오하고 상대방을 탐색하는 질문이어야 한다.

이러한 질문은 "어떻게 지냈어?"와 같은 의례적인 질문이나 주말에 무엇을 했는지 예의상 물어보는 질문과는 다르다. 상대방에게 깊이 생각해 신중한 대답을 내놓도록 촉구하는 까다로우면서도 진지한 질문이다.

이런 질문을 받으면 상대방이 마음을 열기 마련이다. 날씨에 대한 잡담이나 다른 피상적인 이야기와는 다르게, 이런 질문은 본질을 깊게 파고든다. 자신의 내면을 표출하고 드러내며 자신이 진짜 어떤 사람인지 표현하도록 독려한다.

그러면 잡담은 아예 건너뛰는 편이 낫겠다고 생각할지 모른다. 잡담은 배제하고 성찰이 필요한 심오한 질문으로 곧장 넘어가는 것이다.

하지만 여기에는 한 가지 문제가 있다. 만난 지 고작 2분밖에 안 된 사람에게 만약 죽는다면 누구에게 어떤 말을 하지 않은 것을 가장 후회하겠느냐는 질문을 받는다고 상상해보자. 여러분은 뭐라고 답하겠는가? 질문에 선뜻 답하면서 방금 안면을 튼 사람에게 속내를 솔직하게 드러내겠는가?

아닐 것이다.

실제 상황이라면 대화에서 빠져나갈 구실을 찾을 가능성이 크다. 설령 대답한대도 상당히 피상적인 답변에 그칠 것이다. 아직 솔직하게 대답할 만큼 상대가 편하지 않기 때문이다. 속사정을 기꺼이 털어놓을 정도로 상대방을 잘 안다고 생각하지 않는다. 진솔한 태도로 내면 깊은 곳까지 숨김없이 드러내려면 어느 정도의 사회적 유대감이 반드시 구축되어야 한다.

여기서 골치 아픈 문제가 발생한다. 깊이 있게 자신을 드러내려면 사회적 유대감이 필요하다. 그러나 사회적 유대감을 쌓으려면 먼저 자기 이야기를 솔직하게 털어놓아야 한다.

이런 진퇴양난의 상황에서 '빨리 친해지기' 과정이 효과적이다. 이 기술은 곧바로 무거운 질문으로 뛰어들기보다는 긴장을 풀어주고 서서히 자신을 드러내도록 도와준다.

초반의 질문은 부담스럽지 않다. 보편적이고 가벼우며 거슬리지 않는, 어색함을 깨기 위한 질문이다. 저녁식사에 누구를 초대하고 싶으냐는 질문은 누구나 할 수 있는 재미있는 질문이다. 너무 사적이지도 않고 개인적인 질문이라고 느껴지지도 않기 때문에 심지어 방금 만난 사람에게도 편하게 대답할 수 있다.

이러한 유형의 질문은 대답해도 상관없는 평범한 질문 같지만, 그런 질문을 주고받음으로써 누군가가 비집고 들어올 만한 틈새가 생긴다. 매우 작은 틈이라도 말이다. 대화 상대가 NBA 농구 선수인

르브론 제임스, 교황, 알베르트 아인슈타인, 마틴 루서 킹 주니어의 이름을 댄다면, 그가 어떤 사람인지, 무엇을 소중하게 여기는지 어느 정도 파악할 수 있다. 상대방은 스포츠 팬이거나 신앙심이 깊은 사람, 과학에 관심이 많은 사람, 사회적 정의를 중시하는 사람이다. 질문 하나로 상대에 대한 모든 것을 알 수는 없지만, 어느 정도 관계의 기반을 쌓을 수 있다.

상대가 이렇게 조금이나마 자신을 드러내면 질문한 사람도 똑같이 행동할 의욕이 솟아 자신에 대해서도 살짝 드러내게 마련이다. 이렇게 되면 처음 질문을 받은 사람은 조금 더 내면을 드러내고, 두 사람 사이에 유대관계가 형성된다.

서로의 약한 부분을 이해하면 쉽게 가까워지지만, 두 사람이 서로에게 기꺼이 자신의 취약함을 드러내기까지의 과정은 험난하다. 누구든 자신을 내보이거나, 너무 많은 말을 하거나, 자신이 기울인 노력만큼 상대에게 되돌려 받지 못할까봐 두려워한다. 상대방이 먼저 속을 털어놓으면 기꺼이 그에 부응하는 사람은 많아도 먼저 속내를 드러내려는 사람은 드물다.

그래서 '빨리 친해지기' 질문은 큰 도움이 된다. 너무 거창하게 시작하지 않으면서도 지나치게 피상적인 부분에 머무르지 않는다. 편안하게 시작해 점점 더 깊숙하게 서로를 드러내는 방향으로 관계를 구축한다. 양쪽 모두 질문에 대답해야 하므로 두 사람 모두 신뢰를 깊이 쌓아나가는 데 이바지한다. 두 사람이 점진적으로 자신의 내면을 더 많이 드러냄으로써 유대감이 강해지고 두 사람은 더욱 가까워진다.

매직 워드 활용하기

쓸모없는 질문은 없다고들 말한다. 하지만 더 좋은 질문과 더 나쁜 질문은 분명히 존재한다.

질문은 정보 수집을 도와주지만 동시에 자기 생각을 전달하고 대화의 흐름을 바꾸며 사회적 유대감을 형성하게도 한다. 따라서 언제 어떤 질문을 던져야 하는지 제대로 이해해야 한다.

다음의 다섯 가지 지침을 유념하자.

1. 조언 구하기

조언을 구하면 통찰을 얻을 수 있고, 조언을 구하는 사람도 더 똑똑한 사람으로 인식된다.

2. 앞말을 받아서 질문 던지기

기본적으로 질문을 하면 좋은 인상을 남기고 긍정적인 상호작
용을 촉진하는데, 후속 질문을 던지면 질문한 사람이 관심을
보이며 더 자세히 알고 싶어한다는 인상을 줘서 한층 더 유용
하다.

3. 난처한 질문 피하기

누군가가 난처한 질문을 할 때 관련된 질문으로 되물으면 대화
를 다른 방향으로 유도할 수 있으며 개인적인 정보를 공개하지
않으면서도 상대에게 관심을 표명할 수 있다.

4. 넘겨짚지 않기

상대방에게서 부정적인 정보를 끌어내야 할 수도 있는 상황에
서는 섣불리 단정짓는 질문을 삼가자.

5. 점진적으로 질문 쌓아나가기

자신의 깊은 내면을 드러내려면 사회적 유대감이 필요하다. 그
러나 그 지점까지 도달하려면 우선 편안하다고 느껴야 한다.
따라서 사회적 관계를 돈독히 하거나 낯선 사람과 친구가 되려
면 단순한 질문부터 시작해 차곡차곡 질문을 쌓아가면서 서로
에게 자신의 모습을 조금씩 드러내는 것이 좋다.

언제 어떤 질문을 해야 하는지 이해하면 더 좋은 인상을 남길 수
도, 유용한 정보를 얻을 수도, 주위 사람들과 더욱 의미 있는 유대감
을 구축할 수도 있다.

그러나 질문하기 외에도 주목해야 하는 또하나의 매직 워드 유형
이 있다. 바로 구체적인 내용을 담은 언어다.

4장

구체적인
언어를
활용하라

몇 년 전, 공항으로 가는 길에 모든 여행객이 두려워하는 문자를 받았다. 결항 소식이었다. 벌써 며칠 동안 객지에서 머문지라 빨리 집에 돌아가고 싶었기 때문에 난감했다. 또한 아이들을 재울 시간에 도착하려고 해당 비행편을 고른 건데 그러지 못하게 됐을뿐더러 하다못해 출장 목적인 컨설팅 고객과 더 많은 시간을 보내는 것도 아닌 상태로 꼼짝없이 공항에 발이 묶였다.

설상가상으로 항공사측에서 다른 항공편을 예약해주려고 했지만, 같은 날 늦은 시간 출발하는 직항편이 아니라 다음날 출발하는 환승편으로 예약이 되었다. 나는 잔뜩 화가 나서 문제를 해결하려고 고객센터에 전화했다.

전화를 받은 상담사는 별로 도움이 되지 않았다. 내 이야기에 귀를 기울이거나 문제가 무엇인지 제대로 파악하려고 노력하기는커녕, 매뉴얼을 그대로 읽는 것처럼 같은 이야기만 반복했다. 고객의 불만 사항에 대한 실질적인 해결책을 모색하기보다는 고객을 '신경 쓴다'는 사실을 보여주기 위해 만들어냈을 법한 판에 박힌 대사를 반복해서 읊어댔다. 20분간 실랑이한 끝에 그날 저녁에 출발하는 직항편의 대기자 명단에 이름을 올렸지만, 그쯤 되니 참을 수 없을 만큼 화가 치솟아 있었다.

통화 내용을 그대로 들을 수밖에 없었던 친절한 우버 운전사가 위로해주면서 우리는 대화를 나누기 시작했다. 나는 얼마나 짜증이 났는지에 대해 불평하면서도, 한편으로는 수많은 고객의 불만을 상대해야 하는 고객센터 상담사가 안쓰럽다고 말했다. 항공편이 취소된 것은 상담사 잘못이 아닌데도 온종일 전화기 앞에서 나처럼 화난 사람을 차례로 응대해야 하기 때문이다.

내가 보기에 고객센터 상담사는 정말 힘든 직업이었지만 우버 운전사는 전혀 그렇지 않다고 했다. 그는 자기 딸이 항공사 고객센터에서 일하는데 그 일을 아주 좋아한다고 했다. 실제로 그의 딸은 고객의 기분을 풀어주는 데 워낙 뛰어나서 다른 상담사들에게 더욱 효과적인 고객 응대법을 가르치는 자리로 승진했다고 말했다.

처음에는 상당히 놀라웠다. 그런 상황에서 고객을 기분좋게 만드는 건 꽤 어려워 보였기 때문이다. 항공사 고객센터에 연락하는 고객은 대부분 결항, 연착, 짐 분실 등의 문제를 겪고 있기 마련이고, 상담사가 손가락을 튕겨낸다고 해도 마법처럼 문제가 사라지지는 않는다.

생각하다보니 궁금해졌다. 만약 그의 딸이 어려운 상황에 그토록 잘 대처했다면 고객을 달래기 위해 뭐라고 말했을까? 상담사에게 주어진 권한(항공 마일리지나 다른 항공편) 외에, 혹시 고객 만족도를 높이는 특별한 의사소통법이 있는 건 아닐까?

이 문제를 연구하기 위해 그랜트 패커드와 함께 대형 온라인 소매업체의 고객 서비스 상담전화 자료를 수백 건 수집했다.[1] 수집한 자료에는 여행 가방이 열리지 않는다는 아칸소 고객의 불만부터 신발에 결함이 있다는 세인트루이스의 고객, 셔츠가 맞지 않아 반품하겠다는 새크라멘토 고객의 불만까지 다양한 불만 사항이 담겨 있었다.

우리는 녹취 기록 업체와 연구보조팀의 도움을 받아 녹음된 고객 상담 내용을 데이터로 변환했다. 통화 내용을 글로 옮기고, 상담사의 발언과 고객의 발언을 따로 분류했으며, 심지어 음조 및 목소리 톤 같은 목소리의 특징도 수치화했다.

각 고객은 서로 다른 이유로 전화를 걸었지만, 상당수의 통화가 익숙한 흐름을 따랐다. 상담사가 자신을 소개하고 고객이 뭐가 문제인지 설명하면 상담사가 그 문제를 해결하려고 노력했다. 여행 가방이 왜 열리지 않는지 또는 신발에 무슨 문제가 있는지 파악하거나 셔츠 반품 처리 과정을 도왔다. 상담사는 시스템을 살펴보거나 관리자와 대화를 나눈 후 필요한 정보를 수집한다. 그런 다음 다행히 문제가 해결되면 어떤 내용을 발견했는지 혹은 어떤 조치를 취했는지 설명하고 고객에게 더 궁금한 점이 있느냐고 물은 후 인사를 한다.

이렇게 통화 자체는 비슷한 구조로 흘러가지만, 결과는 사뭇 달랐다. 일부 고객은 서비스에 만족하고 상담사가 도움이 되었다고 평가했다. 그러나 그렇지 않은 고객도 많았다.

물론 어느 정도는 고객이 제기한 불만 사항에 따라 결과가 달라졌다. 어떤 고객은 계정에 문제가 생겨서, 어떤 고객은 주문에 문제가 생겨서 전화한다. 어떤 고객이 심각한 문제로 전화한다면 어떤 고객은 사소한 문제로 문의한다.

그러나 불만 사항과 고객의 인구학적 특징을 비롯한 수십 개의 변수를 통제하고 나서도, 상담사가 어떻게 말하느냐는 여전히 상담 결과에 상당히 큰 영향을 미쳤다. 특정하게 말하는 방식이 고객 만족도를 크게 끌어올렸다.

그 방식을 이해하려면 언어의 구체성이라고 알려진 네번째 유형의 매직 워드를 이해해야 한다.

언어의 구체성을 적용할 수 있는 방법 세 가지는 (1) 경청한다는 느낌 주기 (2) 추상적인 것을 구체화하기 (3) 추상적으로 표현해야 더 좋은 경우 파악하기다.

경청한다는 느낌 주기

어떤 것들은 꽤 구체적이다. 문, 탁자, 의자, 자동차는 모두 구체적이고 실재하며 물리적인 객체이다. 눈으로 볼 수 있고 손으로 만질 수 있다. 우리는 그것이 무엇인지 분명히 파악하며 마음속으로 그려볼 수도 있다. 탁자를 그려보라고 하면 다섯 살짜리도 그렇게 할 수 있다.

그러나 그보다 덜 구체적인 것도 있다. 예를 들어 사랑, 자유, 아이디어 같은 것들이다. 모두 실체가 없으며 좀처럼 이해하기 어려운 개념이다. 물리적 대상이 아니므로 만질 수 없으며, 머릿속에 그려보기도 어렵다. 누군가에게 민주주의를 그려보라고 요청한다면 상대방은 영문을 몰라 멍하니 여러분을 쳐다볼 것이다. 민주주의가 어떤 모습인지 확실하지 않은데다가, 심지어 그걸 그림으로 어떻게 표현할지도 미지수다.

이렇게 각 대상이 원래부터 가진 구체성이 다르기는 하지만, 같은 대상이라도 덜 구체적으로 또는 더 구체적으로 이야기할 수도 있다.

데님 천으로 만들어서 다리를 가리는 물건을 **바지**라고 부를 수도, **청바지**라고 부를 수도 있다. 파이를 아주 맛있다고 표현할 수도, **군침**

이 돌 정도로 맛있다고 표현할 수도 있다. 무언가를 '디지털 전환 digital transformation'이라고 할 수도, '고객이 매장에서처럼 온라인상에서 물건을 구매하도록 한다'라고 설명할 수도 있다. 지금까지 언급한 모든 사례에서 후자(청바지 또는 군침이 돌 정도로 맛있다)가 더 구체적이다. 더 자세하고 생생하며 그림을 그리거나 머릿속으로 상상하기 쉽다.

우리가 조사한 고객 서비스 전화도 마찬가지였다. 신발 한 켤레를 찾아달라는 요청을 받은 상담사는 그것, 그 신발, 또는 라임그린색 나이키 신발을 찾아보겠다고 대답할 수 있다. 배송에 대한 문의를 받았다면 거기, 고객님 댁, 또는 고객님 댁 문 앞에 도착할 것이라고 말할 수 있다. 그리고 환불 요청을 받았다면 처리해드리겠다, 환불해드리겠다, 또는 돈을 돌려드리겠다라고 말할 수 있다.

이 세 가지 사례에서도 마지막 경우가 가장 구체적인 언어로 대답했다. 라임그린색 나이키 신발은 그것보다 더 구체적이고, 고객님 댁 문 앞은 거기보다 구체적이며, 돈을 돌려드리겠다는 처리해드리겠다보다 더 구체적이다. 특정적이고 실체를 쉽게 알 수 있는 실질적인 단어를 사용한 대답이다.

단순히 표현법의 차이처럼 보일지 모르지만, 이러한 변화는 고객이 상담사와의 대화에서 받은 인상에 큰 영향을 미쳤다.

구체적인 언어를 사용하면 고객 만족도가 훨씬 높아졌다. 상담사가 구체적인 언어를 사용했을 때 고객은 상담 내용에 더욱 만족하고 상담사가 크게 도움을 줬다고 여긴다.

구체적인 언어의 효용은 고객의 기분뿐 아니라 훨씬 광범위한 영역에 적용된다. 다른 온라인 소매업체의 거의 천 건에 달하는 이메일 교환 내용을 분석한 결과 구매 행태에도 비슷한 영향을 미쳤다. 직원들이 더욱 구체적인 언어를 사용할 때 고객은 그후 몇 주간 해당 소매업체에서 30퍼센트나 더 많은 비용을 지불했다.

값이 별로 안 드는 일처럼 보이는 말하기가 엄청난 실익을 가져온 셈이다.

문제를 해결하든, 상품 및 서비스를 판매하든 일선 직원들은 하루에도 수십 명씩 고객을 응대한다. 콜센터 담당자는 끊임없이 전화를 받으며 고장난 여행 가방을 받은 고객을 돕는가 하면 웹사이트 로그인 문제를 겪는 고객을 상대한다. 소매점 직원들은 손님이 원하는 재킷을 찾아주기도 하고 다른 고객의 바지를 환불 처리해주기도 한다. 영업사원은 하루에도 여러 건의 판촉 회의에 참여해 다양한 고객에게 판매중인 제품이나 서비스의 장점을 홍보한다.

이러한 상황에서는 판에 박힌 진부한 대사를 늘어놓기 쉽다. 그 일이나 그 문제가 재킷인지, 바지인지, 아니면 다른 무엇인지 명확히 밝히지 않은 채 "그 일을 도와드리게 되어 기쁩니다" "그 문제를 겪게 해드려서 죄송합니다"라고 말한다. 이렇게 추상적이고 일반적인 대답은 거의 모든 상황에 적용할 수 있으므로 시간과 노력을 절약할 수 있다.

그러나 그렇게 광범위하게 적용된다는 사실에는 불리한 측면이 있다.

옷을 쇼핑한다고 생각해보자. 마음에 드는 티셔츠를 발견했는데 원하는 회색을 찾을 수 없어서 두 명의 직원에게 도움을 청한다. 한 직원은 "한번 찾아보겠습니다"라고 말하고, 다른 직원은 "그 티셔츠를 회색으로 찾아보겠습니다"라고 말한다. 둘 중 한 명을 골라야 한다면 어느 쪽이 당신의 이야기에 더 세심하게 귀기울였다고 하겠는가?

수백 명에게 같은 내용을 물어봤더니 더 구체적인 두번째 답변("그 티셔츠를 회색으로 찾아보겠습니다")을 한 직원이 더 세심하게 귀기울였다고 답한 비율이 압도적으로 많았다. 일반적인 답변("한번 찾아보겠습니다")은 어떤 상황에서나 사용할 수 있지만, 한편으로 일반적이라는 것은 특정성이나 구체성이 없다는 뜻이다. 따라서 추상적으로 이야기하는 사람이 실제로 이야기에 **귀를 기울였는지**는 확실하지 않다.

고객이든 아니든, 사람이라면 누구나 상대방이 자기 말을 들어주기를 바란다. 서비스센터에 전화할 때, 상사와 이야기하고 싶다고 요구할 때, 어떤 문제점을 가지고 사무실에 찾아왔을 때 사람들은 누군가 자신의 걱정거리에 귀를 기울이고 문제를 해결해준다고 느끼고 싶어한다.

그러나 상대방이 자신의 말을 경청한다고 느끼려면 세 가지 일이 일어나야 한다. 우선 상대방이 자신의 말에 **관심을 기울인다**고 느껴야 한다. 두번째로 상대방이 자신의 말을 **이해했다**고 느껴야 한다. 그리고 마지막으로 상대방이 **경청했다는 것을 보여주어야** 한다.

마지막 단계가 핵심이다. 말을 하고 있는데 상대방이 아무런 대꾸도 하지 않는다고 생각해보자. 상대는 우리의 말을 전부 경청했을지도 모른다. 심지어 그걸 완전히 이해했을지도 모른다. 그렇지만 제대로 잘 들었음을 나타내는 어떤 외부적인 신호가 없다면 실제로 경청했는지 아닌지 판단할 수 없다.

따라서 단순히 경청하는 것만으로는 충분치 않다. 경청했다고 느끼게 해주려면 실제로 들었다는 사실을 **보여주어야** 한다. 상대의 말에 주의를 기울이고 그 내용을 이해했음을 보여주는 방식으로 대응해야 한다.

그렇기에 구체적인 언어가 중요하다. 고객 서비스 담당자가 고객의 불만에 귀를 기울이고 문제를 이해했을지 모르지만, 이해했다고 명시적인 신호를 보내지 않으면 고객은 알 도리가 없다.

구체적인 언어는 바로 그 신호를 제시한다. 특정적이고 구체적인 언어는 단순히 듣는 척만 하는 것이 아니라 실제로 말하는 내용에 관심을 기울이며 이해하려고 노력한다는 것을 보여준다. 구체적인 언어가 상대방의 말을 경청했다는 증거인 셈이다.

구체적인 언어는 직원이 고객의 요구에 귀를 기울인다는 점을 보여주기 때문에 고객 만족도와 구매력을 상승시킨다. 고객의 구체적이고 특이한 요구에 대응하려면 이러한 요구부터 이해해야 한다. 즉 요구에 관심을 기울이고 이해하기는 경청하는 태도의 핵심 요소이지만, 구체적인 언어를 사용하기는 거기서 한 단계 더 나아간다. 경청한다는 사실을 **보여준다.***

경청하는 태도는 중요하지만 상대방을 기분좋게 하는 게 목적이라면 우리가 경청한다는 사실을 보여주는 것도 그만큼 중요하다. 배우자나 고객이 말한 내용을 들었어도, 상대방의 말을 이해했음을 증명하는 방식으로 대응해야 우리가 경청했다는 사실을 상대가 믿는다. 그리고 구체적인 언어는 그 방법의 하나다.

예를 들어 배우자가 직장에서 힘든 하루를 보냈다고 털어놓을 때, "정말 힘들었겠다" "짜증나겠네"라고 대꾸하기 쉽다. 그러나 이런 응답은 너무 추상적이기 때문에 의도한 효과를 거두기 어렵다. 너무 일반적인 대답이므로 실제로 상대방의 상황을 신경쓰는지 확실히 보여주지 않는다.

구체적인 언어를 사용하면 훨씬 효과적이다. "부사장이 45분이나

---

* 구체적인 언어도 반드시 현재 상황과 관련되어야 한다. 품질이 나쁜 신발에 대해 불평하는 고객에게 상담사가 전혀 관련이 없는 구체적 언어를 사용한다면(예를 들어 "그 재킷을 찾아드리겠습니다") 고객 만족도가 상승하지 않는다. 오히려 만족도를 감소시킬 가능성이 크다. 구체적인 언어가 실제로 효과를 거두려면 상대방에게 관심을 기울였으며 그의 말을 이해했다는 분명한 신호를 담아야 한다.

늦었다니 믿기지 않네." "프로젝터가 작동하지 않았다니 진짜 짜증 났겠어." 구체적인 언어를 사용하면 자연스럽게 관심과 경청하는 태도가 표현된다.

고객 응대도 마찬가지다. 구체적인 언어를 사용하면 세부 사항을 이해했으며 그 내용을 바탕으로 조치하거나 문제에 대응할 예정임을 고객에게 보여준다.

경청했다는 신호를 준다는 점 외에도 구체적인 언어에는 여러 가지 장점이 있다.

구체적인 언어로 아이디어를 제시하면 훨씬 이해하기 쉽다.[2] 수천 개의 기술지원 문서를 분석한 결과에서도 더욱 구체적인 언어를 사용한 문서가 유용하다는 평가를 많이 받았다. 추상적인 언어를 사용한 문서("보안 일부 위임 허용 목록에 대해")보다 구체적인 언어를 사용한 문서("키보드를 분리하고 이동하는 방법" "배터리 확인 및 위치 충전")가 더 이해하기 쉬웠으며 문제 해결에도 훨씬 더 유용했다.

또한 구체적인 언어를 사용하면 내용이 기억에 더 오래 남는다. 독자들은 구체적인 구절("녹슨 엔진")이나 문장("비행기가 활주로에 착륙하고 승객들의 몸이 좌석 등받이 쪽으로 휘청거릴 때")을 추상적인 구절이나 문장("활용 가능한 지식"이나 "이동하는 공기가 기류에 비스듬한 각도로 놓인 표면을 밀어올린다")보다 더 많이 기억했다.[3]

따라서 구체적 언어를 사용하면 다양한 긍정적 결과를 가져온다.

사람들의 주의를 끌고, 지원을 촉구하며, 원하는 행동을 이끌어낸다.[4]

구체적인 언어는 심지어 가석방 청문회의 결정에도 영향을 미친다. 재소자는 가석방 청문회에 참석해 과거 행동을 반성해야 하는데, 이때 범죄를 보다 구체적으로 설명한 사람이 가석방 적격 판정을 받을 확률이 높다.

추상적인 것을 구체화하기

구체적인 언어의 이 모든 장점을 고려하다보면 한 가지 의문이 떠오른다. 왜 우리는 구체적인 언어를 더 자주 사용하지 않는 걸까? 구체적인 언어가 이해하기도 쉽고 기억에도 오래 남으며 긍정적인 기분을 전해준다면 추상적으로 말하거나 글을 쓸 필요가 없지 않을까?

어떤 생각을 표현하는 사람은 보통 그 내용에 대해 많이 알기 마련이다. 영업사원은 제품이나 서비스의 모든 장점을 알고 있으며, 교사는 가르치는 과목의 전문가이고, 기업 관리자들은 새로운 전략적 계획의 세부 사항을 몇 달간 심사숙고한다. 어떤 의미에서 이런 지식은 축복이다. 제품이나 서비스에 대해 속속들이 파악하면 특정 잠재 고객에게 가장 잘 먹힐 만한 장점을 집중적으로 부각할 수 있다. 특정 주제에 정통한 교수라면 관련 개념을 소개해 학생의 이해를 도울 수 있다. 또한 새로운 아이디어나 프로젝트에 대해 충분히 고민하다보면 그것을 성공적으로 구현하기 위해 무엇이 필요한지 확실히 파악하게 된다.

이렇게 지식이 축복일 때도 있지만, 오히려 저주가 될 수도 있다. 일단 어떤 주제에 대해 상당히 많이 알게 되면 잘 알지 **못했을** 때 어떤 기분이었는지 기억하기 어렵다. 그 주제를 깊이 이해하지 못한다는 게 어떤 의미인지 좀처럼 상상하기 힘들다.

다른 사람이 무엇을 알고 무엇을 모르는지 가늠할 때, 사람들은 보통 자신의 지식을 출발점으로 삼는다. 다른 사람도 나만큼 안다고 생각한다. 예를 들어 새로운 전략적 계획에 대해 직원들에게 이야기할 때, 관리자는 자신의 이해도를 기준으로 삼는다. 내가 디지털 전환의 모든 개념을 비교적 쉽게 이해했으니 다른 사람도 틀림없이 나처럼 쉽게 이해할 거라 믿는다.

그 결과 우리는 종종 약칭과 전문 용어를 써가며 의사소통한다. 전문가라면 충분히 이해할 단어, 구절, 언어를 주저 없이 사용한다.

그러나 우리가 잊은 사실이 있다. 우리에게는 해당 주제가 이해하기 쉬울지 몰라도 다른 사람에게는 아닐 수도 있다. 무언가에 대해 구체적인 생각을 정립하거나 상당한 지식을 쌓기까지 우리는 시간과 노력을 적잖이 쏟았음에도, 다른 사람은 안 그럴 수도 있음을 고려하지 않는 오류를 종종 범한다.

결과적으로 우리는 상대방 입장에서는 외계어처럼 들릴 이야기를 하게 된다. 마지막으로 재무상담사나 정비공과 이야기 나눴을 때를 떠올려보자. 그들은 어떤 투자가 왜 "진짜 자본 납입금이 아닌지" 또는 어떻게 "구동축이 기준 차량의 마력과 토크로 등급을 받았지만, 현재 차량이 어떻게 기준 차량보다 훨씬 많은 마력을 내는지"에 대해 이야기했을지도 모른다. 그들에게는 제2의 천성처럼 자연스러운 지식이지만 여러분에게는 외국어처럼 느껴졌을 것이다.

이렇게 지식이 축복보다 저주 같은 역할을 하는 현상에는 '지식의 저주'라는 안성맞춤의 이름이 붙어 있다.[5] 우리는 더 많이 알면 알수록 다른 사람도 더 많이 알 것이라고 가정하기 때문에 상대방이 제대로 이해할 수 없는 방식으로 의사소통한다. 그래서 저주라고 불린다.

이는 추상성 때문이다.

무언가에 대해 폭넓은 지식을 쌓을수록 우리는 자연스럽게 그 대상을 더 추상적으로 생각하게 된다. 문제에 대한 해결책을 찾아내는 것은 '관념화'가 된다. 왜 여러분의 제품을 구입해야 하는지 누군가가 결정하는 것은 '가치 제안'이 된다. 그리고 타일러, 마리아, 데릭을 비롯한 수백 명의 신입사원은 '인적 자본'이 된다. 강령, 홍보 계획, 기업 문화를 정의하는 문서에는 이런 추상적 언어가 넘쳐난다.

단순히 기업만의 문제가 아니다. 거의 모든 분야에 비슷한 원리가 적용된다. 정비사는 정비 전문 용어를, 교사는 교사의 언어를, 재무상담사는 재무상담사다운 언어로 이야기한다. 명의들은 종종 의사소통이 매우 서투르기도 하다. 그들은 문제점을 이해할지는 몰라도 추상적인 언어로 설명해 듣는 사람은 해결책을 전혀 이해하지 못한다. (운동을 더 자주 하라고 조언하는 게 아니라 생활 방식을 전환하라고 얘기한다고 생각해보자.)

따라서 추상적인 것을 구체화해야 한다. 동료든 고객이든, 학생이든 영업사원이든, 환자든 프로그램 관리자든, 타인에게 말할 때는 구체적인 언어를 사용해 추상적인 아이디어를 실질적인 내용으로 풀어내야 한다. 상대가 우리의 말을 이해하고 그에 따라 행동할 수 있도록 해야 한다.

장비라는 추상적인 대상보다 전화기라는 구체적인 대상에 관해 이야기할 때 훨씬 이해하기가 쉽다. 자동차에 대해 묘사할 때 스포츠카 같다거나, 붉은색이라거나, 2인용 오픈카라고 표현하는 게 훨씬 더 생생하게 다가온다. 매장 뒤편"에서" 더 큰 사이즈를 찾아보겠다고 말하기보다 더 구체적인 언어(매장 뒤편에 "가서")를 사용하면 직원이 문제 해결을 위해 최선을 다한다고 고객이 느끼게 된다.

다음 표에서는 덜 구체적인 언어와 더 구체적인 언어의 몇 가지 예를 소개한다. http://textanalyzer.org/를 통해 언어의 구체성을 측정해보자.

덜 구체적인 언어		더 구체적인 언어
바지	→	청바지
환불	→	돈을 돌려준다
가구	→	탁자
그것	→	티셔츠
아주	→	군침이 돌 정도로
잘	→	따뜻하게

추상적으로 표현해야 더 좋은 경우 파악하기

지금까지 왜 구체적인 언어가 더 유익한지 살펴보았다. 구체적인 언어로 표현하면 경청한다는 신호를 전달하고, 내용이 더 쉽게 이해되며, 심지어 재소자의 반성도 더욱 큰 호소력을 발휘한다.

그렇다면 구체적인 언어가 항상 좋은 것일까? 아니면 추상적인 언어가 더 바람직한 상황도 있을까?

요즘은 어마어마한 가치를 보유한 스타트업을 발길 돌리는 곳마다 만난다. 2007년 샌프란시스코 아파트의 월세를 감당할 수 없던 브라이언 체스키와 조지프 게비아는 거실에 에어매트리스를 깔고 대규모 디자인 콘퍼런스 참석을 위해 샌프란시스코를 찾는 사람들에게 빌려주었다. 오늘날 두 사람이 세운 에어비앤비는 시가 총액 1000억 달러 이상의 가치가 있다. 또다른 친구 두 명은 택시 잡기가 너무 힘들다고 불평하다가 이 문제에 대한 해결책으로 차량 호출 앱 우버를 만들었다. 우버 역시 에어비앤비와 비슷한 가치를 자랑한다. 드롭박스, 도어대시, 스티치 픽스, 클래스패스, 로빈후드, 와비 파커, 그래머리, 인스타카트, 올버즈 등은 10억 달러 이상의 가치를 지닌 수백 개의 유니콘 스타트업 기업 중 일부에 불과하다.

스타트업이 이렇게 유니콘 기업으로 성장하기 앞서 창업자들은 가장 먼저 자금 모금을 해야 한다. 아이디어도 필요하지만 사업을 시작하려면 초기 투자자를 설득해 사업 자금을 모아야 한다.

하지만 자금 모금은 어려운 일이다. 유명한 기술 벤처 지원 기업 와이콤비네이터Y Combinator는 1년에 2만 건 이상의 스타트업 지원서를 받지만, 자금을 지원하는 건 그중 수백 개에 지나지 않는다. 대다수 벤처 투자기금은 심지어 그보다 더 적은 수의 스타트업을 지원한다.

모든 창업자가 사업계획서와 발표 자료를 만들고 자금 모집을 위해 지원서를 제출하는데, 왜 일부 사업계획서는 다른 사업계획서보다 더 주목을 받을까? 다른 많은 창업자가 실패할 때 왜 일부 창업자는 자금을 끌어모으는 데 성공하는 걸까?

2020년, 하버드 경영대학원 교수와 동료들은 1년치에 해당하는 투자 자금 지원 요청서를 분석했다.[6] 한 벤처 투자 기금에서 확장을 도모하는 초기 단계 기업의 주식을 인수하고자 했다. 장기적 성장을 추구하는 신생 기업이 그 대상이었다. 한 스타트업마다 최대 200만 달러의 초기 투자를 한 후 여러 차례에 걸친 추가 투자를 통해 500만 달러에서 1000만 달러까지 투자금을 늘릴 가능성을 열어두었다.

당연히 이 벤처 투자 기금에 수많은 지원서가 몰렸다. 기술 분야부터 금융, 의학에서 B2B 서비스까지 모든 분야에 걸쳐 수천 개 이상의 지원서가 날아들었다. 지원자들은 자기네 기업과 창업팀에 대한 정보는 물론이고 사업개요서까지 제출했다.

예를 들어 혈중알코올농도를 추적하는 웨어러블 장비를 개발하는 기업은 다음과 같은 사업 홍보 자료를 보냈다.

사교생활 때문에 음주를 하는 사람들은 대부분 술을 마신 다음 날 아침 최소한 한 잔이라도 덜 마실걸 하고 후회하기 마련이다…… 숙취가 있을 수도 있고…… 다이어트를 망쳤을 수도 있으며…… (아니면) 중간중간 필름이 끊겼을 수도 있다. 하지만 이들은 알코올중독자가 아니다. 술을 끊고 싶지는 않지만 즐겁게 술을 마실 수 있는 음주량과 다음날 숙취로 고생할 음주량 사이의 경계선을 파악하는 도구가 있었으면 한다. [우리는] 바로 그 도구를 사용자에게 제공한다.

장비 임대를 중점적으로 다루는 한 금융 기술 기업의 홍보 자료는 다음과 같았다.

〔우리의 목표는〕 중소기업이 향후 4~5년에 걸쳐 발생할 임대 회계 방식의 변화에 대응할 수 있도록 도와주는 신속한 솔루션의 개발이다. (……) 현재의 임대 회계 법령은 30년 이상 전에 제정된 것이며, 임대인이 대다수 임대 장비를 대차대조표에서 제외할 수 있게 했다. 이러한 법령은 여러 해 동안 비난받았는데 (……) 기업의 올바른 재무 상태를 반영하지 않기 때문이다. 회계기준심의회가 최근 공개한 초안에 따르면 임차인이 임대한 장비를 자본화하도록 의무화하여 이 문제를 해결하고자 한다. 다른 말로 하면, 임대 장비를 대차대조표에 반영하는 것이다.

투자자들은 이 홍보 자료를 검토하고 어떻게 할지 결정한다. 각 스타트업이 성장 잠재력(높은 확장성)을 갖췄는지 판단하고 잠재적인 자금 지원을 할지 말지 결정하는 것이다.

연구팀은 자금 지원 결정이 어떻게 이루어지는지 이해하기 위해 다양한 요인을 검토했다. 각 스타트업이 어떤 업계에 속했는지, 기업을 대상으로 하는지 아니면 일반 소비자를 대상으로 하는지, 제품을 제공하는지 아니면 서비스를 제공하는지, 창업팀 규모는 어느 정도인지를 수치화했다.

당연하게도 비즈니스적인 측면이 중요한 역할을 했다. 일부 기업은 성장 잠재력이 높다는 평가를 받았지만, 일부 기업은 그렇지 않았다. 마찬가지로 스타트업의 사업 내용 역시 중요한 요소였다. 제품을 제공하는 회사는 서비스보다 사업 확장이 용이하다는 평가를 받았다.

연구팀은 기업과 해당 기업이 집중하는 분야뿐만 아니라 홍보 자료까지도 분석했다. 지원서에 어떤 내용을 담았는지, 그리고 어떤 식으로 서술했는지를 연구했다.

언뜻 생각하면 홍보에 사용하는 언어는 크게 중요하지 않은 듯하다. 어쨌든 투자가 성공하느냐 마느냐는 해당 기업의 사업 내용이나 유능한 임원진의 존재에 훨씬 좌우되기 때문이다.

그러나 이러한 요인을 보정한 후에도, 홍보 문구는 투자 결정에 상당한 영향을 미쳤다. 추상적인 언어를 사용한 홍보 자료를 본 투자자들은 해당 기업의 성장 잠재력과 확장 가능성이 높다고 평가했다. 또한 추상적인 언어를 사용하자 투자 가능성이 커졌고, 스타트업이 투자 자금 조달을 위한 1차 관문을 통과할 확률도 높아졌다.[*]

몇 가지 측면에서 이 결과는 상당히 놀랍다. 어쨌든 벤처 투자자

---

[*] 여성 창업자가 벤처 자금 모금에 더 어려움을 겪는 것도 그래서다. 여성은 비교적 구체적인 언어를 사용하며 현재 구축한 사업 내용을 홍보하는 경향이 있지만, 남성은 더 추상적인 언어를 사용하여 오랜 시간에 걸쳐 사업이 어떻게 확장될지에 대해 폭넓은 비전을 제시하는 성향이 강하다. 한 벤처 투자자의 말을 인용하자면, "남성 창업자는 유니콘 기업을 홍보하고 여성 창업자는 사업 내용을 홍보한다".

들은 수십 군데 이상의 스타트업에 수천만 달러를 투자해온 노련한 베테랑이다. 이들은 다수의 기업이 시가 총액 10억 달러의 규모로 상장하는 모습도, 불과 몇 개월 사이에 훌륭한 아이디어가 처참히 실패하는 광경도 지켜보았다. 따라서 창업자가 사용하는 언어처럼 지극히 단순한 요소에 이들의 의사결정이 영향을 받는다니 의외였다.

더 놀라운 것은 투자 가능성을 높인 언어의 유형이었다. 앞서 살펴보았듯이, 구체적인 언어는 듣는 사람의 이해를 돕고 내용을 더 오래 기억하도록 해주며 그 외에도 여러 가지 장점이 있다. 그렇다면 이 점을 고려할 때, 왜 덜 구체적인(더 추상적인) 언어를 사용하면 자금 모금에 성공할 가능성이 커진 걸까?

그 이유는 구체적인 언어가 잠재력에 대해 전달하는 메시지 때문이다. 앞에서 소개했듯이 구체적인 언어는 사물, 행동, 사건의 관찰 가능한 측면과 연관된다. 현재 여기에 존재하므로 보거나, 만지거나, 느낄 수 있는 것들이다.

따라서 구체적인 언어는 여러모로 도움이 된다. 사람들이 말하는 내용을 시각화하고 복잡한 주제를 이해하도록 도와준다. 예를 들어 홍보 문구에 구체적인 언어를 사용하면 잠재적 투자자들은 해당 기업의 사업 내용과 이들이 해결하고자 하는 구체적인 문제점이 무엇인지 훨씬 쉽게 이해할 수 있다.

그러나 스타트업에 자금을 투자할지 말지를 결정할 때 투자자들이 중요하게 고려하는 점은 사업 내용을 이해하느냐가 아니다. 이들은 단순히 사업 내용을 이해하려는 게 아니라 사업 잠재력까지 예측해야 한다. 해당 기업이 살아남을 수 있는지보다 번창할지를 판단하려는 것이다. 이 기업은 앞으로 얼마나 발전할 것 같은가? 약간이 아니고 많이 성장할 수 있을까? 사업은 얼마나 쉽게 확장할 수 있는가?

구체적인 언어가 이해력을 높이거나 복잡한 주제를 더 쉽게 이해하는 데는 유용하지만, 기업의 성장 잠재력과 같은 내용을 표현할 때는 추상적인 언어가 더 효과적이다. 구체적 언어가 지금 눈앞에 보이는 현실적인 측면에 초점을 맞춘다면, 추상적 언어는 더 큰 그림을 보여준다.

차량 호출 앱으로 유명한 기업 우버를 예로 들어보자. 2009년 우버가 창업했을 때, "택시를 더 쉽게 잡을 수 있게 하고 승객과 운전사를 연결해 대기 시간을 줄여주는 스마트폰 앱"이라고 사업 내용을 설명하면 쉬웠을 것이다. 이런 설명은 매우 정확하며 우버라는 기업이 하는 일을 명확하게 보여준다. 매우 구체적이기도 하다. 특정성이 강한 언어를 사용해 우버의 사업 성격을 이해하도록 돕는다.

그러나 우버를 다른 식으로 설명할 수도 있다. 실제로 우버의 공동 창업자 중 한 명은 우버를 상당히 다르게 포지셔닝했다. 그는 우버를 "편리하고, 신뢰할 수 있으며, 누구나 쉽게 접근 가능한 교통 솔루션"으로 묘사했다.

어떻게 보면 차이가 그리 크게 느껴지지 않는다. 둘 다 우버가 속한 일반적인 업계와 우버가 하려는 일을 어느 정도 보여준다.

첫번째 설명은 상당히 구체적인 데 비해, 공동 창업자의 사업 내용 홍보는 훨씬 추상적이다. 범위가 좁은 차량 호출이라는 개념에 집중하는 대신 '교통 솔루션'으로 소개해 우버가 해결하려는 문제의 범위가 더 넓어진다.

이렇게 표현하면 잠재적인 시장이 훨씬 커 보이기 때문에 투자 가능성이 올라간다. 차량 호출 앱이라고? 이 말을 들으면 이 앱을 유용하게 사용할 만한 몇몇 사람이나 일부 상황이 떠오를 것이다.

하지만 교통 솔루션이라고? 와, 훨씬 더 범위가 넓어 보인다. 수많은 사용자와 기업이 이런 솔루션을 이용할 테고 활용할 만한 상황도 아주 많아 보인다.*

우리는 단순한 핀테크 스타트업이 아니라 솔루션 제공 기업이다. 단순히 장비를 만드는 회사가 아니라 삶을 개선하는 기업이다.

한 가지 틈새시장에 집중하기보다 추상적 언어를 사용하면 훨씬

---

* 추상적 언어를 사용하면 창업자들이 단순히 현재의 사업뿐만 아니라 미래에 해당 기업이 어떤 형태로 존재해야 하는지, 지금의 사업 규모뿐만 아니라 향후에 어떻게 성장할지에 초점을 맞추고 미래를 내다보는 선지자처럼 보이기도 한다. 미래에 무엇이 가능한지 그리고 시간이 지남에 따라 사업을 어떻게 성장시키거나 확장할지에 대해 폭넓은 이상을 품었음을 보여주기도 하는 것이다.

폭넓은 시장을 무대로 하는 것처럼 보인다. 따라서 성장 잠재력도 그만큼 크기 때문에 훨씬 더 매력적인 투자처로 보인다.

따라서 구체적인 언어와 추상적인 언어 중 어떤 쪽을 사용하는 것이 더 좋은가는 이루고자 하는 결과에 따라 달라진다.

상대방이 복잡한 아이디어를 이해하거나, 자신의 말을 경청했다고 느끼거나, 들은 내용을 기억하도록 돕고자 하는가? 그렇다면 구체적인 언어를 사용하는 것이 더 효과적이다. 형용사(정직하다, 공격적이다, 유용하다 등)보다는 행동에 초점을 맞추는 동사(걷다, 말하다, 돕다, 개선하다 등)를 사용한다. 물리적인 대상을 언급하고 머릿속으로 연상하기 쉬운 언어를 사용해 말하는 내용을 이해하도록 돕자.

아이디어에 잠재력이 있다는 인상을 주거나 미래를 내다보는 선지자처럼 보이고 싶다면 추상적인 언어가 더 효과적이다.

추상적인 언어를 사용하면 이야기하는 사람이 더 강한 영향력을 가지고 있으며 훌륭한 관리자나 지도자처럼 보이기도 한다.[7] 추상적인 언어를 사용하여 일상적인 활동을 설명하면(누군가를 무시하는 행위를 "인사를 하지 않는다"보다는 "반감을 드러낸다"라고 묘사하기) 더욱 큰 그림에 초점을 맞춘다는 인상을 주며, 그 결과 더 영향력 있고 위엄 있으며 주도권을 가진 사람으로 비친다. 마찬가지로 누군가가 제품을 추상적으로 표현하는 것을 들으면("여러 가지 비타민이 함유된"보다는 "영양가 높은") 관리자나 지도자 역할에 더 적합해 보인다.

추상적인 언어가 내용을 더 오래 기억하거나 복잡한 아이디어를 잘 이해하게 도와줄까? 아마도 아닐 것이다. 하지만 사람들이 누구에게 투표할지 또는 누구를 관리자 직책으로 승진시킬지 결정할 때는 추상적인 언어를 사용하는 것이 그들의 마음을 자신에게 유리한 쪽으로 움직일 확률이 높다.

보다 일반적으로, 말하고자 하는 내용을 더 구체적이거나 추상적 언어로 표현하려 할 때 유용한 접근법은 **어떻게**나 **왜**에 초점을 맞추는 것이다.

좀더 구체적으로 표현하고 싶은가? **어떻게**에 주목하라. 제품이 어떻게 소비자의 요구를 충족하는가? 제안하는 새 계획이 어떻게 중요한 문제를 해결하는가? 무언가가 **어떻게** 작용하는지 또는 작용할지에 관해 생각하면 구체성이 높아진다. 실현 가능성에 초점을 맞추며 구체적인 설명을 생각해내기 쉽다.

더 추상적으로 표현하고 싶은가? **왜**에 주목하라. 제품이 왜 소비자의 요구를 충족하는가? 제안된 새 계획이 왜 중요한 문제를 해결하는가? 무언가가 **왜** 좋은지 또는 옳은지를 생각하면 추상성이 높아진다. 대상이 왜 바람직한지에 초점을 맞추며 추상적 설명을 생각해내기 쉽다.

매직 워드 활용하기

추상적으로 이야기하기는 쉽다. 특히 우리가 어떤 대상에 대해 많이 알 때, 상대방도 잘 이해할 거라 생각하며 높은 수준으로 의사소통하는 경향이 있다.

안타깝게도 이런 시도는 빗나가기 쉽다. 따라서 우리는 구체적인 언어가 가진 힘을 올바르게 활용해야 한다.

1. 경청한다는 느낌 주기

여러분이 듣고 있음을 보여주고 싶은가? 구체적으로 이야기하라. 구체적이고 자세한 내용을 언급해 관심을 기울이고 있으며 상대방의 말을 이해했음을 보여주자.

2. 구체적으로 이야기하기

단순히 듣기 좋은 말을 늘어놓기보다는 듣는 사람이 머릿속에 그려볼 수 있는 언어를 사용하자. 관념적인 단어보다는 빨간 스포츠카를 상상하기가 훨씬 쉽다.

3. 추상적으로 표현해야 더 좋은 경우 파악하기

어떤 일이 어떻게 해서 일어나는지 기본적인 사실을 생각해보고 특정한 행동에 집중해 상황을 더 구체적으로 표현한다.

이렇게 많은 상황에서 구체적인 언어가 유용하지만, 우리가 영향력 있는 사람이라는 인상을 주거나 성장 잠재력을 가졌음을 보여주고자 한다면 추상적인 언어를 사용하는 편이 더 좋다. 이 경우에는 다음을 기억하자.

1. 이유에 초점을 맞추기

어떤 일의 근간에 있는 이유를 생각해보면 거시적인 시각을 유지하고 더욱 큰 그림을 전달하는 데 도움이 된다.

요약하자면, 우리가 하는 말을 상대에게 더욱 쉽게 이해시키고 싶고, 상대의 말을 경청하고 있다고 느끼게 하고 싶고, 몰입도를 높이고 싶을 때는 구체적인 언어를 사용하는 게 도움이 된다.

지금까지 언어가 어떻게 정체성과 능동성을 북돋우고, 자신감을
전달하며, 올바른 질문을 던지도록 도와주고, 구체성을 활용하게
해주는지 살펴보았다. 다음 장에서는 다섯번째 유형의 매직 워드를
다룰 것이다. 감정과 관련된 언어다.

5장

감정을 자극하는
언어를 사용하라

캘리포니아의 웨스트코비나에서 자란 가이 라즈는 어려서부터 언론인을 꿈꿨다. 무엇보다 지면 언론사의 기자가 되기를 바랐고, 전도유망하고 뛰어난 인재들은 시카고트리뷴 같은 저명 언론사에서 커리어를 시작했기에 가이 역시 그곳에 지원했다.

그러나 시카고트리뷴은 가이를 탈락시켰다. 댈러스모닝뉴스, 볼티모어선을 비롯한 다른 신문사도 마찬가지였다. 아무도 가이를 채용하지 않았다.

함께 졸업한 동급생들이 컨설팅업계나 금융업계에서 높은 연봉을 주는 자리를 꿰차는 동안, 22세의 가이는 연봉 면에서 그들과는 정반대되는 일자리를 얻었다. 그것도 인턴직이었다. 지면 매체에 지원했다가 전부 탈락했기에 가이는 결국 라디오 프로그램의 인턴으로 입사했다.

가이는 여전히 기자가 되겠다는 꿈을 버리지 않았기에, 여가시간에 프리랜서 자격으로 기사를 써서 게재해주겠다는 매체가 있으면 어디든 송고했다. 그의 기사는 대부분 워싱턴 DC에서 무료로 배포되는 주간지의 다양한 지면에 게재됐다.

가이는 계속 기사를 쓰고, 열심히 일하고, 승진했다. 제작 보조, 스튜디오 감독, 그리고 마침내 해외 특파원이 되었다. 동유럽과 발칸 지역을 취재했고 CNN의 예루살렘 특파원으로 일했으며 미국으로 돌아와 국방부와 미군에 관한 기사를 다루었다.

지금 미국 독자라면 가이 라즈라는 이름은 잘 몰라도 그의 목소리는 아마 익숙할 것이다. 2013년에 가이는 NPR이 제작한 라디오 프로그램 〈TED 라디오 아워〉의 진행자이자 편집국장이 되었다. 2016년에는 기업가들을 위한 팟캐스트인 〈나는 어떻게 성공했나 How I Built This〉를 시작했고, 그후 〈성공한 사람들의 지혜Wisdom from the Top〉 〈세계의 놀라운 것들Wow in the World〉 〈리와인드The Rewind〉 같은 여러 인기 프로그램을 제작하고 진행했다. 그는 가장 많이 다운로드된 팟캐스트 20위 안에 세 개의 팟캐스트를 진입시켰는데 이는 팟캐스트 역사상 처음 있는 일이었다. 매달 2천만 명 이상의 청취자를 만나는 가장 인기 있는 팟캐스트 진행자로도 알려져 있다.

가이의 팟캐스트를 하나라도 들어보면 왜 그렇게 인기가 있는지

바로 알 수 있다. 가이는 대단한 이야기꾼이다. 그의 말이 들려오면 저절로 귀를 기울이게 된다.

가끔은 누구나 흥미로워할 설득력 있는 주제를 다루기도 하지만, 가이는 어떤 주제라도 넘겨듣지 못하게 이야기를 풀어내는 비상한 능력을 갖추었다. 진공청소기의 발명부터 비누 회사 창업 이야기까지, 독일의 천문학자부터 인간의 후각이 작동하는 방식에 이르기까지 말이다.

가이는 여러 해에 걸친 해외 특파원 생활을 통해 이야기 소재를 찾는 기술을 갈고닦았다. 떠들썩하게 신문 1면을 장식하는 큰 뉴스의 이면에 담긴 개인의 이야기와 휴먼 드라마를 발굴하기도 했다.

그 과정에서 그는 좋은 이야기에는 많은 공통점이 있다는 사실을 깨달았다. 올바른 구성 요소를 갖추거나 가이드라인만 제대로 따라도 어떤 주제든 더 흥미진진하게 만들 수 있다. 그 공통점이 무엇인지 탐구해보기 위해, 잠시 가이의 인터뷰를 살펴보자.

몇 년 전 가이는 유명한 북미 원주민 출신의 사업가 데이브 앤더슨을 인터뷰했다. 데이브는 여러 기업에 손을 댔지만, 그중에서도 전설적인 화덕 바비큐 체인인 페이머스 데이브즈를 창업하고 패밀리레스토랑 체인인 레인포레스트 카페 설립을 지원한 걸로 잘 알려져 있다.

〈나는 어떻게 성공했나〉의 모든 회차가 그렇듯이, 인터뷰의 목적은 데이브의 성공담을 다루는 것이었다. 인구 이천 삼백 명 규모 마을에 차린 소박한 바비큐 식당을, 이백여 곳 지점을 둔 외식 업계의 제왕으로 확장시킨 그의 성공 비결을 다룰 예정이었다.

그러나 가이는 계속 데이브의 실패담을 파헤쳤다. 데이브는 유류 판매원으로 일할 때 어떻게 실패했는가. 그의 꽃 사업은 어떻게 도산했는가. 회사를 떠났다 복귀하려 했을 때 페이머스 데이브즈의 이사진이 데이브에게 자리 내주기를 거부한 건 왜였나.

데이브는 긴장하기 시작했다. 곧 눈에 띄게 불쾌한 기색을 드러냈다. 그러다 인터뷰 중간에 말을 멈추고 소리쳤다. "왜 실패한 일만 계속 물으시죠?"

데이브 입장에서는 허를 찔린 것이다. 인터뷰에서 자신이 성취한 여러 가지 성공담을 이야기할 거라 기대했는데 가이가 자신을 망신 주려고 한다는 생각이 들었다. 데이브는 뼈아팠던 실패담을 들추기가 싫었는데 하물며 그 이야기를 수백만 청취자가 듣는 자리에서 하고 싶지는 않았다. 당연히 데이브는 인터뷰에 크게 실망했고 매우 화가 나서 자리를 떴다.

데이브만이 아니다. 특히 공개된 자리에서라면 우리는 확보한 거래처, 늘어난 매출, 설득한 관계자 등 우리의 성공에 관심을 집중시키고 싶어한다. 강조하고 싶은 성과 또는 찬란하게 빛나던 순간을 말이다. 소셜미디어는 그야말로 성공담을 모아서 보여주는 전시장과 같다. 이 사람은 승진했고, 저 사람은 바베이도스를 여행중이며,

또 누군가는 새 차를 샀거나 상을 받았거나 중요한 자리에서 인정을 받았다.

이렇게 공들여서 선택하고 잘 포장한 성과를 늘어놓으면 다른 사람이 우리에게 호감을 가지리라 생각한다. 다른 사람에게 더 능력 있고, 더 친해지고 싶으며, 채용할 만한 사람으로 비칠 것이라 여긴다.

과연 실제로도 그럴까?

왜 어떤 사람은 실수하면 호감도가 올라갈까

1966년, 몇몇 행동과학자들은 실수에 대한 실험을 진행했다.[1] 연구팀은 미네소타대 학생들에게 '지원자'(실제로는 배우)가 대학 일반상식 퀴즈 동아리에 지원하는 상황을 녹음한 테이프를 들려주었다.

안타깝게도 그 지원자는 자격이 부족했다. 퀴즈의 정답을 맞힌 비율은 30퍼센트에 지나지 않았으며 그렇게 똑똑해 보이지도 않았다.

그뿐만 아니라 일부 학생에게는 그 지원자가 또다른 실수를 저지르는 내용을 들려주었다. 그는 칠칠치 못하게 새로 장만한 정장에 온통 커피를 쏟았다.

어떤 학생들에게는 지원자가 커피를 엎지른 내용의 테이프를 들려주고 나머지 학생들에게는 커피를 쏟지 않는 내용이 담긴 테이프를 들려주었다.

학생들은 당연히 실수한 지원자에게 좋지 않은 인상을 받았다. 커피를 쏟지 않은 내용을 들은 학생들과 비교할 때, 커피를 쏟은 내용을 들은 학생들은 지원자를 더 부정적으로 평가했다.

그러나 실수가 **항상** 나쁜 것은 아니었다. 다른 학생들에게 해당 지원자가 충분히 자격을 갖춘 사람이라는 정보가 주어진 경우(예를 들어 퀴즈의 정답률이 92퍼센트였다), 실수한 지원자의 호감도는 떨어지는 것이 아니라 더 **올라갔다.**

옷에 커피를 쏟는 똑같은 실수를 했음에도 전혀 다른 영향이 나타났다.

이 연구를 통해 실수 그 자체는 좋지도 나쁘지도 않다는 사실이 드러났다. 실수가 미치는 영향은 더욱 넓은 맥락에 달려 있다. 무능한 사람이 실수하면 원래부터 가지고 있던 부정적인 인상이 더욱 강해질 뿐이다. 예상대로 행동했으므로 의외로 받아들일 여지가 없다.

하지만 유능한 사람이 실수하면 반대의 효과가 나타난다. 성공한 사람은 타인의 공감을 얻기 어렵다. 너무 완벽해 보여서 교감하기 어려워한다. 그러므로 실수가 도움이 될 수 있다. 다른 측면에서는 매우 유능한 사람이 가끔 실수를 저지르면 인간적인 면모가 드러났다고 느낀다. 그 사람을 더욱 친근하고 가깝게 느껴 호감도가 높아진다.

가이가 데이브에게 평탄치 않았던 몇 가지 일에 관해 질문한 것도 이러한 소위 '실수 효과_{pratfall effect}' 때문이었다. 가이는 데이브를 망신 주려는 게 아니었다. 데이브의 실수를 대대적으로 광고하려는 의도도 아니었다. 단순히 데이브에게 인간적인 매력을 더해주고자 했을 뿐이다. 청취자들에게 더욱 친근해 보이도록 말이다.

어떤 사람에 대해 알려진 사실이, 그는 손대는 일마다 성공을 거두었다는 사실뿐이라면 대중의 공감을 얻기 어렵다. 너무 다른 세계 사람처럼 보여서 동질감을 느끼지 못한다. 그러나 그토록 성공한 사람도 실수하거나 어려움에 직면한 적이 있다는 사실을 알게 되면 갑자기 교감하기가 훨씬 쉬워진다.

실제로 이 회차가 방송된 후 몇 주 동안 수십 명의 친구, 동료, 고객 들이 솔직하게 이야기해주어서 고맙다며 데이브에게 연락을 해왔다. 이들 대부분은 데이브가 거둔 성공에 대해서는 잘 알았지만, 그가 현재의 위치에 도달하기까지 어떤 난관을 극복해왔는지는 몰랐다. 그리고 그들은 어렵고 힘든 시기를 통과한 데이브의 이야기를 들으면서 영감과 희망을 얻었다. 무엇이든 가능하다고 말이다.

실수 효과는 불완전함이 자산이 될 수 있음을 보여준다. 그러나 이는 훨씬 광범위한 현상, 즉 감정을 자극하고 활용할 때 얻는 한 가지 효과에 불과하다.

감정을 활용하기 위한 네 가지 방법은 (1) 롤러코스터와 같은 상황 조성하기 (2) 다양한 상황을 적절히 배치하기 (3) 맥락 고려하기 (4) 불확실성 자극하기다.

롤러코스터와 같은 상황 조성하기

이야기는 일상생활에서 필수적이다. 우리는 미팅이 어떻게 흘러 갔는지, 지난 주말에 무엇을 했는지, 왜 자신이 특정한 직책에 딱 맞는 인재라고 생각하는지 이야기를 풀어놓는다. 우리는 특정한 주장을 하기 위해, 아이디어를 홍보하기 위해, 또는 단순히 친구와 교감하기 위해 이야기를 한다. 이야기를 하지 않을 때는 책이나 영화, TV 프로그램, 팟캐스트 등을 통해 이야기를 소비한다.

그러나 개중에는 다른 것보다 더 훌륭한 이야기가 있기 마련이다. 더 흥미진진하고 몰입력이 뛰어나며 마음을 사로잡는 이야기가 있다. 듣는 사람을 졸리게 만들거나 다른 할일을 찾게 만들기보다는 청중이 완전히 몰입해서 손에 땀을 쥐고 다음에 무슨 일이 일어날지 촉각을 곤두세우게 하는 그런 이야기 말이다.

당연하게도 사람들은 좋은 이야기가 어떻게 탄생하는지를 두고 오랫동안 고심해왔다. 예를 들어 『제5도살장』과 『고양이 요람』을 쓴 작가 커트 보니것은 "이야기는 모눈종이에 그릴 수 있는 형태를 가지고 있다"라고 주장했다.* 보니것은 "지나치게 단순하고 너무 재미있어 보인다는 이유로 심사에서 탈락한" 박사학위 논문에서,

등장인물이 겪는 우여곡절을 그래프화해서 이야기의 형태를 표현할 수 있다는 이론을 세웠다.

동화 『신데렐라』를 예로 들어보자. 마음씨 착한 주인공은 사랑하는 엄마가 세상을 떠나자 커다란 절망에 빠졌다. 신데렐라의 아버지는 재혼하지만, 계모가 데려온 심술궂은 두 언니가 신데렐라를 끊임없이 못살게 굴었다. 설상가상으로 곧 아버지까지 돌아가시자 신데렐라는 못된 계모의 하녀로 일하는 신세가 된다.

이렇게 모든 희망이 사라진 것처럼 보인 그때, 상황이 나아진다. 신데렐라는 요정 대모를 만나서 무도회에 참석하고 멋진 왕자와 사랑에 빠진다. 안타깝게도 자정을 알리는 종이 울리자 신데렐라는 무도회장을 허겁지겁 떠나야 했다. 왕자가 신데렐라를 못 찾게 막으려고 계모가 방해했음에도 결국 신데렐라와 왕자는 다시 만나며 두 사람이 평생 행복하게 사는 것으로 이야기는 마무리된다.

보니것이라면 신데렐라 이야기를 다음과 비슷한 형태로 그렸을 것이다.

* 이러한 생각을 보니것이 가장 처음으로 매우 설득력 있게 주장했을지 몰라도, 이 개념의 역사는 오래됐다. 기원전 4세기에 아리스토텔레스는 모든 이야기에는 공통적인 양식이나 궤적이 나타나며 세 가지 주요 요소로 나눌 수 있다고 주장했다. 1863년에는 독일의 작가인 구스타프 프라이타크가 아리스토텔레스의 주장을 바탕으로 극을 발단, 상승, 절정, 하강, 대단원의 다섯 가지 요소로 구분한다는 이론을 내놓았다. 그보다 최근에는 서사 이론가와 언어학자부터 문학연구가, 소위 대본 개작 전문가에 이르기까지 수많은 이가 줄거리의 구조와 이야기의 형태를 이론화했다.

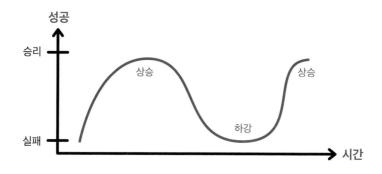

신데렐라의 이야기는 부정적인 내용으로 시작한다. 신데렐라의 부모가 세상을 떠나고 신데렐라는 잔인한 계모 밑에서 하녀로 일한다. 상황이 개선되다가(무도회에 초대받고 왕자를 만난다) 다시 더 나빠진다(자정을 알리는 시계가 울리면 무도회장에서 도망쳐야 한다). 결국 이야기는 행복한 결말을 맞이한다.

우리 삶에서 이야기의 중요성을 고려하면 이야기에 형태가 존재한다는 개념은 아주 흥미롭다. 보니것이 이러한 주장을 발표한 후 수십 년에 걸쳐 이 개념은 대중의 상상력을 사로잡았다. 여러 가지 이야기의 형태에 대해 얘기하는 보니것의 동영상이 인기를 끄는가 하면, 주요 언론사도 앞다투어 세상의 모든 이야기를 몇 가지 일반적인 패턴으로 요약할 수 있다고 주장했다.

하지만 이야기의 형태라는 개념이 흥미롭기는 해도, 실제로 그러한 형태를 파악하기란 결코 쉽지 않다. 어떤 사람들은 신데렐라의 이야기가 특정한 형태를 지녔다고 주장했다면, 다른 사람들은 전혀 다른 형태라고 제안했다.

그뿐만 아니라, 이야기에 형태가 있대도 그러한 형태가 실제로 중요한가라는 의문점이 남는다. 다양한 유형의 이야기가 존재한다는 사실을 아는 것과, 특정한 이야기 방식이 몰입감을 높이고 영향력을 배가하는지 파악하는 것은 전혀 다른 문제다.

이런 의문점에 대한 답을 찾기 위해 동료와 함께 이야기의 과학을 자세히 파고들었다. 우선 〈포레스트 검프〉〈매트릭스〉 등의 블록버스터부터 〈마쉬〉〈인비저블 사인〉 같은 소규모 독립영화에 이르기까지 수만 편의 영화를 분석했다. 〈헝거 게임〉〈아르고〉 같은 최신 작품과 〈죠스〉〈스타워즈〉 같은 고전 영화를 함께 살펴보았다.

그리고 이야기의 형태를 수치화하기 위해 영화에서 사용한 단어를 분석했다.[2]

일부 단어는 다른 단어보다 더 긍정적이다. '웃음' '행복' '사랑' '무지개' 같은 단어는 상당히 긍정적이다.[3] 긍정적인 상황에서 자주 등장하며 이러한 말을 들으면 대부분 긍정적인 기분이 든다.

반대로 '팬데믹' '장례식' '잔인한' '울음' 같은 단어는 훨씬 부정적이다. 대다수에게 부정적인 감정을 느끼게 하는 달갑지 않은 상황을 나타낸다.

'어쨌든' '반복하다' '피츠버그' 같은 단어는 그 중간 어디쯤 위치한다. 긍정적 상황과 부정적 상황에 모두 사용되며 대부분은 딱히 행복한 감정이나 슬픈 감정을 유발하지 않는다(당신이 피츠버그를 특히 좋아하거나 싫어하지 않는 한 말이다).

우리는 각각의 영화 대본을 몇백 단어 단위의 글뭉치 수십 개로 쪼갠 후, 각 글뭉치에 사용된 단어가 어느 정도 긍정적인지 평균값을 계산했다.* 등장인물이 소중한 사람을 되찾거나, 친구들과 재회하거나, 잃어버린 보물을 발견하는 내용은 비교적 긍정적으로 평가되었고 힘든 이별, 논쟁, 또는 영웅이 거의 죽을 뻔한 내용은 더 부정적으로 평가되었다.

그다음, 우리는 이 점수를 사용하여 각 영화의 감정적인 궤적을 그려나갔다. 신데렐라 이야기에서 소개한 그래프와 마찬가지로 이야기가 전개되면서 각 지점에서 얼마나 긍정적이거나 부정적인 상황이 그려지는지 표시했다.

이러한 그래프가 어떤 모양인지 설명하기 위해 여기 〈스타워즈 에피소드 4: 새로운 희망〉의 감정적 궤도를 소개한다.

주인공인 루크 스카이워커는 레아 공주를 구하고 사악한 은하 제국을 무찌르기 위해 모험을 떠난다. 이야기가 전개되면서 루크가 한 솔로와 친구가 되거나 레아 공주를 구하거나 죽음의 별을 탈출하는 등의 긍정적인 내용이 등장한다. 한편 루크의 부모가 살해당하거나 루크의 스승이 다른 이를 탈출시키기 위해 자신을 희생하는

---

* 이런 수치화 방식이 정확할까 의문스러울 수도 있겠지만, 사실 이 같은 방식은 인간의 판단력과 깊이 연관된다. 일정 단위의 글이 긍정적 또는 부정적으로 평가된다면 사람도 그 글을 읽었을 때 그와 비슷한 인상을 받는다.

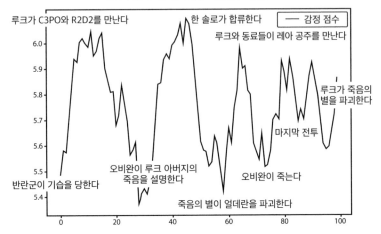

〈스타워즈 에피소드 4: 새로운 희망〉

루크가 C3PO와 R2D2를 만난다
한 솔로가 합류한다
루크와 동료들이 레아 공주를 만난다
— 감정 점수
루크가 죽음의 별을 파괴한다
반란군이 기습을 당한다
오비완이 루크 아버지의 죽음을 설명한다
오비완이 죽는다
마지막 전투
죽음의 별이 얼데란을 파괴한다

내용처럼 부정적인 내용도 있다. 그러나 결국에는 긍정적인 내용으로 이야기가 마무리된다. 루크는 목소리로 스승의 도움을 받아 적의 구축함을 파괴하고 친구들과 승리를 축하한다.*

긍정적 단어 또는 부정적 단어 하나만으로는 많은 것을 알 수 없지만, 수백 개의 단어를 함께 분석하면 무슨 일이 일어나고 있는지 상당히 구체적인 윤곽이 드러난다. 루크의 친구가 죽거나 삼촌의

---

* 개별적인 측정치는 정확하지 않다. 예를 들어 "죽이다"라는 단어는 영웅이 악당을 죽일 때(매우 긍정적인 순간)와 누군가 영웅의 친한 친구를 죽일 때(매우 부정적인 순간) 모두 등장하기 때문이다. 마찬가지로 "파괴"라는 단어도 파괴되는 것이 악당의 함선인지 영웅의 사촌이 소유한 농장인지 분명하게 드러나지 않는다. 개별 단어에 어떤 의미가 담겼는지 정확히 파악하기 어렵지만, 여러 단어를 한데 모아놓으면 그 단어 집단이 표현하는 감정을 통해 긍정적인 일이 일어나는지 부정적인 일이 일어나는지가 상당히 잘 드러난다.

농장이 파괴되었을 때는 수많은 부정적인 단어가 사용된다. 등장인물은 슬퍼하거나 울기도 하고, 증오나 두려움에 가득차기도 한다. 반면 악당이 죽거나 악당의 함선이 파괴되면 그 상황을 묘사하는 단어가 훨씬 낙관적인 분위기를 띤다. 등장인물은 축하하거나, 환호성을 지르거나, 춤을 추거나 서로 껴안기도 하며, 훨씬 긍정적인 단어를 사용한다. 영화를 보지 않고도 대본의 단어를 통해 행동의 본질을 파악할 수 있다.

일단 이렇게 시각화 작업을 해두면 흥행한 영화가 특정한 패턴을 따르는지 분석할 수 있다.

대다수는 부정적 경험보다 긍정적 경험을 선호한다. 해고보다는 승진을 좋아하고, 그저 그런 점심보다는 맛있는 점심을 먹고 싶어하며, 치과보다는 친구 집에 가고 싶어한다. 사실 이상적인 하루를 설명해보라고 하면 대다수는 긍정적인 일로 채우고 부정적인 일은 제외할 것이다.

그러나 그것만으로는 좋은 이야기가 만들어지지 않는다.

모든 일이 근사하고 훌륭하기만 한 이야기를 상상해보자. 주요 등장인물이 모두에게 사랑받고, 원하는 것은 무엇이든 쉽게 가지며, 새들이 즐겁게 지저귀는 가운데 해바라기밭에서 신나게 뛰어논다. 그런 이야기의 감정적 궤적은 다음과 같을 것이다.

생명보험 광고로는 좋을지 몰라도 영화라면 어떨까? 관객은 아마도 더 재미있는 다른 영화를 찾을 것이다.

사람들은 대체로 부정적 경험보다 긍정적 경험을 선호하지만, 책을 읽거나 영화를 볼 때 끝없이 긍정적인 내용만 나오면 지루해진다. 이야기에는 긴장감이 관건이다. 신데렐라는 왕자와 함께 평생 행복하게 살 수 있을까, 아니면 평생 바닥이나 닦으며 살아야 할까? 루크와 반란군 연합이 죽음의 별을 파괴할 수 있을까, 아니면 다크사이드가 승리할까? 정답이 명확하다면 이야기를 끝까지 보거나 읽을 필요가 없다. 하지만 앞으로 무슨 일이 일어날지 확실치 않으므로 뒤가 궁금해서 계속 이야기에 집중한다.

이런 맥락에서 흥행한 이야기 중 상당수가 비슷한 구조를 따른다. 등장인물은 여러 가지 시련과 고난을 극복하고서야 행복한 결말에 도달한다. 예를 들어 〈스타워즈〉와 〈해리 포터〉에서는 주인공이 모두 부모의 죽음을 극복해야 한다. 그 과정에서 친구를 사귀고 상황이 조금씩 호전될 무렵 무언가 나쁜 일이 일어나는 식이다. 이야기에 등장하는 각각의 장애물이나 걸림돌은 등장인물이 최종 목적지에 도착하기 전에 반드시 해결해야 하는 문제다.

위에서 언급한 두 영화 및 다른 비슷한 영화에서는 감정적 궤도가 물결 패턴을 따르는 듯했다. 산맥을 타는 것처럼 오랫동안 하나의 산을 올라서 정상에 도달했다가 한참 동안 내려가서 가장 낮은 지점에 도달한 후, 다시 올라가는 식이다.

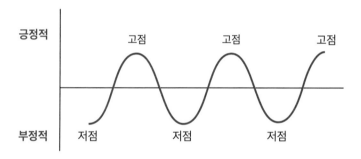

실제로 영화를 분석한 결과, 매우 긍정적인 순간과 아주 부정적인 순간이 적절히 배치된 영화가 더 성공했다. 감정이 최저점에서 최고점으로 올라갔다가 다시 최저점으로 내려오는 양상을 끊임없이 반복하는 영화가 더 많이 사랑받았다.

〈나는 어떻게 성공했나〉에서 반응이 가장 좋은 회차도 비슷한 패턴을 따른다. 한 기업인이 전도유망한 사업안을 구상하고 그 아이디어로 세상을 바꿀 수 있다고 생각한다. 하지만 마지막 순간에 핵심 거래처가 발을 뺀다. 이 기업인은 이러한 어려움을 헤쳐나가면서 매출을 올리지만, 마침내 어느 정도 궤도에 오르려는 참에 대형 소매업체가 주문을 취소한다. 저울에서 추를 양쪽에 번갈아가며 올리듯이 긍정적인 일이 일어나면 곧 부정적인 일이 일어나 균형을 이룬다.

가이가 그토록 뛰어난 이야기꾼인 이유도 이런 패턴을 따르기 때문이다. 물론 그는 기업인들에게 어떻게 성공했는지 묻는다. 그들이 설득한 고객, 그들이 구축한 매장, 그들이 끌어들인 고객에 대해 묻는다.

그러나 가이는 실패에 대해서도 묻는다. 제대로 풀리지 않은 일들, 손해본 자금, 막다른 골목에 도달한 사업, 뼈아프게 다가왔던 거절.

이렇게 암울했던 순간을 빛나는 순간 사이사이에 배치하면 성공한 사람에게 인간적인 면모를 부여하는 것 이상의 효과가 있다. 훨씬 좋은 이야기가 탄생한다.

사업을 시작해서 빠르게 성장시키고 1억 달러의 매출을 올린 과정은 그다지 흥미롭지 않다. 예상을 벗어나는 요소가 없을 뿐만 아니라 공감하는 사람도 극소수다. 대다수는 그렇게 즉각적이고 지속적인 성공을 경험한 적이 없다.

하지만 7년이나 시제품을 제작하고 또 제작했는데도 번번이 거절 당한 기업가의 이야기는 어떤가? 소매업체 279군데에서 문전박대를 당하다가 280번째 소매업체에서 마침내 긍정적인 답을 들은 사람의 이야기는?

자, 훨씬 궁금하지 않은가?

가장 힘들거나 깊은 절망에 빠졌던 순간은 성공이라는 정점을 그만큼 더 돋보이게 해준다. 신데렐라와 왕자가 평생 행복하게 산다는 이야기를 듣는 것은 즐거운 일이고 누군가의 사업이 궤도에 오르는 모습을 지켜보는 것도 마찬가지다. 그러나 자칫 조금만 잘못해도 이야기가 완전히 다르게 끝날 수 있었다는 사실을 안다면 행복한 결말이 훨씬 더 달콤하게 느껴진다.* 승리는 패배의 목전에서 낚아챘을 때 가장 만족감이 크다.

다양한 상황을 적절히 배치하기

역경을 강조하거나 저점에서 고점을 오가도록 줄거리를 풀어내면 이야기가 훨씬 더 흥미진진해진다. 그러나 우리 연구팀은 또다른 사실도 밝혀냈다. 다음과 같은 이야기의 궤적을 살펴보자.

이야기 1

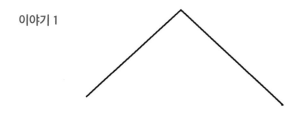

---

* 이야기를 더 흥미진진하게 만들 뿐만 아니라 듣는 사람도 자신의 인생 역경을 극복할 수 있다고 느낀다. 저 사람이 해냈는데 나라고 못 할 게 뭐야?

이야기 2

고점과 저점은 같더라도 감정의 궤적은 상당히 다르다. 이야기 1은 경로가 평탄하다. 점진적으로 긍정적인 사건이 쌓여가다가 정상에 도달한 후 상황이 반전된다. 경사는 다소 가파를지 모르지만 일관된 흐름을 보인다.

이야기 2는 훨씬 더 울퉁불퉁하다. 고점의 위치는 같지만, 꾸준하게 올라가거나 내려가기보다는 궤적이 들쑥날쑥하다. 상황이 긍정적인 방향으로 흘러가다가 부정적인 일이 생기고 다시 긍정적인 상황으로 반전된다.

일관적인 흐름과 들쑥날쑥한 흐름, 어떤 쪽이 더 좋을까?

인간은 어떤 상황에 속해 있든 놀라울 정도로 잘 적응한다. 실연을 당하거나 해고 통보를 받는 일은 좋지 않은 상황이지만 금세 회복해 희망을 찾고 보다 긍정적인 미래를 바라보게 된다.

긍정적인 일도 마찬가지다. 꿈꾸던 일자리나 집을 손에 넣으면 처음에는 날아갈 듯 기분이 좋지만 이런 흥분은 금세 잦아든다.

복권 당첨을 예로 들어보자. 5~10달러가 아니라 훨씬 큰 금액,

즉 수십만 달러나 급기야는 수백만 달러에 당첨되었다고 상상해보자. 기분이 어떻겠는가? 지금보다 더 행복하겠는가?

복권 당첨 같은 일이 행복에 어떤 영향을 미칠지 물으면 대다수는 같은 대답을 한다. "무슨 말이야? **당연히** 더 행복해지겠지. 수백만 달러에 당첨된다면 정말 끝내줄 거야. 카드값도 내고, 스포츠카도 사고, 직장도 그만둘지 몰라. 복권에 당첨되면 틀림없이 **훨씬** 더 행복해질 거야."

복권에 당첨되면 이렇게 분명한 장점이 있을 것 같지만 현실은 그렇게 간단하지 않다. 실제로 여러 연구를 통해 복권 당첨이 행복에 거의 영향을 미치지 않는다는 사실이 밝혀지기도 했다. 심지어 당첨금이 상당히 큰 경우에도 말이다.[4]

말도 안 되는 소리처럼 들린다. 엄청난 돈이 수중에 들어왔는데 어떻게 행복해지지 **않을** 수가 있을까? 수억 명이 일확천금의 꿈을 꾸면서 복권을 산다. 꿈이 이루어진 셈인데 왜 행복해지지 않는 걸까?

이른바 쾌락적응hedonic adaptation에 대한 수십 년 동안의 연구에 따르면, 인간은 자신이 처한 상황에 적응한다.[5] 복권 당첨 같은 긍정적인 일이든, 큰 사고로 다치는 경우처럼 부정적인 일이든, 사람들은 적응하고 결국 일반적인 행복 수준으로 돌아간다.

이러한 적응 성향 때문에 긍정적인 일 사이에 부정적인 일이 끼어들면 실제로 즐거움이 더 커진다. 광고를 예로 들어보자. 대부분 사람들은 광고를 싫어하므로 광고를 없애버리면 TV 프로그램이나 기타 오락거리가 더 흥미진진해져야 한다.

그러나 현실은 그 반대다. 사실 TV 프로그램은 중간중간에 짜증 나는 광고가 끼어들어야 더 재미있다.[6] 광고를 보는 지루한 순간이 프로그램의 재미에 적응하는 것을 막아주기 때문이다.

초콜릿칩을 먹는다고 생각해보자. 첫번째 초콜릿칩은 맛있다. 달콤하고 입에서 사르르 녹아내린다. 두번째 초콜릿칩도 상당히 맛있다. 그러나 네번째, 다섯번째, 심지어 열 개를 연속으로 먹으면 초콜릿칩은 처음처럼 근사하게 느껴지지 않는다. 적응된 것이다.

그렇지만 긍정적인 경험을 덜 긍정적인 경험과 섞어서 배치하면 적응 속도가 느려진다. 초콜릿칩 사이사이에 방울양배추를 먹거나 TV 프로그램 중간중간에 광고가 끼어들면 적응이 방해된다. 중간에 끼어든 달갑지 않은 순간 때문에 그뒤에 이어지는 긍정적인 순간이 새롭게 다가오고 더욱 큰 즐거움을 느낀다.

이야기에서도 비슷한 일이 일어난다. 금융계에서 '변동성'은 주식, 자산, 또는 시장의 변동성을 지칭한다. 변동성이 큰 자산일수록 평가가 크게 요동친다. 올라가기도 하고 내려가기도 하지만 너무 불규칙한 양상이라 언제 무슨 일이 생길지 예측하기 힘들다.

이야기도 마찬가지다. 감정적으로 불안정한 이야기는 예측하기 어렵다. 대체로 상황이 개선되는 방향으로 흘러갈지 모르지만, 특정 시점에서는 장차 상황이 나아질지 더 나빠질지 파악하기가 힘들다.

앞에서 살펴본 두 가지 이야기의 양상으로 돌아가보면 이야기 2가 훨씬 변동성이 크다.

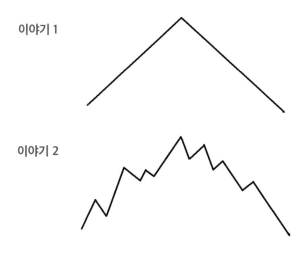

이러한 예측 불가능성은 이야기를 더욱 짜릿하게 만들고 이야기에 대한 선호도를 높인다. 실제로 수천 편의 영화를 분석한 결과 변동성이 이야기의 재미를 높인다는 사실이 밝혀졌다. 관객은 다음에 무슨 일이 일어날지 궁금해서 주목하게 되고, 그 결과 더 재미있게 이야기를 즐겼다.

그렇다면 훌륭한 이야기는 어느 정도 롤러코스터와 닮은 셈이다. 앞서 살펴본 대로 평탄한 경로는 흥미롭지 않다. 아주 높이 치솟았다가 바닥까지 떨어질 때 훨씬 더 흥미진진해진다.

그러나 이러한 정점뿐 아니라 순간순간의 변화도 중요하다. 지금이 바닥이 꺼질 순간인가? 정상까지 절반 정도 왔을까, 아니면 거의 다 도달했을까? 이런 불확실성이 이야기를 더욱 매력적으로 만든다.[*]

지금까지 살펴본 것을 종합해보면, 감정을 자극하는 언어에 관한 여러 가지 연구 결과는 몇 가지 분명한 의미를 보여준다. 우선 불완전함도 자산이 될 수 있다. 취업 면접이든, 대중 앞에 나서야 하는 다른 상황이든, 우리는 실수를 모두 감추고 완벽하게 보여야 한다고 생각한다.

그러나 그것이 항상 최선의 행동은 아니다. 누군가가 이미 능력 있는 사람이라고 평가받는다면, 과감히 실수를 인정하는 것이 유리하게 작용하기도 한다. 1차 면접을 통과하며 이미 좋은 인상을 남긴 구직자가 2차 면접에서 과거의 실수를 공개적으로 인정하면 호감도는 줄어드는 것이 아니라 올라간다. 당당히 시인하는 태도가 책임감을 나타냄은 물론이고 더 친근한 사람으로 보이게 한다. 유능한

---

[*] 각본가들과 제작자들은 영화처럼 복잡한 대상을 간단한 몇 가지 데이터로 압축할 수는 없다고 반응할 것이다. 그 말도 맞다. 영화는 종합예술이고 영화가 흥행하느냐 마느냐는 수많은 요소에 달려 있다. 연기, 영상미, 음악, 연출, 줄거리는 일부 요소일 뿐이다. 배역 캐스팅이 잘못되었거나 연출이 형편없으면 아무리 훌륭하고 잘 짜인 이야기라도 제대로 날개를 펴지 못한다. 그러나 단순히 영화가 복합적인 분야라고 말하는 것은 핵심을 벗어나는 일이다. 영화가 복합적인 예술이라고 해서 영화의 완성도를 높일 확실한 방법이 없는 것은 아니기 때문이다.

관리자가 과거의 실수담을 공유하면 팀원들이 관리자에게 더 호감을 갖는다.

하지만 여기서 말하는 실수는 상대적으로 사소한 것이어야 한다. 다른 사람의 재킷에 무언가를 쏟거나 작은 실수를 하면 더욱 쉽게 주변 사람들과 공감대를 형성할 수 있다. 그러나 당면한 문제와 관련해서 중대한 실수를 저지르면 부정적인 인상을 줄 가능성이 크다.

두번째로는 실패를 활용하라는 것이다. 인생 이야기를 하거나, 배경을 설명하거나, 자기 이야기를 해야 할 때, 사람들은 화려한 성공에만 초점을 맞춘다. 실패를 부끄러운 오점으로 치부하며 성공한 일만 강조하는 게 긍정적인 인상을 주는 최선의 방법이라고 여긴다.

이러한 직관이 항상 옳은 것은 아니다. 누구나 어려움에 봉착한다. 누구든 가끔은 실패하거나 목표에 못 미치기 마련이다. 이러한 어려움을 인정하면 많은 이에게 공감을 얻고 타인에게 울림을 남긴다.

세번째로, 위의 두 가지 깨달음을 바탕으로 무엇이 좋은 이야기를 만드는지 이해하면 우리 모두 더 나은 이야기꾼이 될 수 있다. 대부분의 사람들은 타고난 이야기꾼이 아니다. 가만히 서서 이야기만 풀어놓아도 청중을 매료시키는 재능을 타고난 사람은 극소수다.

그렇지만 제대로 교육을 받고 연습만 한다면 누구나 재미있게 이야기하는 기술을 몸에 익힐 수 있다. 이야기가 어떻게 작동하는지,

그 이면에 있는 과학을 이해함으로써 어떤 이야기든 더 영향력 있게 만들 수 있다. (저점에서 고점으로 올라갔다가 다시 떨어지는 식으로) 장애물을 강조하고 (감정적 변동성을 활용하여) 여러 감정을 불러일으키는 사건을 적당히 배치하면 어떤 이야기든 아주 흥미진진한 이야기로 바꿀 수 있다.

맥락 고려하기

지금까지는 감정을 긍정적이거나 부정적인 관점에서 살펴보았다. 어떤 일은 기분을 좋게 만들고 어떤 일은 기분을 나쁘게 한다. '웃음'과 '행복'은 긍정적이지만 '미움'과 '울음'은 부정적이다.

그렇지만 비슷한 감정을 나타내는 단어 사이에도 간과하기 쉬운 또하나의 중요한 차이점이 존재한다.

금요일 밤, 저녁을 먹으러 갈 식당을 찾는 중이다. 여행중이므로 지리에 익숙지 않아 적당한 장소를 인터넷에서 검색한다. 한 곳이 괜찮아 보이지만 수리중이라 영업을 하지 않는다. 또다른 곳은 음식이 맛있어 보이지만 호텔에서 너무 먼 것 같다.

마침내 꽤 좋아 보이는 식당 두 곳을 발견한다. 둘 다 호텔에서 도보로 갈 만하며 가격도 적당하고 음식도 구미가 당긴다. 최종 선택을 하기 위해 온라인 후기를 몇 개 읽는다.

두 식당 모두 호평 일색이었고 평점도 5점 만점에 4.7점이었다.

첫번째 식당에는 "정말 근사한 식당이네요, 아주 즐겁게 식사했습니다"라는 후기가 있었다. 마찬가지로 두번째 식당에는 "완벽한 식당입니다. 식사해볼 만한 가치가 있어요"라는 리뷰가 올라와 있었다.

둘 중 어떤 식당을 고르겠는가?

첫번째 식당을 골랐다면 다수파에 속한다. 수백 명에게 비슷한 질문을 던진 결과 65퍼센트가 첫번째 식당을 골랐다. 그 이유는 긍정성과 정서성emotionality의 차이에서 찾을 수 있다.

식당을 고르거나, 물건을 사거나, 일반적으로 무언가를 선택할 때, 우리는 종종 다른 사람의 반응을 고려한다. 다른 사람들은 그 식당을 좋아했는가 싫어했는가? 리뷰가 긍정적인가 부정적인가?

합리적인 접근 방식이다. 누구나 좋은 식당에서 먹고 싶어하며 나쁜 식당은 피하려고 한다. 다른 사람들이 좋아하는 물건에 더 구미가 당기고 싫어하는 물건은 사기 싫어진다. 결과적으로 다른 사람들의 의견이 좀더 긍정적일수록 우리도 긍정적인 인상을 받는다.

하지만 무언가를 긍정적으로나 부정적으로, 또는 좋고 나쁨으로만 바라본다면 한계가 있을 수밖에 없다. 맛집 검색 앱 옐프Yelp에 올라오는 모든 식당 리뷰 중 거의 절반이 5점 만점이고 아마존의 평균 제품 평점은 5점 만점에 4.2점이다. 대다수 제품과 서비스는 4점이나 5점의 리뷰를 받으므로 평점만으로는 많은 정보를 얻기 어렵다.

그뿐만 아니라 평점이 높다고 해서 반드시 정확한 정보를 제공해 주는 것도 아니다. 백 개 이상의 제품군을 분석한 연구팀에 따르면 아마존 평점과 제품 품질 사이에 아주 미미한 상관관계만 존재했다.[7] 마찬가지로 여러 분야 도서에서 높은 평점은 판매 부수와 거의 관계가 없었다.[8]

이렇게 긍정적인 평가만으로는 품질이나 성공을 가늠할 수 없다면, 다른 무엇을 살펴봐야 할까?

다음은 비슷한 일반적 감정 또는 긍정성을 표현하는 단어의 조합이다.

훌륭하다, 최고다
놀랍다, 주목할 만하다
유치하다, 애매하다
역겹다, 형편없다

'훌륭하다'와 '최고다'는 무언가가 아주 좋다는 의미이며, '놀랍다'와 '주목할 만하다'는 무언가가 좋지만 '훌륭하다'와 '최고다'만큼은 아니라는 뜻이다. 실제로 수백 명을 대상으로 다양한 단어의 긍정성을 평가한 결과 '훌륭하다'와 '최고다'가 둘 다 9점 만점에 8.4점을 받아 가장 긍정적인 단어 목록의 맨 윗자리에 올랐다.

부정적인 단어 조합도 마찬가지다. '역겹다'와 '형편없다'는 무언가가 매우 나쁘다는 것을 나타내고, '유치하다'와 '애매하다'는 무언가가 나쁘지만 '역겹다'와 '형편없다'만큼 나쁘지는 않다는 의미다.

각 단어의 조합이 비슷한 수준의 좋음과 나쁨을 나타내기는 하지만, 단어마다 차원이 사뭇 다르다. 단어의 정서성, 즉 느낌이나 감정적 반응을 기반으로 한 태도를 표현하는 정도가 다르다.[9]

사람들은 태도나 의견을 표현할 때 다양한 방식을 사용한다. 어떤 영화가 너무 좋았다, 아주 싫었다, 좋았다, 또는 보기도 싫었다라고 말할 수 있으며, 어떤 식당이 감탄스러웠다, 근사했다, 그저 그랬다, 또는 끔찍했다고 표현할 수도 있다. 음식이 맛있었다거나 구역질났다라고 할 수도 있고 서비스가 훌륭했다거나 기대 이하였다라고 할 수도, 끝내줬다거나 탁월했다고 말할 수도 있다.

이러한 단어는 누군가 무언가를 얼마나 좋아했는지 나타낼 뿐 아니라 무엇을 기반으로 그러한 평가를 했는지까지 드러낸다(즉 감정이냐 다른 요인이냐).

식당을 예로 들어보자. 누군가가 어떤 식당의 음식을 즐겼다고 말하거나 식당의 분위기가 아주 마음에 들었다고 말한다면 그 의견은 감정에 근거한다는 뜻이다. 장소에 대한 감정적인 반응이다. 그러나 음식이 건강식이었다거나 가격이 적당했다고 말한다면 식당이 마음에 들었다는 사실은 같더라도 그 의견이 감정보다는 이성적인 판단에 기반한다는 의미다.

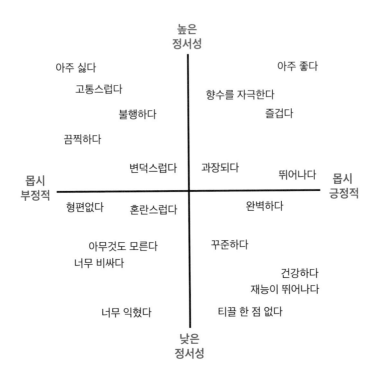

자동차도 마찬가지다. 누군가가 어떤 차에 대해 운전하기 재미있는 차라고 말하거나 너무 근사하게 보인다고 말하면 그 사람의 의견은 감정에 기반한 것이다. 만약 **튼튼하게 만들어졌다**고 말하거나 연비가 **좋다**고 말한다면 감정이 덜 개입된 평가다.

그렇다면 다양한 단어를 긍정성과 부정성 또는 좋음과 나쁨을 기준으로 배열할 뿐만 아니라 정서성, 또는 감정을 기반으로 한 반응인지 아닌지를 기준으로도 배열할 수 있다.

감정을 기반으로 한 리뷰가 많은 식당에 예약이 더 많이 들어오고, 감정을 기반으로 한 리뷰가 많은 영화의 흥행 성적이 더 좋으며, 감정을 기반으로 한 리뷰가 많이 달린 책이 더 많이 팔린다.[10] 감정적인 언어를 사용하는 건 사람들이 더 강한 반응을 보였음을 시사하므로, 그들의 경험이 타인에게 더 큰 영향을 미친다.[11]

하지만 이렇게 감정적인 언어가 항상 설득력 있다기보다는, 감정적 언어가 실질적인 행동을 유발하느냐는 우리가 다른 사람을 설득하려는 **유형**에 따라 달라진다.

상품이나 서비스는 쾌락적인 면과 실용적인 면의 두 가지 유형으로 정의된다. 음악, 꽃을 비롯한 여러 가지 쾌락적 상품은 기쁨과 즐거움을 주기 때문에 소비된다. 기분이 좋아지기 때문에 음악을 듣고 행복해지기 때문에 꽃을 산다.

반대로 접착제, 휘발유, 토스터 같은 실용적인 물건은 기능적인 이유나 현실적인 이유로 소비한다. 의자를 고치기 위해 접착제를 사고, 차를 운행하기 위해 휘발유를 사며, 빵을 굽기 위해 토스터기를 산다. 실용적인 물건은 인지적 판단 때문에 무언가의 도구로 사용되는 경우가 많으며, 필요에 의해 구입한다.*

* 같은 제품이어도 어떤 점은 실용적 성격을, 다른 점은 쾌락적인 성격을 가지기도 한다. 예를 들어 운동화의 쿠션이나 자동차의 연비는 실용적인 속성이지만, 운동화의 색이나 자동차의 디자인은 쾌락적인 속성에 가깝다.

연구팀이 수만 개의 아마존 리뷰에서 감정적 언어가 미치는 영향을 살펴본 결과, 감정적 언어가 이 두 가지 영역에서 서로 다른 효과를 발휘했다.[12]

앞서 언급한 바와 같이 쾌락적인 상품(음악, 영화, 소설)의 경우 감정적 언어가 발휘하는 영향력이 높았다. 감정적인 리뷰는 더 많은 추천을 받았고 더 많은 고객이 구매에 관심을 보였다.

앞서 소개했던 식당 선택 문제로 돌아가보자. 여러 가지 측면에서 두 식당은 비슷한 평가를 받았다. 두 가지 리뷰 모두 매우 긍정적인 단어를 사용했다.

식당 1	식당 2
"정말 근사한 식당이네요, 아주 즐겁게 식사했습니다."	"완벽한 식당입니다. 식사해볼 만한 가치가 있어요."

리뷰에 사용된 단어가 비슷하고 둘 다 긍정적으로 보일지는 몰라도, 식당 1의 설명에 감정적인 언어가 더 많이 사용되었다. '근사하다'는 '완벽하다'보다 감정적이고 '아주 즐겁게'는 '가치가 있다'보다 감정적이다.

정서성을 끌어올려 결과적으로 더 많은 사람이 첫번째 식당을 선택했다.

그러나 실용적인 제품의 경우에는 반대 현상이 일어났다. 면도기 리뷰에서는 정서성이 역효과를 불러왔다. 감정적인 리뷰는 추천을 덜 받았으며 소비자의 구매 욕구를 더 떨어뜨렸다.

이는 정서성이 쾌락적인 대상에는 유리하게 작용하는 반면 실용적인 대상에는 불리하게 작용하기 때문이다. 쾌락적인 상품과 서비스를 선택하고 사용할 때는 감정이 결정적인 역할을 한다. 짜릿한 흥분을 즐기기 위해 스포츠카를 사고, 재미있게 보려고 영화표를 구입하며, 행복한 시간을 보내기 위해 휴가를 예약한다. 따라서 쾌락적인 상품을 설명할 때는 감정적 단어를 사용하면 그 대상에 대한 선호도가 높아진다.

이와 반대로 실용적인 제품과 서비스를 선택하고 사용하는 목적은 감정을 불러일으키기 위해서가 아니다. 사람들은 빨리 굳는 접착제, 저렴한 휘발유, 사용법이 간편한 토스터기를 원한다. 실용적인 물건은 보통 특정한 용도로 사용하고자 구입하고, 사람들은 (감정에 기반하기보다는) 용도에 적합하다고 생각해서 그 제품을 선택한다.

따라서 누군가가 믹서기에 대해 '근사하다'거나 '기분좋다'라고 리뷰를 남겨도, 읽는 사람의 구매 욕구가 반드시 상승한다고는 볼 수 없다. 오히려 그러한 감정적 언어를 사용하는 게 실용적인 물건의 리뷰에 소비자들이 기대하는 내용에서 벗어나므로 역효과를 불러오기 쉽다. 심지어 그 리뷰의 내용뿐만 아니라 리뷰하는 사람에 대한 신뢰도까지 낮아지기도 한다.

이를 종합해보면 언어의 긍정성뿐만 아니라 정서성도 함께 고려하는 것이 중요하다.

우리는 제품이나 아이디어에 대한 홍보는 물론, 심지어 자기 홍보를 할 때도 긍정적인 언어를 자주 사용한다. 제품이 "근사하고", 아이디어가 "혁신적"이며, 자신은 "성실한" 사람이라고 표현한다. 음식은 "환상적"이며, 블록체인은 "혁신적인" 기술이며, 글쓰기 실력은 "훌륭하다". (진짜다. 내가 보장한다.)

그러나 긍정적인 이야기만 하는 걸로는 충분치 않다. 맥락을 고려해야 한다. '멋진' '근사한' '훌륭한' '뛰어난'은 모두 무언가가 무척이나 좋다는 뜻이다. 하지만 각 단어에 담긴 정서성의 정도는 각기 다르다. 그 결과, 맥락에 따라 더 효과적이거나 덜 효과적으로 작용하게 된다.

어떤 제품이나 서비스, 체험을 홍보한다고 가정해보자. 그 대상이 쾌락적인가 아니면 실용적인가? 사람들은 기쁨이나 즐거움을 위해 그 대상을 구매하는가, 아니면 기능적이거나 현실적인 이유로 구매하는가?

즐거움을 느끼기 위한 상품이라면 '근사하다'나 '멋지다' 같은 감정적인 단어가 아주 잘 들어맞는다. 어떤 영화가 "훈훈하다", 여행지가 "근사하다", 명상 앱이 "환상적이다"라고 말하는 경우 그 대상이 좋다고 암시할 뿐만 아니라 구매와 행동을 장려하기까지 한다.

만약 제품, 서비스, 체험이 비교적 실용적이고 기능적이라면 이러한 긍정적인 단어의 사용은 역효과를 가져오기 쉽다. '우수하다' '결함이 없다' '완벽하다' 등의 덜 감정적인 단어가 더 설득력 있다. 사전 앱이 "근사하다"라고 설명하기보다는 "유용하다"라고 말해야 리뷰를 읽고 사서 써보고 싶어질 것이다.

자신을 표현할 때도 마찬가지다. 이력서를 쓰든, 입사 지원서를 작성하든, 데이트 프로필을 작성하든, 우리는 끊임없이 타인에게 자신을 홍보한다. 물론 부정적인 이야기보다는 긍정적인 이야기를 해야 할 테고, 데이트 앱 자기소개에는 "재미있는 사람"이라고 써도 좋지만 입사 지원서에는 그런 표현을 쓰면 안 된다. 하지만 그렇게 단순하게 생각할 일은 아니다.

이력서나 입사 지원서의 경우, 대다수 평가자는 실용적인 관점에서 내용을 살펴본다. 특정한 필요를 충족시킬 상품을 구입할 때처럼 문제를 해결하거나 조직에 가치를 더할 만한 사람을 찾는다.

따라서 단순히 긍정적인 형용사를 늘어놓기보다는 올바른 형용사를 선택하는 것이 좋다. 대부분은 정서성이 적을수록 더 좋고, 감정적인 언어를 사용하면 역효과를 낳을 수 있다. 기업 문화에 유달리 자부심이 높거나 '가족 같은 회사'를 표방하는 기업이 아니라면 말이다.

하지만 데이트 앱의 자기소개는 본질적으로 좀더 쾌락의 성격을 띠고 있다. 사람들은 문제를 해결하려는 것이 아니라 같이 있으면 행복해지는 사람을 찾는다. 따라서 정서성이 풍부한 단어가 더 유용하다.

단순히 긍정적인 단어만 사용하면 되는 것이 아니라 올바른 **유형**의 긍정적인 단어를 사용해야 한다.

감정적인 언어의 장점은 사회적 상호작용 과정에서 다양하게 나타난다. 상당수의 대화는 무언가를 성취한다는 목적성을 가진다. 의사결정을 하기 위해 회의를 하고, 문제를 해결하기 위해 고객상담사에게 전화하고, 거래를 성사시키기 위해 제품을 홍보한다.

대화를 시작하자마자 당면 문제 해결에 초점을 맞추는 것이 좋다고 생각하는 사람들이 많지만, 실제로 이는 최선의 접근 방식이 아니다. 문제 해결을 위해 이뤄진 수백 건의 대화를 분석한 결과 상대방과 교감부터 나누는 일이 매우 중요했다.[13] 훈훈하고 감정적인 언어로 대화를 시작한 후 문제 해결로 넘어가는 것이다.

관계 구축(또는 유지)은 이어질 대화가 순조롭게 흘러갈 수 있도록 분위기를 조성한다. 이를 통해 사회적 유대감이 강화되고 관계가 돈독해진다.

따라서 따뜻하고 감정적인 언어는 대화를 시작할 때 특히 유용하다. 서비스 담당자가 고객의 전화를 받았을 때 "문제를 어떻게 **해결해드릴까요?**"보다는 (더욱 감정적인 단어를 사용해) "어떻게 **도와드릴까요?**"라고 묻는 것이 더 효과적이다.

물론 이렇게 감정적인 언어로 대화를 시작하는 것이 유용하기는 하지만, 감정적인 언어의 효용은 거기까지다. 상냥한 태도는 좋지만 결국 의사결정을 내려야 하고 문제를 해결해야 한다.

바로 이때 덜 감정적이고 보다 논리적인 언어의 사용이 중요해진다. 실제로 고객상담사가 대화를 시작할 때는 감정적인 언어를. 대화 중간에는 논리적인 언어를 사용하자 상담에 대한 고객 만족도가 높았고 상담 이후에도 고객이 더 많은 제품을 구입했다.

문제만 해결하려고 하지 말자. 그저 교감만 하려고도 하지 말자.

교감한 후, 문제를 해결하자.

불확실성 자극하기

단어의 긍정성과 정서성은 감정을 전달하고 태도와 행동에 영향을 미치는 두 가지 역할을 한다. 그러나 또 한 가지 주목할 만한 측면이 있다.

프레젠테이션을 해봤다면 누구든 동의하겠지만 청중의 관심을 계속 잡아두기란 힘들다. 온라인 회의라면 문제는 더 심각해진다. 프레젠테이션은 컴퓨터 화면에 떠 있는 또하나의 창일 뿐이고 이메일은 이미 열려 있으니 내용에 집중하는 척하면서 실제로는 다른 일을 하기 십상이다.

콘텐츠 제작자도 비슷한 어려움을 겪는다. 출판사부터 미디어 기업, 홍보 담당자와 인플루언서에 이르기까지, 수많은 이가 대중의 관심을 끌고 붙잡아두려고 한다. 그러나 헤아릴 수 없이 많은 콘텐츠가 난무하기 때문에 대중의 관심을 끌기란 점점 더 어려워진다. 뉴스 기사는 수십 개의 다른 기사 옆에 게재되고, 대다수 독자는 기사 전체를 읽지 않고 간단하게 훑어만 보고 다른 콘텐츠로 넘어간다.

이렇게 끊임없이 독자와 소비자의 관심을 빼앗는 대상이 나타나는 상황에서, 보통은 '재미있는' 콘텐츠가 성공하고 다른 모든 것은 실패하리라 생각한다. 새로 출시된 첨단 기기, 유명인에 대한 가십, 스포츠 경기 결과에 관한 기사는 많은 관심을 끌지만, 기후 변화나 정보 보안에 대한 프레젠테이션과 같이 좀더 무거운 주제는 모든 사람을 지루하게 할 뿐이라고 믿는다.

그렇다면 덜 흥미진진한 주제를 다루는 발표자들은 전부 실패할 수밖에 없을까? 아니면 일반적으로 관심이 떨어지는 주제라도 청중의 몰입도를 자연스럽게 높일 방법이 있는 것일까?

보편적으로 사용되는 접근법은 '낚시성 제목'과 같은 것이다. "아마존 프라임 구독을 갱신하기 전에 꼭 알아야 할 것"이나 "살이 찌는 여섯 가지 일반적인 이유" 같은 자극적인 제목은 독자의 흥미를 자극해 기사를 클릭하고 읽어보도록 유도한다.

형편없는 프레젠테이션도 이와 비슷한 전략을 사용하는 경우가 많다. 불필요한 만화, 유명인의 사진, 또는 다른 속임수를 동원해 청중의 관심을 끌고 공감할 만한 내용이라는 인상을 주려고 노력한다.

이러한 전략이 매력적으로 보이기는 하나 생각만큼 효과적이지는 않다.

낚시성 제목은 관심을 끌기에는 효과적이지만 그 관심이 좀처럼 지속되지는 않는다. "저명한 의사들이 털어놓는 가장 끔찍한 탄수화물 음식"과 같은 제목은 잠재적인 독자의 눈길을 끌어 기사를 클릭하도록 유도하는 데는 성공하지만(어떤 탄수화물 음식이지? 궁금해!), 일단 독자가 기사를 읽으면 실망하는 경우가 많다. 물론 해당 기사에 탄수화물에 관한 내용이 어느 정도 담겼어도 제목에서 시사하는 만큼 독자의 높은 기대에 부응하지는 못하는 경우가 태반이다. 따라서 독자들은 기사를 열고 몇 문장을 훑어보다가 창을 닫아버린다. 실제로 기사를 제대로 읽지도 않는 것이다.

프레젠테이션에 사용하는 꼼수도 마찬가지다. 그런 꼼수로 약간의 웃음을 자아내거나 노트북에 고정된 시선을 이쪽으로 돌리는 데 성공한대도, 그것만으로는 프레젠테이션 내용에 제대로 청중을 몰입시킬 수는 없다. 청중의 관심을 끌긴 해도 잡아두지는 못한다.

이와 비슷한 수많은 상황에서 관건은, 관심을 *끄는* 것과 관심을 잡아두는 것의 차이다. 이메일의 발신자는 단순히 수신자가 이메일을 여는 것뿐만 아니라 내용까지 읽기를 바란다. 경영진은 직원들이 단순히 프레젠테이션에 참석하는 것뿐만 아니라 내용에 귀를 기울이고 이를 숙지하기 바란다. 비영리단체, 창작자, 콘텐츠 마케터는 단순히 대중이 정책 개요, 유튜브 동영상, 백서를 쳐다만 보는 것이 아니라 관심을 보이고 콘텐츠를 소비하기를 바란다.

무엇이 실제로 사람들의 관심을 붙잡아두느냐를 알아보기 위해 동료들과 함께 거의 백만 명에 달하는 사람들이 소비한 수만 건의 온라인 기사를 분석했다. 단순히 기사를 클릭했는지뿐만 아니라 내용을 어느 정도 읽었는지, 제목만 읽고 넘어갔는지 아니면 몇 문단 정도를 읽었는지, 도입부만 훑어보고 닫았는지, 끝까지 다 읽었는지를 조사했다.

몇몇 주제는 다른 주제에 비해 독자의 관심을 붙잡는 데 더 효과적이었다. 예를 들어 독자들은 스포츠 관련 기사를 세계 뉴스 기사보다 더 오래 읽었고, 식당 리뷰 기사는 교육에 관한 기사보다 더 오래 관심을 붙잡아두었다.

기사가 다루는 주제의 **종류**라는 변수를 통제하더라도, 기사가 작성된 **방식** 역시 어느 정도 영향을 미쳤다. 특히 감정을 자극하는 언어는 독자의 몰입도를 높였다. 감정적인 언어를 많이 사용할수록 독자가 내용을 계속 읽을 가능성이 컸다.

더 자세히 살펴보자 모든 감정이 같은 효과를 내는 것은 아니었다. 일부 감정 요소는 관심을 계속 붙잡아뒀지만 다른 감정 요소는 오히려 반대 결과를 가져왔다. 독자들은 슬픈 감정을 자극하는 기사보다 불안감을 불러일으키는 기사를 끝까지 읽을 확률이 30퍼센트나 높았다.

왜 이러한 현상이 나타나는지 이해하려면, 감정을 자극하는 언어가 세상을 보는 방식에 어떤 영향을 미치는지부터 이해해야 한다.

분노와 불안감을 예로 들어보자. 둘 다 부정적인 상태다. 화가 나면 기분이 좋지 않고, 불안해도 마찬가지다.

이 두 가지 감정은 어느 정도 비슷하기는 하지만, 둘 중 하나는 다른 하나보다 훨씬 더 확실하게 느껴진다.

최근에 화가 났던 때를 떠올려보자. 항공사에서 가방을 분실했거나, 심판이 말도 안 되는 판정을 내렸거나, 한참을 기다렸는데 고객상담사가 전화를 끊어버렸을 때 등등.

아마도 확실한 감정이 들었을 것이다. 항공사, 심판, 해당 고객상담사가 소속된 기업이 잘못했으니 그들에게 책임을 물어야 한다. 실제로 화가 났을 때 우리는 감정에 대해 상당히 확신한다. 분노할 때 우리는, 의구심이 들거나 주저하기보다는 분개할 만한 정당한 이유가 있거나 내가 옳고 상대방은 틀렸다고 확신하는 경우가 많다.

그러나 불안감은 그러한 확신과는 거리가 멀다. 최근 언제 불안했는지를 떠올려보자. 항공사가 가방을 분실했을까봐 마음 졸였거나, 응원하는 팀이 질까봐 초조했거나, 전화기를 붙잡고 30분간 더 기다려야 하는지 걱정했을 것이다. 불안감은 불확실하다. 일반적으로 의구심, 모호함, 또는 불안정을 수반한다. 무슨 일이 생길지 알

수 없으며 뭔가 나쁜 일이 도사리고 있을까봐 두려워한다.[*]

긍정적인 감정의 경우에도 확실성의 정도는 가지각색이다. 자부심은 상대적으로 확실한 편이지만 희망은 종종 불확실하다.

	긍정적	부정적
확실함	행복 자부심 흥분감	분노 혐오
불확실함	놀라움 희망	불안감 놀라움

이러한 확실성의 차이는 관심을 붙잡아두는 데 중요한 역할을 한다. 수천 개의 콘텐츠를 살펴본 결과, 불확실한 감정이 몰입도를 증가시켰다. 불확실한 감정(예: 불안감과 놀라움)을 불러일으키는 언어는 독자가 내용을 계속 읽어나가게 만들지만, 확실한 감정(예: 혐오)을 불러일으키는 언어는 반대의 효과를 가져왔다.

불확실성은 독자가 계속 내용을 읽으면서 모르는 것을 알아보고 싶게 만든다. 다음에 무슨 일이 일어날지, 결말이 어떻게 날지 확신

---

[*] 슬픔은 확실한 원인이 있을 수도 있지만 불확실함에 기인할 수도 있다. 때로는 확실한 이유(예를 들어 반려견이 세상을 떠났거나 친구가 이사한 경우)로 슬퍼하지만 때로는 불확실한 상황(예를 들어 반려견이 아프거나 친구가 이사를 고려하는 경우) 때문에 슬퍼한다.

하지 못한다면 독자는 계속 내용을 주시하려고 한다. 비가 올지 알 수 없으므로 일기예보를 확인하는 것처럼 이후의 전개를 모르면 계속 읽으면서 불확실성을 해소하려 한다.

이러한 연구 결과는 몇 가지 중요한 의미를 지닌다. 우선 앞에서 다룬 여러 가지 내용과 마찬가지로, 단순히 어떤 내용을 논의하느냐뿐만 아니라 **방식**도 매우 중요하다는 점이다. 물론 원래부터 상대적으로 더 많은 관심을 끄는 주제나 아이디어, 프레젠테이션, 콘텐츠는 있다. 사람들은 법인카드로 항공권을 더 저렴하게 사는 방법보다는 연봉을 두 배로 올리는 방법을 훨씬 궁금해한다. 마찬가지로 체중 감량에 관한 기사는 기후 변화나 재정 정책에 관한 기사보다 더 많은 독자의 시선을 끌 것이다.

그러나 특정 주제가 한창 흥미진진하고 나머지는 아예 가망이 없는 것은 아니다. 적절한 언어, 올바른 매직 워드를 사용함으로써 그 어떤 주제에도 관심을 집중시킬 수 있다. 주제 자체가 아주 흥미롭든, 덜 흥미롭든 관계없이 말이다.

이는 겉으로는 덜 자극적인 분야에서 청중의 관심을 끌고자 하는 사람이나 조직에게 아주 반가운 소식이다. 분야 자체는 엄청나게 매력적이지 않더라도 올바른 언어를 사용하면 충분히 간극을 메꿀 수 있다. 프레젠테이션 자료를 만들거나, 이메일을 쓰거나, 대중을 상대로 콘텐츠를 창작할 때도 올바른 단어를 선택하면 무엇이든 더 흥미진진해진다. 스타일이 주제를 보완한다.

두번째로 감정을 자극하는 언어는 몰입도를 높이는 강력한 도구다. 사실만 제시하면 상대방을 설득할 수 있다고 생각하는 사람이 너무 많다. 고객이 상품을 구매할 마음이 들도록 장점을 늘어놓거나, 동료가 마음을 바꾸도록 여러 가지 이유를 대거나, 프레젠테이션에 수많은 통계치를 추가해 무언가가 중요하다는 사실을 보여주려고 한다. 실제로 사실이 유용하긴 하다. 가끔은.

하지만 사실만 늘어놓으면 청중은 꿈나라로 가기 쉽다. 아니면 프레젠테이션 시간을 소셜미디어를 확인하거나 이메일을 읽는 기회로 여긴다.

상대방의 관심을 붙잡아놓을 수 없다면 설득하기는 더더욱 힘들다. 바로 이럴 때 감정적인 언어가 큰 도움이 된다. 무언가에 대한 사람들의 생각을 바꾸고 싶은가? 단순히 대상이 왜 중요한지를 이야기하기보다는 듣는 사람들이 신경을 쓰고 관심을 보이게 감정을 자극하는 언어를 사용하자.

세번째로, 감정적인 언어가 몰입도를 높이기는 하지만 적절한 감정을 선택하는 것이 핵심이다. 물론 긍정적인 감정도 있고 부정적인 감정도 있다. 관건은 단순히 사람들을 기분좋게 하느냐 기분이 나빠지지 않도록 피하는 것이냐가 아니다. 실제로 청중이 자부심을 갖거나 행복해지면 이어지는 말을 귀담아듣지 않을 가능성이 크다.

관심을 계속 붙잡아두려면 듣는 사람의 기분이 좋아지거나 나빠지는 데 집중하기보다는 호기심을 불러일으켜서 더 자세히 알아보고 싶게 만들어야 한다. 불확실한 감정이나 불확실한 언어를 사용하면 일반적으로 듣는 사람의 관심을 오래 붙잡아두기 마련이다. 경기에서 누가 승리를 거둘지 이미 안다면 끝까지 지켜볼 이유가 없지만, 결과를 한 치 앞도 예측할 수 없다면 결과가 궁금해서라도 계속 관심을 기울이게 된다.

매직 워드 활용하기

대부분의 사람들은 더욱 효과적으로 의사소통하는 사람이 되고 싶어한다. 이야기를 더 재미있게 하거나, 대화를 더 흥미롭게 풀어가거나, 프레젠테이션을 더 훌륭하게 하거나, 더 좋은 콘텐츠를 만들고 싶어한다. 감정을 자극하는 언어의 가치를 이해하면 이 모든 것이 가능함은 물론이고 그 이상을 해낼 수 있다. 감정의 힘을 활용하기 위해서 다음을 참고하자.

1. 사소한 단점 강조하기

이미 유능하다고 인정받는 경우, 과거의 몇 가지 실수담을 늘어놓으면 사람들의 호감을 더 많이 살 수 있다.

2. 롤러코스터와 같은 상황 조성하기

재미있는 이야기에는 좋은 순간과 힘든 순간이 섞여 있기 마련이다. 따라서 몰입도를 올리려면 언제 부정적인 내용을 끼워넣어야 하는지 알아야 한다. 그 과정에서 겪은 모든 어려움에 관해 이야기하면 갖은 고생 끝에 얻은 성공이 더욱 달콤해진다.

3. 다양한 상황을 적절히 배치하기

위의 논지는 이야기의 매 순간에도 적용된다. 꾸준하게 올라가거나 내려가는 이야기는 쉽긴 하지만 매력적이지는 않다. 청중의 관심을 계속해서 사로잡으려면 좋은 순간과 힘든 순간을 적당히 섞어야 한다.

4. 맥락 고려하기

타인을 설득할 때 긍정적인 점만 늘어놓는 걸로는 충분치 않다. 영화나 휴가처럼 쾌락을 위해 소비하는 분야에서는 감정적인 언어가 도움이 되지만, 입사 지원서나 소프트웨어처럼 실용적인 영역에서는 역효과를 가져온다.

5. 먼저 공감대를 형성한 후 문제 해결하기

문제를 해결하려면 문제 제기자의 상황부터 이해해야 한다. 따라서 바로 문제 해결에 뛰어들기보다는 상대방과 공감대부터 형성하자. 상냥하고 좀더 감정적인 언어로 대화의 기반을 닦으면 그후에 더 논리적인, 문제 해결을 위한 논의를 할 때 큰 도움이 된다.

6. 불확실성 자극하기
올바른 단어를 선택하면 어떤 주제나 프레젠테이션도 더욱 흥미진진해진다. 또한 불확실한 감정(예: 놀라움)을 자극하면 듣는 사람의 관심을 계속 잡아둘 수 있다.

이렇게 감정의 언어를 이해함으로써 우리는 상대방에게 호감을 사고, 능숙한 이야기꾼이 되며, 청중을 사로잡고, 더욱 흥미진진한 콘텐츠를 만들어내는 사람으로 인식될 수 있다.

다음 장에서는 마지막 유형의 매직 워드, 즉 유사성을 시사하는 언어를 살펴본다.

6장

유사성과
차별성을
활용하라

왜 어떤 사람은 승진하고 어떤 사람은 승진하지 못할까? 왜 어떤 노래는 큰 인기를 얻고 다른 노래들은 빛을 보지 못할까? 그리고 몇몇 책, 영화, TV 프로그램이 엄청난 상업적 성공을 거두는 이유는 무엇일까?

이러한 의문에 대한 답을 알아보려면 우선 전혀 상관없어 보이는 곳에서 출발해야 한다. 바로 맥주 한 병이다.

1월 초의 어느 날, 팀 루니는 레프트 핸드 양조장에서 만든 400파운드 멍키라는 맥주를 처음 마셔보았다. 팀이 선호하는 스타일의 맥주는 아니었다. 마실 만은 하지만 맛있지는 않았다. 은은한 단맛과 약간의 버터향이 나며 거슬릴 정도로 씁쓸했다. 종합적으로 볼 때 그저 그런 맥주였다. 후하게 쳐서 5점 만점에 3점 정도.

그후 여러 해에 걸쳐 팀은 수많은 맥주를 시음해보았다. 정확히 파악하기 힘들지만, 최소한 4200병 이상을 마신 것은 분명하다. 라거와 에일, 필스너와 포터, 사워와 스타우트에 이르기까지 그가 맥주 평가 웹사이트 레이트비어 *RateBeer.com*에 평점을 올린 맥주가 그 정도이기 때문이다. 미국의 어느 지역 슈퍼마켓에서나 구할 수 있는 대량 생산 브랜드(예: 미켈롭 라이트)부터 아마 대부분은 들어본 적도 없을 소규모 양조장에서 만든 맥주에 이르기까지(예: 캐스케이드 브루잉의 버버닉 플레이그와 에이버리 브루잉 컴퍼니의 럼프킨) 팀은 다양한 맥주를 리뷰했다.

팀의 취향에 가장 잘 맞은 맥주는 데슈트 브루어리의 디 어비스였다(5점: "꽉 찬 바디감과 극도로 쫀쫀하고 매끄러우며 부드러운 탄산, 약간 씁쌀한 뒷맛이 긴 여운을 남긴다. 끝내주는 맥주!"). 가장 싫어했던 맥주는 블랙마운틴 브루잉 컴퍼니의 케이브 크릭 칠리였다(0.5점: "칠리고추를 좋아하고 맥주도 좋아하지만 이 망할 물건은 끔찍하다. 한마디로 전혀 어울리지 않는다. 두 모금 마시고 하수구 직행."). 그 사이의 평점을 기록한 수천 개의 맥주도 "약간 단맛"에서 "깔끔하고 청량한 황금빛 맥주"에 이르기까지 가지각색의 평가를 받았다.

팀은 레이트비어 사이트를 사용하는 수십만 명의 맥주광, 즉 맥주 애호가 중 한 명이다. 레이트비어는 맥주를 즐겨 마시는 사람들이 정보와 의견을 교환하는 장을 마련한다는 목적으로 2000년 탄생했다. 그동안 사용자 평가가 천백만 건 이상 올라왔다. 현재 레이트비어는 맥주와 관련해 가장 많이 화제에 오르며 깊이 있고 정확한 맥주 정보를 제공한다고 인정받는다.

그러나 2013년에 스탠퍼드대의 몇몇 과학자들은 매우 다른 이유로 이 사이트에 관심을 가지게 되었다. 이들은 언어 변화를 연구하고자 했다.

집단은 끊임없이 변화한다. 새로운 회원이 가입하고 오래된 회원이 탈퇴하면서 끊임없이 여러 가지가 변한다. 예를 들어 한 무리의 동료들이 회의실에서 점심을 같이 먹기로 의기투합했다. 그러다 주축 멤버가 발을 빼고 새 멤버가 합류하면서 자연히 관심이 줄어든다.

연구팀은 이러한 전반적인 변화에 관심을 두면서도 특히 언어의 변화를 주시했다. 시간이 지남에 따라 집단의 구성원이 사용하는 언어는 어떻게 바뀌는가? 새로운 구성원은 집단에 적응하는 과정에서 원래 사용하던 언어를 바꾸는가? 그리고 이런 변화는 사용자가 장기간 집단에 소속될 가능성에 대한 통찰력을 제시해줄 것인가?

레이트비어는 완벽한 연구 대상이었다. 매달 올라오는 리뷰를 통해 사용자들이 그 시점에 어떤 언어를 사용하는지 파악할 수 있었다. 또한 많은 사용자가 여러 개의 리뷰를 올렸기 때문에 연구팀은 각 사용자가 처음 커뮤니티에 가입한 시점부터 더는 리뷰를 게재하지 않을 때까지 언어의 변화과정을 쉽게 추적할 수 있었다.

맥주향을 예로 들어보자. 사이트 초창기에는 사용자들이 "아로마"라는 단어를 자주 사용했다(예: "희미한 홉 아로마가 난다"). 그러나 점점 '아로마' 대신 "향smell"의 줄임말인 "S"라고만 표현했다(예: "희미한 홉 S가 난다").

과일과 관련된 단어(예: "복숭아" "파인애플")의 사용 양상도 변화했다. 심지어 동일한 맥주에 대한 리뷰를 살펴보아도, 시간이 지남에 따라 사용자들은 맥주의 맛과 느낌을 표현할 때 과일과 관련된 단어를 더 많이 사용했다(예: "약간의 감귤류 느낌" "열대과일 풍미"). 맥주 자체는 변하지 않았으나 사용자가 맥주를 묘사하는 방식은 바뀌었다.

아무도 사용자들에게 그러한 방식으로 리뷰를 쓰라고 쪽지를 보낸 적도, 모든 사용자가 회의를 통해 용어 변경을 합의한 적도 없었다. 그러나 시간이 지남에 따라 용어는 바뀌었다. 살아 있는 유기체처럼 집단의 언어는 변화를 거듭했다.

개개인의 언어 역시 바뀌었다. 사용자들은 사이트에서 점점 더 많은 시간을 보내면서 해당 커뮤니티의 언어를 받아들였다. 가입 초기에 쓴 리뷰와 나중에 쓴 리뷰를 비교해보면 확연한 차이가 드러났다. "탄산"이나 "레이싱lacing"(마시고 잔에 남는 거품 띠) 같은 맥주 관련 용어를 훨씬 더 빈번하게 사용할 뿐만 아니라 "나"라든지 "내" 같은 단어를 더 적게 사용했다. "내 생각에는" "내 의견으로는"라는 표현을 점차 덜 사용하고, 객관적인 사실을 나열하는 식으로 사이트의 일반적인 리뷰 형태를 따르는 경향을 보였다.

더욱 포괄적인 분석 결과를 얻기 위해 연구팀은 각 사용자의 언어가 커뮤니티의 다른 구성원들의 언어와 얼마나 유사한지를 수치화했다. 특정 시점에서 사용자들이 사용하는 단어가 그 시기 레이트비어에 게재되는 다른 리뷰와 얼마나 유사한지를 분석했다.

사용자가 레이트비어 사이트에서 보이는 행동을 분석한 결과, 연구팀은 사용자의 집단 적응 과정을 두 개의 뚜렷한 단계로 나눌 수 있음을 발견했다. 처음 가입한 사용자는 비교적 유연한 모습을 보였다. 커뮤니티에서 자주 사용되는 언어를 배우고 직접 사용해보면서 해당 시점에서 다른 사용자들이 채택하던 관습을 수용했다.

그러나 초기 적응 기간이 지나면 좀더 보수적인 단계에 돌입했다. 더는 새로운 단어나 어구에 순응하지 않고 언어 사용 형태가 고착되었다. 커뮤니티와 커뮤니티의 규범은 계속해서 변해갔지만 오랜 사용자들은 그 흐름에 발맞추지 않았다.

언어를 통해 사용자가 사이트에 얼마나 오랫동안 리뷰를 남길지도 예측할 수 있었다. 일부 사용자는 몇 년 동안 꾸준히 활동하는가 하면 어떤 사용자는 몇 달 활동하다가 떠나버렸다. 그런데 이들이 사용한 단어가 사용자의 향후 행동에 대한 단서를 제공해주었다. 사이트의 언어 관습을 더 적게 수용하거나 커뮤니티 언어에 적응하는 시간이 짧았던 사용자는 사이트를 떠날 가능성이 컸다. 처음 올린 몇 개의 리뷰를 바탕으로 해당 사용자가 얼마나 사이트에 오래

머물며 활동할지 예측할 수 있었다.

사용자의 언어가 미래의 행동을 예언한 셈이다. 심지어 본인도 깨닫지 못하는 사이에.

이 책의 앞부분 다섯 장에서는 다양한 유형의 매직 워드를 다루었다. 정체성과 능동성을 북돋우는 단어, 자신감을 전달하는 단어, 올바른 질문을 던지기 위한 단어, 구체적인 내용을 소통하는 단어, 그리고 감정을 표현하는 단어였다.

하지만 언어와 그 영향을 제대로 이해하려면 문맥 속에서 언어를 살펴보아야 한다. 어떤 사람이 사용하는 단어가 다른 사람이 사용하는 단어와 어떻게 관련되는지 알아야 한다.

맥주에 관한 연구는 이 점에서 유용하다. 단순히 어떤 단어가 좋고 어떤 단어가 나쁘다고 단정하기보다는 언어적 유사성의 중요성을 강조하기 때문이다. 이 경우, 집단의 언어와 유사한 언어를 사용하는 사람이 계속 집단에 머물 확률이 높았다.

그러나 사용자가 온라인 커뮤니티에서 계속 활동을 할지에 대한 예측은 유사성이라는 개념을 통해 이해할 수 있는 수많은 현상 중 하나에 불과하다. 유사성의 힘을 십분 활용하기 위해서는 (1) 언제 유사성을 보여주어야 하는지 (2) 언제 차별화를 모색해야 하는지, (3)어떻게 효과적인 이야기 진행 방식을 구현할지 알아야 한다.

유사성 보여주기

최근에는 조직 문화가 화두로 떠오르고 있다. 기업들은 탄탄한 조직 문화를 구축하고 유지하며 기존의 조직 문화에 잘 맞는 지원자를 채용하려 한다.

그런데 조직 문화는 정확히 무엇인가? 신념이나 가치에 대한 몇 가지 모호한 개념을 제외하고, 조직 문화를 실제로 측정할 수 있을까? 그리고 조직 문화에 잘 적응하는 것이 성공적인 직장생활과 관련될까?

온라인 맥주 커뮤니티에 용어 및 언어에 대한 규범이 있듯이 조직에도 비슷한 기준이 존재한다. 성격이 다른 조직은 사용하는 용어도 다르다. 스타트업 창업자는 '구심점'을 강조하고 소매업체는 '옴니채널'에 대해 이야기하며 월가의 증권거래인은 '소액 투자자'나 '상승세' 같은 단어를 사용한다.

그러나 속어와 전문 용어를 제외하더라도, 조직이나 업계가 전혀 다른 방식으로 언어를 사용하는 현상은 쉽게 볼 수 있다. 어떤 조직이나 업계는 짤막하고 간략한 문장을 더 많이 사용하는 반면, 어떤 조직이나 업계는 훨씬 긴 문장을 자주 사용한다. 구체적인 언어를 사용하는 조직이 있는가 하면 비교적 추상적으로 이야기하는 업계도 있다.

한 연구팀은 언어와 성공적인 직장생활 사이의 관련성을 연구하기 위해 우리가 평소에 그리 진지하게 생각하지 않는 데이터, 즉 이메일을 연구 대상으로 삼았다.[1] 레이트비어 사용자와 달리 직원들은 온라인 리뷰를 쓰지 않는다. 그 대신 이메일을 쓴다. 그것도 아주 많이. 동료에게 정보를 요청하는 이메일과 다른 사람의 업무에 대한 피드백을 전달하는 이메일. 프레젠테이션의 초안을 공유하는 이메일과 고객과의 미팅 시간을 정하는 이메일. 상상할 수 있는 모든 주제에 대한 수천 건의 정보다.

재미로 잠깐 시간을 내서 '보낸 편지함' 폴더를 열고 그 안에 무엇이 들어 있는지 살펴보자. 대부분 일반적인 업무 및 개인 용무를 처리하기 위한 메일일 것이다. 심지어 사소해 보일 수도 있다. 실제로 대부분 그렇다. 하지만 단순히 아무 업무나 개인 용무가 아니다. 당신의 업무와 개인 용무다.

특정한 문서의 제목이나 파워포인트 자료 23쪽에 어떤 이미지를 넣어야 하는지에 대한 메모는 중요하지 않아 보일지는 몰라도 직장생활에서 무슨 일이 벌어지고 있는지를 생생하게 보여준다. 다양한 프로젝트와 의사결정의 진행 상황뿐만 아니라 당신이 동료, 상사, 그리고 심지어 잠재적인 친구로서 어떻게 진화하고 있는지가 담겨 있다. 이메일은 고대 문명 유적지에서 출토되는 도자기 조각이나 잔해처럼 직장 내 모습을 보여주는 작은 정보 조각이다. 따라서 이메일에는 당신이 어떤 사람인지, 그리고 시간이 지남에 따라 어느 정도 변했는지 또는 변하지 않았는지에 대한 많은 정보가 담겨 있다.

연구팀은 중견 기업의 직원 수백 명이 5년간 주고받은 천만 건 이상의 이메일 데이터를 살펴보았다. 회계부 직원 수전이 인사부 직원 팀에게 보낸 모든 이메일, 영업부의 루신다가 연구개발 부서의 제임스에게 보낸 모든 이메일이 포함되었다. 연구팀은 몇 통의 이메일을 보냈는지 혹은 이메일의 수신자가 누구였는지보다는 각 직원이 이메일에 사용하는 단어를 살펴보았다.

여기서 이 연구가 더욱 흥미로워진다. 연구팀은 직원들이 언급한 내용(예: 문서 제목이나 파워포인트 슬라이드)에 초점을 맞추기보다는 전혀 다른 것, 바로 각 직원의 언어 사용 스타일을 집중 조명했다.

이메일을 읽든, 전화 통화를 하든, 다른 어떤 형태의 의사소통을 고려하든, 우리는 그 내용에 초점을 맞추곤 한다. 이번 장을 예로 들어보자. 이번 장에 사용된 언어를 되돌아보자고 하면 십중팔구 여기서 다루고 있는 소재나 주제를 먼저 떠올릴 것이다. 이번 장은 인터넷 맥주 리뷰 커뮤니티 이야기로 시작해서 이메일 언어에 대한 논의로 넘어갔다.

이메일도 마찬가지다. 누군가가 이메일을 확인한 다음 사용된 언어에 관해 이야기해달라고 하면 아마도 주요 주제에 초점을 맞출 것이다. 어떤 회의에 대한 이메일이 여러 개 오갔고, 특정 프로젝트에 대한 이메일도 있었으며, 동료를 위해 계획한 성대한 은퇴 파티에 대한 이메일이 몇 개 있었다고 답할 것이다.

이 모든 것이 이메일 내용의 예다. 소재, 주제, 또는 논의중인 대상의 본질이다.

물론 내용도 매우 중요하지만, 종종 간과되는 또하나의 측면이 있다. 바로 언어적 스타일이다. "그쪽에서는 한 몇 주 후에 다시 확인해달라고 말했어"라는 문장을 예로 들어보자. 내용(몇 주 후에 다시 확인)은 무슨 일이 일어나고 있는지를 알려주지만, 그 내용에는 "그쪽" "한"과 같은 단어가 중간중간 들어가 있다.

이러한 대명사, 관사를 비롯하여 스타일을 나타내는 단어는 배경에 묻히기 쉽다. 그런 단어가 존재한다는 사실조차 알아차리지 못하는 경우가 태반이다. 실제로 내가 그 점을 언급한 후에도 문장을 자세히 들여다보아야만 비로소 그러한 단어가 눈에 들어왔을 것이다. 이런 단어는 거의 눈에 띄지 않는다. 무슨 이야기인지 이해하려고 내용의 뼈대를 구성하는 명사, 동사, 형용사를 훑는 동안 이러한 단어는 대충 건너뛰기 마련이다.

이렇게 무시당하는 경우가 많으나 스타일을 나타내는 단어에는 사실 많은 정보가 담겨 있다. 이메일을 보내는 사람은 특정한 내용 안에서만 융통성을 발휘할 수 있다. 고객이 언제 다시 확인해달라고 말했는지 누군가가 물어본다면 대답은 "한 몇 주 후"가 될 것이고, 이 내용을 전달하기 위해서는 어떤 형태로든 그러한 단어를 사용할 수밖에 없다.

그러나 그 내용을 어떻게 전달하느냐는 전적으로 우리 몫이다. "그쪽에서는 한 몇 주 후에 다시 확인해달라고 말했어"라고 표현할 수도 있고, "지금부터 한 몇 주 후에 다시 확인하면 좋을 것 같아"라고 말할 수도 있다. 그 외에도 다양하게 변형된 형태로 언급할 수 있다. 비록 이러한 차이가 사소해 보여도 각 개인이 의사소통하는 방식을 나타내기 때문에 그 사람에 대한 여러 가지 통찰을 제공해준다. 성격부터 선호도, 얼마나 똑똑한지부터 거짓말을 하고 있는지까지 모든 정보가 들어 있다.[2]

연구팀은 직원들의 언어 사용 스타일을 분석했다. 특히 이들의 언어 사용 스타일이 동료와 얼마나 비슷한지를 살폈다.

다른 말로 하면 직원들이 조직 문화에 얼마나 부합하는지를 살펴보았다. 직원들이 주변 동료와 비슷한 방식으로 언어를 사용하는지를 살폈다. 누군가가 대명사(예: "우리" 또는 "나")를 자주 사용하는 동료와 의사소통을 할 때, 마찬가지로 대명사를 사용했는지, 또는 관사(예: 'a'나 'the')나 전치사(예: "~에" 또는 "~으로")를 동료와 비슷한 빈도로 사용했는지 등을 분석했다.

그 결과는 놀라웠다. 유사성이 성공적인 직장생활로 이끌었다. 동료들과 비슷한 언어 사용 스타일을 보인 직원들은 승진할 확률이 세 배나 높았다. 이들은 업무 평가가 높았고 상여금도 많이 받았다.

어떤 측면에서 이는 긍정적인 소식이다. 새 직장의 문화가 잘 맞는다면 업무도 잘 풀릴 가능성이 크다.

하지만 다른 사람들은 어떨까? 조직 문화가 잘 맞지 않는 사람은 어떻게 되었을까?

실제로 동료들과 다른 언어 스타일을 사용하는 직원들은 그리 장래가 밝지 않았다. 해고될 확률도 네 배나 높았다.

그렇다면 입사 초기에 조직 문화와 잘 맞지 않은 사람은 어차피 그 직장에서 실패할 운명일까?

반드시 그렇지는 않다. 연구팀은 직원이 입사 초기에 조직 문화와 상성이 좋았는지뿐 아니라 시간이 지남에 따라 조직 문화에 점차 동화되었는지도 조사했다. 즉 일부 직원이 다른 직원보다 더 잘 적응했는지를 살펴보았다.

맥주 커뮤니티와 마찬가지로 대다수 신규 입사자는 금세 적응했다. 1년 정도 재직한 후에는 조직의 언어 사용 규범에 상당히 동화되었다.

그러나 모든 직원이 비슷한 속도로 적응한 건 아니었다. 아주 빨리 적응하는 직원이 있는가 하면 아주 오래 걸린 직원도 있었다.

결국 적응력은 성공적인 직장생활로 이어졌다. 성공적으로 직장생활을 하는 직원들은 비교적 빨리 적응을 마쳤지만, 결국 해고당한 직원들은 끝까지 그러지 못했다. 처음부터 조직 문화와 잘 맞지 않았고 그후로도 조금씩 조직 문화와는 멀어졌다.

언어적 유사성은 심지어 직장에 오래 재직하는 직원과 더 좋은 기회를 찾아 직장을 떠나는 직원을 구분하는 데도 도움이 되었다. 해고당해서가 아니라 다른 곳에서 더 좋은 제안을 받아서 떠나는 직원이 있었다. 이들은 초기에 조직 문화에 동화되었지만 어느 시점부터는 언어 사용 방식이 주변 동료와 달라졌다. 적응할 역량은 충분히 갖췄지만 결국 더는 노력하지 않았고, 조직을 떠날 조짐을 보였다.

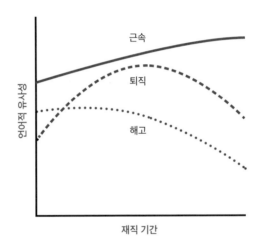

결과적으로 적응성은 초기의 적합성보다 더 중요했다. 입사 초기에 조직과 잘 맞았던 직원은 해당 조직에 순조롭게 안착했지만, 변화하는 규범에 신속하게 적응한 직원이 더욱 성공적인 경력을 쌓았다. 조직과의 상성은 타고나는 것이 아니라 시간에 따라 끊임없이 적응하려는 의지가 있어야 한다.

이메일 연구는 조직에 잘 적응할 때의 장점을 극명하게 보여준다. 비슷한 언어를 사용하면 높은 업무 평가를 받을 수 있으며 성과급도 올라가고 승진 가능성도 커진다. 또한 유사성의 장점은 단순히 직장생활에만 국한되는 것이 아니다. 첫 데이트를 하는 두 사람이 비슷한 방식으로 말하면 두번째 데이트가 성사될 확률이 높아지고, 비슷한 스타일로 글을 쓰는 학생들은 친구가 될 확률이 높으며, 언어 사용 방식이 비슷한 연인은 삼 개월 후에도 계속 연인관계를 유지할 가능성이 크다.[3]

비슷한 언어를 사용하면 대화가 활기를 띠고 유대감이 더욱 깊어지며 같은 집단에 속해 있다는 인식도 강해진다. 이 모든 요소는 호감 및 신뢰 상승을 비롯해 다양한 긍정적인 결과를 낳는다.

그렇다면 적응이 언제나 좋은 것일까? 차별성이 더 유익한 상황도 있지 않을까?

이 의문에 대한 대답을 찾기 위해서 음악 산업을 살펴보겠다.

차별화 모색하기

어느 쌀쌀한 가을 오후, 몬테로 힐은 여느 때처럼 침실에서 음악 작업을 하고 있었다. 더 정확히 말하자면 침실 벽장에 들어가서. 아니면 할머니 댁의 벽장에 들어가서. 보통 둘 중 더 조용한 곳에서 작업을 했다.

다른 수많은 젊은 가수 지망생과 마찬가지로 대학을 중퇴한 이 무직의 19세 청년은 색다른 것을 시도하면서 히트곡을 만들어보려고 안간힘을 쓰고 있었다. 그는 온종일 인터넷에 직접 작업한 음악을 홍보하고 스트리밍서비스 사운드클라우드SoundCloud에 곡을 업로드하면서 관심을 끌기 위해 고군분투했다.

핼러윈 날에 괜찮은 비트를 찾아 유튜브를 탐색하던 몬테로의 귀에 한 곡이 쏙 들어왔다. 미국의 록밴드인 나인인치네일스 곡의 일부를 재작업한 샘플링으로, 몬테로처럼 침실에서 음악 작업을 하는 네덜란드의 프로듀서 지망생이 만든 것이었다.

몬테로는 그 비트를 30달러에 사서 가사를 입혀 몇 주 후 곡을 발표했다.

특정 작품이 크게 히트할 확률은 극단적으로 낮다. 신인 가수나, 라디오 홍보가 약속된 음반 계약을 맺지 못한 가수라면 히트곡을 낼 확률이 더더욱 낮다.

사운드클라우드에는 수억 개의 곡이 있으며 하루에도 수십만 개의 신곡이 추가된다. 그중에 몇 번 이상 재생되는 곡은 거의 없으며, 있다고 해도 대부분 이미 상당한 팬층을 확보한 음악가들의 곡이다.

그러나 이 곡은 달랐다. 말 그대로 인터넷이 폭발했다.

몬테로(현재는 릴 나스 엑스라는 이름으로 유명하다)가 내놓은 〈올드 타운 로드Old Town Road〉는 무려 수십억 회나 스트리밍되었다. 음원은 천만 건 이상 판매됐고 빌보드 차트에서 19주 연속 1위에 오르며 역사를 새로 썼다. 릴 나스 엑스는 일약 유명인사가 되었으며 『타임』 선정 인터넷에서 가장 영향력 있는 인물로 당당하게 이름을 올렸다. 침실에서 음악 작업을 하던 청년의 인생 역전이었다.

〈올드 타운 로드〉는 도대체 왜 그렇게 크게 성공한 걸까? 이 곡의 성공을 살펴보면 무언가가 유행하는 이유에 대해 깊은 통찰력을 얻을 수 있지 않을까?

업계 경영진, 문화 평론가, 소비자 모두가 왜 어떤 곡은 크게 성공하고 다른 곡들은 실패하는지 오랫동안 궁금해했다. 어떤 곡은 수백만 번씩 스트리밍되지만 다른 곡들은 거의 아무도 듣지 않는다. 〈올드 타운 로드〉처럼 차트를 점령하는 곡이 하나 나올 때마다 수천, 심지어는 수만 개에 가까운 곡이 대중의 관심을 받지 못하고 사라져간다.

한 가지 가능성은 히트곡이 무작위로 나온다는 것이다. 특정한 곡이 유행하는 건 단순히 운이나 확률에 달렸다고 보는 관점이다. 실제로 소위 대중음악 전문가들도 히트곡과 그렇지 않은 곡을 골라내는 데 꽤 서툴다. 엘비스 프레슬리는 다시 트럭이나 모는 게 낫겠다는 이야기를 들었다. 비틀스는 기타 그룹이 끝물이라는 소리를 들었다. 레이디 가가는 너무 "춤 위주"의 곡이라 시장성과는 거리가 멀다는 평가를 받았다. 어떻게 히트곡이 만들어지는지에 대한 어느 정도의 논리가 존재할지는 모르지만, 핵심에 있는 진실을 파악하기란 불가능해 보이는 경우가 많다.

더욱 체계적인 무언가가 작용하는지 살펴보기 위해 몇 년 전에 동료인 그랜트 패커드와 함께 어떻게 히트곡이 탄생하는지 연구를 시작했다.[4] 모든 곡은 다르다지만 성공한 곡 사이에는 무언가 공통점이 있을지도 모른다고 생각했다. 특히 같은 장르의 다른 곡과 비슷한 편인지 차별화되는지에 초점을 맞추었다. 그리고 유사성을 측정하기 위해 각 노래가 다루는 주제를 조사했다.

어떤 곡은 핵심 주제를 파악하기 쉬웠다. 다이애나 로스와 라이오넬 리치의 〈끝없는 사랑Endless Love〉은 누가 봐도 사랑 노래다. '사랑'이라는 단어가 제목에 들어갈 뿐만 아니라, "내 사랑"이라는 가사로 시작하고 가사의 세번째 줄에 '사랑'이라는 단어가 들어가며 곡 전체에 걸쳐 '사랑'이라는 단어가 12회 더 등장한다.

리애나의 〈우리는 사랑을 찾았다We Found Love〉, 보이즈투맨의 〈당신과 사랑을 나눌 거예요I'll Make Love to You〉, 셀린 디옹의 〈당신이 나를 사랑했기 때문에Because You Loved Me〉 같은 곡도 마찬가지다. 제목과 가사만으로도 사랑 노래로 쉽게 분류할 수 있으며, 실제로 이 곡들은 시대를 초월해 대중에게 인정받는 최고의 사랑 노래로 자주 손꼽힌다.

이와 달리 분류하기 까다로운 곡들도 있다. 예를 들어 내털리 임브룰리아의 〈상처Torn〉는 사랑과 힘든 이별을 겪은 뒤 마음의 상처를 노래한 곡이다. 그러나 이 곡에서는 '사랑'이라는 단어를 찾을 수 없다. 제목이나 가사 어디에도 이 단어는 등장하지 않는다. 피터, 폴 앤 메리의 〈비행기를 타고 떠나며Leaving on a Jet Plane〉와 노다우트의 〈말하지 말아요Don't Speak〉도 마찬가지다.

그뿐만 아니라 사랑이라는 공통 주제를 담았대도 사랑 노래가 다 비슷한 것은 아니다. 엘비스 프레슬리의 〈사랑에 빠지지 않을 수 없어Can't Help Falling in Love〉와 캐리 언더우드의 〈그가 바람을 피우기 전에Before He Cheats〉는 둘 다 사랑을 다루지만 전혀 결이 다르다. 카트리나 앤 더 웨이브스의 〈햇살 속을 걸어가Walking on Sunshine〉처럼 행복하고 긍정적인 사랑을 노래하는가 하면, 릭 스프링필드의 〈제시의 여자친구Jessie's Girl〉처럼 짝사랑을 그리기도 하고, 얼래니스 모리셋의 〈당신은 알아야 해You oughta know〉처럼 헤어진 연인에 대한 분노를 표현하기도 한다.

이러한 곡들이 같은 주제를 다룬다고 말하는 것은 초콜릿케이크와 크랩케이크가 같은 범주라고 말하는 셈이다. 둘 다 이름에 '케이크'라는 단어는 들어가지만 전혀 다른 음식이다.

사랑 노래의 범주를 벗어나면 더욱 까다로워진다. 비틀스의 〈헤이 주드Hey Jude〉는 무엇에 관한 노래인가? 프린스의 〈비둘기가 울 때When Doves Cry〉는 어떨까? 사람마다 전혀 다른 답을 내놓기 마련이다. 어떤 사람은 브루스 스프링스틴의 〈미국에서 태어나Born in the

U.S.A.)가 애국심과 미국인의 자부심에 대한 노래라고 생각하지만, 이 노래는 사실 미국이 베트남전 참전 용사를 홀대한 데 대한 수치심을 담은 노래다.

이 모든 것을 통해 사람들의 인식이 노래의 핵심 주제에 대한 가장 신뢰할 만한 척도가 아님을 알 수 있다. 따라서 우리는 사람들에게 묻는 대신 컴퓨터의 도움을 받았다.

새로운 도시로 갓 이사온 고등학생이라고 가정해보자. 전학 온 새 학교에는 아는 사람이 없고 누가 누구랑 친한지도 모르므로 관찰하면서 분위기를 파악해야 한다. 대니와 에릭이 함께 다니는 모습을 여러 번 보았다면 아마도 그 두 사람이 친구라고 가정할 것이다. 둘 중 하나가 루시와 자주 어울리거나 셋이 함께 다니는 경우가 많다면 아마도 그들이 모두 같은 친구 집단에 속한다고 추정할 것이다.

이런 식으로 누가 누구랑 자주 어울리는지를 기반으로 하여 여러 개의 친구 집단을 만든다. 운동을 좋아하는 집단, 공붓벌레 집단, 게임을 좋아하는 집단, 영화를 좋아하는 집단 등.

이러한 집단은 형태가 없고 비공식적이지만, 새 학교의 학생들이 어떻게 조직되어 있는지를 보여준다. 우선 한 집단에 속한 모든 구성원이 항상 동시에 어울리지는 않는다. 수업 시작 전에 게임을 좋아하는 두 학생이 어울리는 모습을 보았는데 나중에 게임을 좋아하는 다른 두 학생이 함께 점심을 먹는 모습을 볼 수도 있다. 그러나 다양한 조합이나 부분집합이 어울리는 모습을 자주 보게 되면 대체로 큰 집단에 어떤 학생들이 속하는지 파악할 수 있다.

두번째로 개중에는 특정한 집단에 더 강하게 소속된 사람들이 있다. 운동을 좋아하는 학생들이 어울릴 때면 루시는 자주 발견되지만, 에릭은 그 자리에 없는 경우가 많다. 에릭이 그 집단에 함께하는 모습을 볼 확률은 20퍼센트 정도다.

단어에도 비슷한 원리를 적용할 수 있다. 누가 누구와 자주 어울리는지에 따라 집단에 소속된 사람을 유추하듯이, 토픽 모델링topic modeling이라는 통계적 접근을 통해 단어가 함께 등장하는 빈도를 바탕으로 기저에 있는 화제나 주제를 추론한다.[5]

예를 들어 '사랑'이라는 단어가 자주 등장하는 노래에 '감정'과 '마음'이라는 단어도 자주 등장한다면 이러한 단어를 한 집단으로 묶을 수 있다. 마찬가지로 '리듬을 타다'와 '박수 치다' 또는 '점프하다'와 '흔들다'가 자주 함께 등장한다면 이들도 한 집단으로 묶을 수 있다. 토픽 모델링은 수많은 노래(또는 다른 유형의 글뭉치)와 그 안에 등장하는 단어를 살펴본 후 그 단어가 함께 등장하는 빈도에 따라 단어를 그룹화한다.

이런 방식으로 접근할 땐 사전에 특정 집단을 지정할 필요가 없다. 반드시 사랑 노래가 포함되어 있다고 가정하고 각 노래가 이 집단에 속하는지 아닌지 분류하는 것이 아니라, 토픽 모델링은 데이터를 통해 주제(예: 사랑)를 자연스레 드러낸다. 여러 노래에 사용되는 단어의 패턴에 따라 어떤 집단이 있으면 그런 집단을 몇 개로 분류해야 하는지가 결정된다. 예를 들어 사랑에도 두세 가지의 서로 다른 유형이 존재할 수 있으며, 가족이나 기술처럼 청취자들조차 깨닫지 못하는 주제가 숨어 있을 수도 있다. 그러나 여러 개의 노래와 그 가사 속 단어를 분석하다보면 주요 주제가 떠오르기 마련이다.

우리가 수천 곡에 이 접근법을 적용하자 가사의 주요 주제나 화제가 드러났다. 예상대로 사랑이 핵심 주제였다. 열렬한 사랑(예: '사랑' '불꽃' '타다' 등의 단어)뿐만 아니라 불확실한 사랑(예: '사랑' '필요하다' '절대 아니다' 등의 단어)을 다룬 노래도 많았다.

물론 다른 주제를 다룬 노래도 있었다. 신체의 움직임(예: '리듬을 타다' '점프하다' '흔들다'), 춤 동작(예: '비밥' '트워킹' '매시'), 여성과 자동차(예: '여자' '길' '키스' '차') 등이 몇 가지 예다.

대다수 노래는 여러 주제가 혼재되어 있다. 휘트니 휴스턴의 〈(나를 사랑하는) 누군가와 춤추고 싶어I Wanna Dance with Somebody (Who Loves Me)〉는 분명 춤에 대한 노래이지만 동시에 사랑 노래이기도 하다. 가족과 긍정성에 초점을 맞춘 노래도 있다. 운동과 게임을 둘 다 좋아하는 고등학생이 있듯이, 영화를 좋아하면서 학급의 오락부장 역할을 하는 고등학생이 있는 것처럼, 노래도 여러 가지 주제를 다룰 수 있으며 그중에서도 특히 몇 가지 주제를 강조할 수도 있다.

주제	주제어 예시
분노와 폭력	나쁜, 죽은, 미워하다, 죽이다, 살인하다
신체의 움직임	몸, 리듬을 타다, 박수 치다, 점프하다, 흔들다
춤 동작	비밥, 댑 댄스, 매시, 트워킹
가족	미국인, 소년, 아빠, 엄마
열렬한 사랑	타다, 느끼다, 불꽃, 마음, 사랑
여성과 자동차	차, 운전하다, 소녀, 키스, 길
긍정성	느끼다, 좋아하다, 음음, 오, 예
정신적 믿음	믿다, 은총, 주님, 하나, 영혼
뒷골목 평판	멍청이, 나쁜 여자, 끝내주다, 부유한, 스트리트
불확실한 사랑	아니다, 할 수 없다, 사랑, 필요하다, 절대 아니다

노래마다 각 주제에 속하는 단어가 얼마나 자주 등장하는지 확인해 노래가 각 주제와 얼마나 깊게 연관되는지 수치화했다. 그다음 같은 장르에 속하는 모든 노래의 평균값을 구해 각 장르가 어떤 이야기를 담았는지 파악했다.

예를 들어 컨트리 음악은 소녀와 자동차에 관한 이야기를 자주 했으나(가사의 약 40퍼센트가 이런 주제를 다뤘다) 신체 움직임에 대한 언급은 별로 없었다. 랩 음악은 뒷골목 평판을 자주 언급했지만, 사랑에 관한 내용은 드물었다. 댄스와 록은 열렬한 사랑을 자주 노래한 반면 팝 장르에서는 불확실한 사랑을 더 많이 언급했다.

마지막으로 우리는 이례성과 성공 사이의 관련성을 분석했다. 인기 많은 곡이 같은 장르에 속한 다른 곡과 비슷한(또는 다른) 주제에 대해 노래하는지 살펴보았다.

컨트리 음악은 대체로 소녀와 자동차의 이야기를 많이 다루지만, 개별 곡에 따라 그런 추세에 부합하는 정도는 다를 수 있다. 소녀와 자동차라는 주제를 집중적으로 다룬 곡이 있는가 하면 별로 그렇지 않은 곡도 있다. 마찬가지로 대다수 록 음악은 열렬한 사랑을 이야기하지만, 곡에 따라 불확실한 사랑이나 춤 동작을 더 많이 다루기도 한다. 각 노래를 같은 장르에 속한 다른 노래와 비교함으로써 그 노래가 얼마나 전형적인지, 그리고 전형성이 곡의 흥행과 관련되는지 파악할 수 있었다.

연구 결과, 전형적이지 않은 곡이 더 크게 성공했다. 소녀와 자동차에 대한 컨트리 음악은 그럭저럭 성공을 거두었지만, 춤 동작이나 뒷골목 평판처럼 예상외의 주제를 다룬 컨트리 음악이 훨씬 성공할 확률이 높았다. 특정한 곡의 가사가 해당 장르의 일반적인 성향과 동떨어질수록 더 인기를 끌었다.

이는 단순히 유명한 음악가가 이례적인 가사를 더 많이 사용해서라거나 독특한 곡이 방송을 더 많이 타서만이 아니었다. 그러한 요소와 수십 개의 잠재적 교란 변수를 제외한 후에도 이례적인 곡의 음반 판매량과 스트리밍 횟수가 여전히 더 많았다.

실제로 같은 곡이 두 가지 장르의 차트에 동시에 오른 경우를 살펴보아도 둘 중에서 더 이질적인 장르 쪽 차트에서 성적이 훨씬 좋았다. 가수, 가사, 그 외의 모든 요소가 같아도 해당 가사가 더욱 이

질적으로 느껴지는 장르에서 더욱 큰 성공을 거둔 것이다.[*]

차별성이 성공으로 이어진 셈이다.

차트를 점령한 릴 나스 엑스의 곡 이야기로 되돌아가서, 이례성과 성공 사이의 연관성을 이해하면 〈올드 타운 로드〉가 왜 그토록 큰 성공을 거두었는지 이해할 수 있다.

이 곡에는 컨트리 음악에 나오는 요소가 다양하게 들어 있다. 밴조 줄을 튕기는 소리로 곡이 시작하며 가사의 맨 첫 줄은 전형적인 컨트리 음악의 단골 소재, 즉 말을 타는 이야기다("그래, 나는 말을 타고 올드 타운 로드로 갈 거라네/더는 달릴 수 없을 때까지").

곡을 계속 들어보면 카우보이 부츠와 카우보이 모자, 랭글러 청바지, 황소 타기에 이르기까지 컨트리 음악에 등장하는 모든 비유가 총집합한다. 릴 나스 엑스도 곡을 발표할 때 컨트리 음악이라고 표시했고 컨트리 음악의 전설인 빌리 레이 사이러스가 리믹스 버전에 피처링으로 참여해 이 곡이 빌보드 차트에 첫선을 보인 것도 '핫

---

[*] 우리가 어느 정도 성공한 노래만 조사했기 때문에 이질적인 곡의 성과가 더 좋다는 결론이 나온 게 아니냐고 의구심을 제기할 수 있다. 어쩌면 주목받지 못하고 사라진 곡 역시 차별성을 띠고 있었을지 모른다. 이 가능성을 검증하기 위해 동일한 수의 히트하지 못한 곡들로 대조군을 구성해 살펴보았다. 차트에 오른 한 곡마다 해당 가수의 같은 앨범에 수록된 곡 중에서 차트에 들지 못한 다른 곡을 임의로 선정했다. 그러나 이 대조군의 곡들은 히트한 노래에 비해 더 전형적인 특징을 보였고, 그 결과 이례성이 성공 확률을 높인다는 가설에 더욱 힘이 실렸다.

컨트리 송' 부문이었다.

하지만 더 자세히 들어보면 〈올드 타운 로드〉는 확실히 전형적인 컨트리 음악과는 거리가 멀다. 이 곡은 말과 카우보이 부츠뿐만 아니라 포르쉐, 최음제, 엉덩이에 관해서도 이야기한다. 빌리 레이 사이러스가 참여한 리믹스 버전에서는 마세라티와 펜디 스포츠 브라를 언급한다. 그리고 카우보이 모자는? 흔히 보는 스테트슨Stetson 상표가 아니라 구찌 제품이다.

사운드도 마찬가지다. 물론 밴조가 등장하지만 컨트리 음악보다는 힙합에서 더 자주 볼 수 있는 808 베이스가 노래 전체에 깔린다. 실제로 〈올드 타운 로드〉가 빌보드 차트에 처음 등장한 장르는 컨트리 음악 차트였지만 바로 다음주에 '핫 랩 송' 차트로 자리를 옮겼다.

컨트리 퓨전, 컨트리 랩 또는 뭐라고 부르건 〈올드 타운 로드〉는 확실히 이색적이었다. 장르를 파괴하며 경계를 넘나드는 이 곡은 특정 장르로 분류되기를 거부했다. 컨트리 음악이라고 부르기에는 랩이 너무 많고 랩이라고 하기에는 컨트리 음악의 요소가 너무 많은 이 곡은 여러 장르의 전형적인 요소를 섞어서 완전히 새롭고 차별화된 것을 만들어냈다.

이렇게 곡 자체는 이례적이었지만 〈올드 타운 로드〉가 그토록 큰 성공을 거둔 이유는 예상을 벗어나지 않는다. 사실 이 곡의 성공은 너무나 예측하기 쉬웠다. 곡의 이례적인 본질 자체가 바로 히트곡

이 된 이유다.[*]

유사성과 차별성, 어느 쪽을 선택해야 할까

앞에 소개한 대중음악 연구 결과는 흥미롭지만, 이메일 연구와 나란히 놓고 살펴보면 몇 가지 중요한 의문점이 떠오른다. 이메일에 유사한 언어를 사용하면 직장에서의 성공 가능성이 높아지나 노래에 색다른 언어를 사용하면 히트곡이 될 확률이 높아진다. 그렇다면 유사성이 좋을 때는 언제이고 차별성이 더 좋을 때는 언제인가?

특정한 범주에서 구체적인 무언가에 초점을 맞추기는 쉽다. 예를 들어 이메일 언어는 훨씬 격식을 차린 형태이고 음악에 사용하는 언어는 좀더 표현력이 강하다. 이메일은 소수의 수신자를 대상으로 삼아 작성하는 반면 음악은 훨씬 광범위한 청중을 대상으로 만든다.

핵심적인 차이는 유사성과 차별성이 무엇을 연상시키거나 함축

---

[*] 이례적인 곡이 더 성공하기는 하지만, 혹자는 이러한 곡들이 비교적 전형적인 음악적 특징을 가지기 때문에 해당 장르에 쉽게 정착한다고 주장할지도 모른다. 예를 들어 〈올드 타운 로드〉 시작 부분에 나오는 현악기 줄 퉁기는 소리를 들으면 곧바로 컨트리 음악이 떠오른다. 어쩌면 익숙한 사운드와 이색적인 가사가 새로운 것과 오래된 것의 가장 이상적인 조합일지도 모른다. 익숙하고 아련한 감정을 불러일으킬 만큼 비슷하면서도 흥미롭고 신선하게 느껴질 만큼 색다르다.

하는지, 그리고 특정한 맥락에서 어느 쪽이 더 효과적인지에 있다.

언어적 유사성은 여러 가지 장점을 가진다. 유사한 언어를 사용하려면 보통 다른 사람의 말에 귀를 기울여야 하므로 더 괜찮은 데이트부터 더욱 성공적인 협상에 이르기까지 수많은 바람직한 결과를 낳을 수 있다.[6] 앞에서 언급한 바와 같이, 이러한 조율과정을 통해 사람들은 한 팀 또는 같은 집단이라고 느끼게 되며 그 결과 호감도와 신뢰도, 소속감이 높아진다. 실제로 친구들은 서로 비슷한 언어를 사용하는 경향이 있으며 비슷한 언어를 사용하는 사람끼리 친해질 확률이 더 높다. 생일이 같거나 같은 고등학교에 다니는 것과 마찬가지로, 비슷한 언어를 사용하는 건 두 사람이 공통점을 가졌거나 생각이 비슷하다는 신호로 작용할 수 있다.

그러나 차별성에도 장점은 있다. 똑같은 대화를 여러 번 반복하면 쉽게 지루해지듯이 같은 노래를 계속 듣다보면 결국 질린다. 사람은 어느 정도 신선함과 자극을 추구하고 새로운 것을 가치 있게 여기는 성향이 있으므로 어느 정도는 차별성으로 이러한 요구를 충족시킨다. 똑같은 일을 여러 번 반복하기보다는 다양성과 흥분을 제공하는 새로운 것을 찾는다.

차별성은 창의력과 기억력과도 관련된다. 창의적인 사람의 생각은 다양한 아이디어를 자유롭게 오가기 마련이고, 독특한 구호나 영화 대사(예: 〈스타워즈〉의 "포스force가 함께하길" 또는 〈바람과 함께 사라지다〉의 "솔직히 말해서, 스칼렛, 그건 내 알 바 아니오")가 훨씬 더

기억하기 쉽다.[7]

따라서 전반적으로 유사성과 차별성은 모두 장단점이 있다. 유사성은 익숙하고 안전하게 느껴지지만 지루할 수도 있다. 차별성은 흥미롭고 자극적이지만 위험이 따르기도 한다.

결과적으로 유사성이 좋은지 차별성이 좋은지는 특정 맥락에서 어느 쪽이 더 큰 가치를 발휘하느냐에 달려 있다.

대다수 직장에서는 적응이 매우 중요하다. 여러 기업에서 혁신과 창의력을 강조하지만, 결국 기업 입장에서는 직원들이 지침에 따라 맡은 업무를 완수하는 걸 가장 중시한다. 기업은 직원들이 동료와 동화되고 집단의 좋은 구성원이 되기를 바라며, 집단의 일관된 언어 사용 방식은 이를 가늠하는 유용한 잣대가 된다. 차별성을 중시하는 경우도 존재할 수 있지만, 일반적으로 유사성이 선호된다.

반면 새로운 음악을 만들고 있다면 대중은 자극을 좋아하는 법이므로 차별성이 더 유리하다. 이례적인 영화가 더 흥행하며 뮤지컬 같은 다른 문화 상품도 마찬가지다. 〈해밀턴〉이 그토록 히트한 이유도 이 극의 형태가 일반적인 뮤지컬 애호가에게 익숙한 뮤지컬과는 다른 스타일이었기 때문이다.

이례적인 곡이 보통 더 인기를 끌지만, 대중음악의 일반적인 패턴은 그 반대다. 생각해보면 당연한 일이다. 많은 사람에게 사랑받는 대중음악의 정체성 자체가 차별성보다는 유사성에 가깝다. 특징이 없고 뻔하다는 비판을 자주 받으나 대중음악이란 어디까지나 아방가르드보다는 주류가 되도록 제작한 음악이다. 그렇다면 익숙함이 높은 평가를 받는 영역에서 유사한 곡이 더 성공하는 것도 놀랄 일은 아니다.

창의력, 혁신성, 또는 신선한 자극이 중요한 영역에서 일하고 있는가? 그렇다면 언어적 차별성이 도움이 될지 모른다. 익숙함과 적응, 안전성이 요구되는 직종에 종사하는가? 언어적 유사성이 더 나은 선택이다.

자몽과 가장 비슷한 것은?

맥주, 이메일, 음악에 관한 연구는 모두 사용자와 커뮤니티, 직원과 동료, 노래와 장르처럼 서로 다른 대상 사이의 유사성을 탐구했다.

그러나 유사성은 같은 대상을 구성하는 여러 가지 요소나 부분 사이에서도 중요한 역할을 한다(예를 들어 한 권의 책을 구성하는 여러 개의 장).

『여자를 증오한 남자들』에 대해 들어본 적이 없다고 해도, 이 작품을 아는 지인 한두 명쯤은 있을 것이다. 이 심리 스릴러 소설은 스웨덴 작가 스티그 라르손이 집필한 밀레니엄 시리즈의 첫번째 작품으로, 명석하지만 마음의 상처가 깊은 컴퓨터 해커인 주인공 리스

베트 살란데르를 세상에 알렸다. 밀레니엄 시리즈는 1억 부 이상 팔렸으며 21세기 최고의 작품 100선에도 이름을 올렸다.

어떤 책이 성공하려면 분명 여러 가지 요소가 작용해야 한다. 주제가 흥미로워야 하고 등장인물이 매력적이어야 하며 줄거리가 뛰어나야 한다. 하지만 도대체 무엇이 뛰어난 줄거리일까?

5장에서 다룬 감정의 궤적도 어느 정도 단서를 제공해주지만, 그보다 훨씬 많은 요소가 작용한다.

『여자를 증오한 남자들』의 리뷰를 작성하는 독자들은 비슷한 감상을 남긴다. "이야기가 빠르게 전개됐다" "몰입도가 높고 질질 끌지 않았다" "책장이 술술 넘어가서 눈을 뗄 수 없었다". 실제로 많은 사람이 이야기의 빠른 전개를 긍정적인 요소로 꼽는다. 하지만 이야기가 빠르게 전개된다는 게 무슨 의미일까? 빠른 전개가 항상 좋은 것일까?

이 질문에 대답하기 위해서는 우선 단어 사이의 관계 및 유사성을 이해해야 한다.

다음 중 무엇이 자몽과 가장 비슷할까? 키위, 오렌지, 호랑이?

비교적 쉬운 문제처럼 보일 것이다. 최소한 세 살 이상이라면 정답은 너무 뻔하다.(오렌지다.)

하지만 수천 개의 단어 간 유사성을 아주 신속하게 판단하려면 컴퓨터의 도움이 필요하다. 그리고 이런 질문에 컴퓨터가 정답을 대답하기는 놀라울 정도로 어려웠다.

머신 러닝Machine Learning은 컴퓨터가 데이터를 통해 학습한다는 개념에 기초한다. 최소한으로 개입하거나 아예 인간이 개입하지 않아도 가용한 정보를 습득하고 패턴을 파악하며 심지어 의사 결정도 내릴 수 있다.

아마존이나 넷플릭스의 추천 시스템을 생각해보자. 사람이나 요정이 웹사이트를 돌아다니며 정보를 모으는 것이 아니라 기계의 판단에 의존한다. 사용자가 시청하거나 구매한 품목 및 다른 구독자, 고객이 시청하거나 구매한 품목을 알고리즘이 살펴본 후 사용자가 관심을 가질 만한 작품이나 품목이 무엇일지 그 데이터에 기반해 추측한다.

최근에 출근할 때 입을 셔츠를 샀는가? 주방에 놓을 커피메이커를 샀는가? 아마존은 비슷한 셔츠를 추천하거나 커피메이커를 산 다른 고객이 관심을 보인 새 주방용 소형가전을 추천할 것이다. 최근에 〈본 아이덴티티〉를 시청했는가? 넷플릭스는 007 시리즈나 다른 액션 영화를 추천할지도 모른다.

이렇게 관련성이 높은 상품이나 서비스를 정확히 추천하려면 알고리즘이 관계를 관찰해야 한다. X를 구입한 사람은 Y를 좋아하는 경향이 있으므로 X를 샀다면 아마 Y가 적절한 추천 상품일 것이다.

휴대전화에 탑재된 자동완성 기능, 즉 예측 문자 기능도 비슷한 원리다. ㅇ이라는 글자를 입력하면 휴대전화에서 아마도 '우리'라는 단어를 제시할 것이다. 제시한 내용을 확인하거나 우리라는 단어를 입력하면, 휴대전화에서 다시 '우유' '더' '사야' '할까' 같은 일련의 단어를 제시한다. 알고리즘은 당신(과 다른 사용자)이 입력한 단어와 구절을 토대로 무슨 말을 하려고 하는지 지능적으로 추론한다.

그렇지만 관련 상품 추천과 달리, 키위와 오렌지 중 무엇이 자몽과 더 비슷한가 하는 문제는 컴퓨터가 판단하기 아주 까다롭다. 단어 사이의 연관성이 쉽게 관찰되지 않기 때문이다. 사람들은 아마존에서 자몽을 주문하지 않는데다가, 슈퍼마켓에서 자몽을 산대도 그 데이터는 분석에 그리 유용하지 않다. 자몽을 사는 사람이 있는가 하면 키위를 사는 사람이 있고 오렌지를 사는 사람도 있지만, 구매 패턴은 품목 사이의 유사성에 대한 유용한 정보를 제공해주지 못한다. 자몽을 사는 사람은 빵과 생선, 그 외에도 수많은 다른 품목을 사기도 하므로 두 가지 품목을 자주 함께 구입한대도 큰 의미가 없다. 실제로 자몽을 사는 사람이 코티지치즈를 함께 자주 구매했어도 두 품목 사이에는 별다른 접점이 없다.

이렇게 구매 데이터는 사물 사이의 유사성을 추론하는 데 별 도움이 안 되지만, 일상적으로 사용하는 언어에 대한 데이터는 다르다.

매일같이 수십억 명의 누리꾼이 인터넷에 수조 개에 달하는 단어를 입력한다. 뉴스 기사를 게재하고 온라인 리뷰를 올리며 정보를 업데이트한다. 각 기사나 리뷰는 그렇게 중요해 보이지 않지만, 한데 모으면 다양한 개념과 아이디어 사이의 관계에 대한 포괄적인 관점을 제시해준다.

"의사가 수술실에 들어와서 장갑을 꼈다"라는 문장을 예로 들어보자. 표면적으로는 단순해 보일지 모르지만 서로 다른 단어와 개념 사이의 관계를 배우려는 컴퓨터 입장에서는 아주 유용한 정보가 가득 담긴 문장이다. '의사'라고 불리는 무언가가 '수술실'이라고 불리는 무언가에 들어가서 '장갑'이라고 불리는 무언가를 꼈다는 의미가 담겨 있기 때문이다.

노래 주제를 파악하기 위해 사용한 방법과 마찬가지로, 비슷한 단어를 사용한 많은 문장을 살펴보면 서로 다른 단어와 개념, 아이디어가 어떻게 연관되는지에 대한 실마리가 보인다. '의사'가 '수술실'이라는 곳을 자주 들락거리고 '장갑'을 사용하거나 '환자'에게 이야기하는 내용이 반복적으로 언급되면 '의사'가 무엇이고 어떤 일을 하는지 감이 잡힌다.

아이들도 이런 방식으로 단어를 학습한다. 15개월짜리 아기에게 얼굴 가운데 부분을 가리키며 '코'라고 부르면 처음에는 무슨 뜻인지 알지 못한다. 아기에게는 코가 민주주의나 국교폐지조례반대론처럼 마냥 새롭고 이질적인 단어다. 그러나 당신이 본인이나 아기의 코, 또는 그림책에 나오는 코 그림을 가리키며 '코'라고 부르는 것을 여러 차례 들으면 아기는 결국 코가 무엇인지 학습하게 된다.

기계도 같은 방식으로 학습한다. 위키피디아에 실린 모든 항목이나 구글 뉴스에 등장한 수많은 기사를 수집함으로써 컴퓨터는 다양한 단어가 어떤 의미를 지니는지, 서로 어떻게 연관되는지 배운다.

'개'라는 대상을 표현할 때 '친근하다'라는 구절이 자주 사용된다면 독자(그리고 기계)는 그 두 가지 개념을 연결하여 이를 연관성이 높은 단어로 취급한다. 마찬가지로 '고양이'라는 대상을 표현할 때 '도도하다'라는 말이 자주 사용되면 이 두 가지 개념 사이의 연관성이 더 깊어진다.

심지어 단어가 한 문장에 함께 등장하지 않아도 연관성이 형성될 수 있다. '개와 동물' 및 '동물은 친근하다'라는 구절이 동시에 자주 등장하면 개를 직접적으로 친근하다고 표현하지 않더라도 컴퓨터가 '개'와 '친근하다'를 연관짓는다.

영국의 언어학자 J. R. 퍼스는 "단어의 의미는 함께 등장하는 단어를 보고 알 수 있다"라고 주장하기도 했다. 다른 말로 하면 단어가 등장하는 문맥과 주변 단어를 살피면 단어의 의미와 서로의 관계에 대해 많은 정보를 얻을 수 있다는 뜻이다. 함께 자주 어울리는 사람이 친구일 확률이 높다고 추론했듯이 서로 가까이 자주 등장하는 단어는 어떤 방식으로든 연관될 가능성이 높다.

이러한 개념을 기반으로 한 워드 임베딩word embedding이라는 기술은 단어 사이의 연관성을 이용해 단어를 다차원 공간에 표현한다. 사람들은 새집이나 아파트로 이사해서 주방을 정리할 때 서로 연관된 물건을 가까이에 배치한다. 숟가락은 식기 서랍에 넣고 채소는 냉장고에 넣으며 청소용 세제는 싱크대 아래에 두는 식이다.

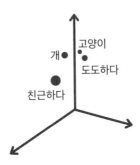

워드 임베딩은 단순히 2차원이나 3차원이 아니라 수백 차원을 사용하는 경우가 많다.

워드 임베딩은 단어로 비슷한 작업을 한다. 단어 사이의 연관성이 깊을수록 가까이에 배치한다. 예를 들어 '개'와 '고양이'라는 단어는 둘 다 반려동물이기 때문에 상당히 가까이 놓인다. 하지만 관련성을 고려하면, '개'는 '친근하다'라는 단어와 더 가깝고 '고양이'는 '도도하다'라는 단어와 더 가까울 것이다.

연관된 단어는 가까운 거리에 함께 자주 등장하므로 단어의 유사성은 단어 사이의 거리로 측정할 수 있다. 예를 들어 '자몽'은 '키위'보다 '오렌지'라는 단어와 더 가까운 거리에 위치하므로 자몽과 오렌지가 더 비슷하다는 뜻이다. 그리고 과일을 나타내는 이 모든 단어는 당연히 '호랑이'라는 단어와 상당히 멀리 떨어져 있다.

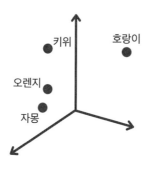

효과적인 이야기 진행 방식 구현하기

워드 임베딩은 놀라운 기술이다. 7장에서 다시 다루겠지만, 이 기술은 성 편견과 인종차별부터 사상의 진화에 이르기까지 수많은 주제를 연구하는 데 활용할 수 있다.

책이나 영화의 줄거리가 빠르게 진행될수록 상업적으로 더 성공하는지 그 연관성을 연구하기 위해, 동료들과 함께 워드 임베딩의 개념을 더 커다란 말뭉치(문장 또는 문단)에 적용해보기로 했다. 더 비슷하거나 덜 비슷한 단어가 있고 단어 사이의 연관성도 다양하듯이 책, 영화, 또는 다른 콘텐츠에서 두 부분을 발췌한다면 서로 비슷할 수도, 그리 비슷하지 않을 수도 있다.

이 분석 방식을 이해하려면 우선 고등학교에서 공부했을 지구과학 교과서를 떠올려보자. 교과서는 지구의 지각地殼, 지진, 날씨, 심지어 태양계를 다루는 챕터 등으로 구성된다.

지진을 다루는 챕터의 첫번째 부분을 발췌하면 같은 챕터의 뒷부분과 상당히 높은 연관성을 가질 가능성이 크다. 이 챕터에서는 우선 지진을 정의한 후 지진의 원인을 다룰 것이고, 챕터 전체에 걸쳐 비슷한 단어와 구절, 개념을 사용할 것이다(예: '지진' '단층' '판구조론').

이렇게 같은 챕터에서 연속으로 이어지는 두 부분의 내용은 상당히 비슷하지만, 교과서에서 서로 멀리 떨어진 부분은 상대적으로 내용상 연관성이 적을 것이다. 지진을 다루는 챕터와 태양계를 다루는 챕터는 서로 전혀 다른 개념과 용어, 아이디어를 사용한다.

이러한 논리를 소설, 영화, 또는 그 외의 글에도 적용할 수 있다. 결혼식 장면은 아마도 같은 결혼식을 다룬 다른 장면과 상당히 비슷할 것이다. 등장인물도 같고 설정도 같고 인물들은 서로 연관된 행동을 할 가능성이 크다.

하지만 결혼식 장면은 외계인 침공, 스쿠버다이빙, 자동차 수리 장면과는 사뭇 다를 것이다. 심지어 등장인물이 같더라도 연관된 장소, 물건, 기타 요소는 상당히 다를 수밖에 없다.

또하나 중요한 점은, 책이나 영화의 연속된 장면이 보통 어느 정도 연관되기는 해도, 얼마나 깊게 연관되는지는 천차만별이라는 점이다. 상당히 비슷할 수도, 비교적 다를 수도 있다.

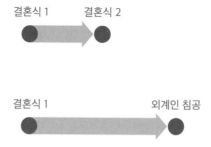

우리 연구팀은 연속된 이야기 조각 사이의 거리를 측정함으로써 이야기가 얼마나 빠르게 진행되는지 판단했다.[8] 예를 들어 이야기가 결혼식의 첫번째 내용을 다루다가 갑자기 외계인 침공으로 건너뛴다면 결혼식의 첫번째 내용과 두번째 내용을 연달아 다루는 이야기보다는 줄거리 진행이 빠른 셈이다. 자동차도 같은 시간 내에 더 멀리까지 주행하는 차가 더 빠른 것처럼, 이야기에서도 서로 관련이 적은 아이디어 사이를 건너뛰는 이야기가 더 빨리 움직인다고 볼 수 있다.

그다음, 줄거리의 전개 속도와 상업적 성공 사이의 관계를 살펴보기 위해 수만 개의 책, 영화, TV 프로그램을 분석했다. 찰스 디킨스와 잭 케루악의 고전부터 닉 혼비의 『하이 피델리티』와 대니엘 스틸의 『피난처 Safe Harbor』처럼 좀더 최근에 나온 책들, 그리고 〈스타워즈〉 〈펄프픽션〉 같은 영화와 〈아이 러브 루시〉 〈사우스파크〉 〈프라이데이 나이트 라이츠〉 같은 TV 프로그램에 이르기까지 방대한 콘텐츠를 대상으로 삼았다.

그 결과 전반적으로 빠른 전개 속도가 긍정적인 영향을 미친다는 사실을 발견했다. 줄거리 전개가 빠른 책, 영화, TV 프로그램이 전개가 느린 작품보다 더 사랑받았다.

이례적인 가사를 붙인 곡이 청취자에게 더욱 흥미진진하게 다가가듯이, 빠르게 전개되는 줄거리는 이야기를 더욱 자극적으로 만들었다. 일관되게 진행되는 이야기보다는 사뭇 생경한 주제와 아이디어 사이를 빠르게 오가는 이야기를 사람들은 더 흥미로워했고, 그결과 관객도 더 호의적으로 반응했다.

그뿐만 아니라 우리는 같은 이야기 안에서도 언제 줄거리가 빠르게 전개되어야 할지, 언제 비교적 천천히 전개되어야 할지 발견했다.[9]

책이나 영화에서 도입부는 빈 도화지와 같은 상태다. 관객은 등장인물이 누군지, 어떤 설정인지, 다양한 구성요소가 어떻게 연관되는지 모른다. 따라서 이야기의 도입부에서는 배경을 설명하고 이후의 이야기 전개를 위한 기반을 닦는다.

그러므로 천천히 시작하는 것이 핵심이다. 관객이 등장인물과 그들의 관계를 비롯하여 모든 구성 요소를 이해하려면 시간이 걸리므로 초반부터 줄거리가 너무 빠르게 진행되면 혼란스러워진다. 계주 경기에서 배턴터치를 할 때 두번째 주자가 너무 일찍 달려나가면 첫번째 주자가 두번째 주자를 따라잡지 못하므로 배턴을 건넬 수 없다. 이야기도 마찬가지다. 처음부터 줄거리가 너무 빨리 진행되면 관객은 따라가지 못한다.

우리 연구팀이 발견한 사실도 일치했다. 초반에는 빠른 속도가 불리하게 작용했다. 관객은 초반에는 더 천천히 진행되는 이야기에 더 호의적으로 반응했다.

실제로 유명한 민담과 아이들을 위한 동화는, 이야기 초반부에 같은 개념을 반복해서 보여준다. 예를 들어 『아기 돼지 삼 형제』에서 첫째 돼지는 짚으로 집을 짓고 늑대가 바람을 불어서 집을 날려버린다. 다음에는 둘째 돼지에게 매우 비슷한 일이 벌어진다.

농담도 마찬가지다. 코미디는 비슷한 일이 여러 사람에게 일어나는 3의 법칙, 즉 3단 코미디 논법을 따르는 경우가 많다. 신부가 술집으로 들어가고 어떤 일이 일어난다. 그다음 수녀가 술집으로 들어가고 똑같은 일이 일어난다.

일단 유사성을 통해 기반을 닦았다면 줄거리는 반드시 앞으로 나아가야 한다. 셋째 돼지나 술집에 들어간 랍비에게도 앞선 상황과 완전히 똑같은 일이 일어난다면 이야기나 농담은 금세 지루해진다. 무대를 설정하고 기대감을 형성하는 데는 유사성이 큰 도움이 되지만, 일단 관객이 등장인물을 만나고 맥락을 이해하면 속도를 올려야 한다.

실제로 이야기가 진행됨에 따라 속도의 효과는 반전된다. 관객은 초반에는 천천히 진행되는 이야기를 좋아하지만 결국 빠른 줄거리 전개를 선호하게 되고, 이야기가 종반으로 치달을 무렵에는 빠르게 진행되는 줄거리를 더 좋아했다.

줄거리의 진행 속도는 중요하지만, 빠른 속도와 느린 속도 중 어느 쪽이 바람직한지는 이야기의 진행 시점에 따라 달라진다. 가장 바람직한 줄거리 진행 방식은 천천히 시작해서 일단 모든 관객이 이야기에 탑승하면 속도를 내면서 흥분과 몰입감을 쌓아올리는 것이다.

종합해보면 이러한 연구 결과는 이야기부터 더 일반적인 의사소통에 이르기까지 모든 종류의 콘텐츠와 관련해 중요한 점을 시사한다. 즐거움을 주는 게 목적이라면 빠른 속도가 바람직하다. 빠른 전개는 관객을 자극하며 몰입도를 높인다. 그러나 초반부에는 모든 관객이 배경을 이해하도록 천천히 움직여야 하며, 그후에는 사건이 진행되면서 이야기를 더 빨리 전개할 수 있다.

하지만 정보 전달이 목표라면 그와는 다른 전개 방식이 더 좋을지 모른다. 학술 논문은 즐거움보다는 정보를 전달하는 게 목적이다. 실제로 좋은 평을 받은 학술 논문을 살펴보아도 빠른 전개 속도는 오히려 악영향을 미쳤다. 연관된 개념을 빠르게 건너뛰면서 전개하면 읽는 사람의 흥미를 자극할지는 몰라도 따라가기가 어려워진다. 따라서 특히 복잡한 개념을 설명할 때 정보 전달이 주된 목적이라면 천천히 전개하는 것이 바람직할지 모른다.*

＊ 우리는 이야기의 전개 범위도 측정했다. 독자들은 이야기가 "폭넓은 소재를 다룬다" 또는 "쳇바퀴를 돈다"라고 말하는데, 전자는 이야기의 분량을 묘사하는 반면 후자는 이야기가 빙글빙글 돌고 있음을 나타낸다.

6.4킬로미터를 40분간 달린다는 것은 1.6킬로미터 길이의 경기장 트랙을 네 번 돈다는 뜻일 수도, 6.4킬로미터짜리 둥근 길을 한 번 달린다는 뜻일 수도 있다. 이 경우 후자가 더 넓은 땅을 밟는다.

이야기도 마찬가지다. 어떤 이야기는 별로 관련성이 없는 이질적인 다양한 주제를 가로지르면서 폭넓은 소재를 다룬다. 또 어떤 이야기는 관련된 몇 가지 개념에 초점을 맞추며 비교적 지엽적으로 진행된다. 이러한 요소를 분석하기 위해 각 이야기의 몇 가지 요소를 하나로 묶어서 어느 정도 폭넓게 다루는지 측정했다.

이 측정치는 특정 작품의 성공을 더욱 설득력 있게 설명하는 데 도움이 되었다. 예를 들어 영화는 폭넓은 소재를 다루어도 상관없었으나 TV 프로그램은 전개 범위가 넓으면 좋지 않았다. 이는 성격이 다른 매체를 소비할 때 관객이 서로 다른 목적을 추구하기 때문일지도 모른다. 영화를 보는 관객은 흥미로운 경험을 하거나, 색다른 사고방식을 접하거나, 완전히 다른 세상을 여행하고 싶어하지만, TV는 간단히 기분을 전환하기 위해 보는 경우가 많다. 따라서 TV 프로그램에서 이질적인 개념을 너무 많이 다루면 지나치게 혼란스럽고 재미가 감소한다.

우리는 우회성, 즉 이야기가 얼마나 직접적 또는 간접적으로 전개되는지도 측정했다. 제자리걸음처럼 쳇바퀴를 돌면서 이야기가 전개되는 것은 바람직하지 않아 보일지 모르지만, 항상 그렇지는 않다. 학술 논문에서는 오히려 우회성이 도움이 된다. 핵심 개념을 한 번만 설명하기보다, 조금씩 복잡한 세부 사항을 더하고 다양한 응용 사례를 언급하면서 반복적으로 설명하면 읽는 사람이 핵심 개념을 더 깊이 있게 이해하고 학습할 수 있다.

매직 워드 활용하기

우리는 무엇을 전달하고자 하는지에 너무 집중한 나머지 어떻게 전달할 것인지에 대해서는 깊게 생각하지 않는다. 게다가 언어적 유사성은 인지하기가 더더욱 어려울 수 있다.

하지만 유사성은 중요하다. 유사성은 누가 승진하고 해고되는지 부터 노래, 책, 영화가 상업적으로 성공하느냐에 이르기까지 모든 것에 영향을 미친다. 유사성의 가치를 활용하려면 다음을 참고하자.

1. 유사성 보여주기

친근감이 유리하게 작용하는 경우 또는 조직에 잘 적응하는 것이 목표라면 유사한 언어를 사용하면 좋다. 동료들이 어떤 단어를 사용하는지에 주의를 기울이고 그들의 단어 사용 버릇을 익히면 직장에서 좋은 평가를 받을 것이다.

2. 차별화 모색하기

유사성이 항상 좋은 것은 아니다. 차별성에도 분명 장점이 있으며, 특히 창의성이나 혁신성, 흥미진진한 성과물이 높이 평가받는 분야에 종사한다면 눈에 띄는 차별성이 더 좋은 결과로 이어질 수 있다.

3. 효과적인 이야기 진행 방식 구현하기

그뿐만 아니라 프레젠테이션 자료를 만들거나, 이야기를 구성하거나, 특정한 유형의 콘텐츠를 제작할 때는 아이디어의 진행 방식을 고려해야 한다. 특히 오락용 콘텐츠라면 도입부에 관객이 전반적인 상황을 이해하도록 천천히 이야기를 풀어나가다가 전개 속도를 높여 더욱 흥미진진하게 만든다. 그러나 지식 전달이 목표라면 속도를 줄이되 더 폭넓은 내용을 다뤄야 바람직하다.

언어의 유사성에 주목하고 이를 이해하면 더 효율적인 의사소통과 더 좋은 콘텐츠 제작을 할 수 있으며 왜 어떤 콘텐츠는 성공하고 다른 콘텐츠는 실패하는지에 대해 유용한 통찰력을 얻을 수 있다.

7장

언어가
밝혀내는
진실

1727년 12월 13일, 런던의 로열극장에서 연극 한 작품이 첫선을 보였다. 비극과 희극이 뒤섞인 〈이중 거짓말Double Falsehood〉은 극작가 루이스 시어벌드의 희곡을 바탕으로 한 작품이었다. 이야기는 한쪽은 명문가 출신이고 다른 쪽은 하층 계급 출신인 두 젊은 여성과, 정직한 사람과 또 한 명 악한 두 청년의 이야기를 중심으로 전개된다. 서로 얽히고설킨 관계와 가족 역학, 대립과 화해를 다룬다.

그런데 이 희곡에서 가장 흥미로운 점은 출처였다. 제목 페이지에는 희곡의 원작자가 다름아닌 윌리엄 셰익스피어라고 적혀 있었다. 시어벌드는 셰익스피어의 미공개 원고를 발견했고, 피나는 노력 끝에 복구하여 새 연극으로 상연한다고 주장했다.

하지만 이 연극이 진짜 셰익스피어가 쓴 작품일까? 셰익스피어가 죽은 지 백 년도 더 된 상황에서 누가 진위를 확신할 수 있을까?

셰익스피어 미스터리와 언어학

사람들에게 역사상 가장 뛰어난 극작가를 몇 명 꼽아보라고 요청한다면 아마 나오는 이름이 비슷할 것이다. 『진지함의 중요성』과 『도리언 그레이의 초상』을 집필한 오스카 와일드는 시대를 초월해 사랑받는 작가로 꼽힌다. 테네시 윌리엄스는 『욕망이라는 이름의 전차』와 『뜨거운 양철지붕 위의 고양이』로 유명하고, 아서 밀러는 『세일즈맨의 죽음』 『시련』 같은 미국의 대표적인 희곡 작품을 내놓았다.

그러나 누구보다 먼저 거론되는 극작가는 보통 정해져 있다. 셰익스피어다. 영국의 국민 시인으로 자주 언급되며 "에이번의 음유 시인Bard of Avon"이라는 별칭으로도 불리는 셰익스피어는 영어권에서 가장 위대한 작가로 널리 인정받는다. 셰익스피어는 『한여름 밤의 꿈』 『베니스의 상인』 같은 희극과 『로미오와 줄리엣』 『맥베스』 같은 비극을 집필한 천재 작가로, 그의 작품은 모든 주요 언어로 번역됐다. 그의 작품은 다른 어떤 극작가의 작품보다 많이 공연됐으며 현재까지도 전 세계 극장에서 끊임없이 무대에 오른다.

이런 명성을 고려할 때 셰익스피어의 작품 목록은 쉽게 찾을 수 있으리라 생각하기 쉽다. 오스카 와일드, 테네시 윌리엄스, 아서 밀러 등에 대해 찾아보면 그들이 평생 집필한 작품 목록이 잘 정리되어 있으니 말이다.

하지만 셰익스피어의 작품 목록을 파악하는 일은 다소 까다롭다. 당시에는 창작 작품이 저작권의 보호를 받지 못했기에 셰익스피어는 다른 사람이 자신의 작품을 훔쳐갈까봐 자신이 집필한 연극 대본을 배포하지 않았다. 그 결과 셰익스피어의 작품을 본 사람들의 기억을 바탕으로 만든 불법 복제판이 나돌았다. 게다가 셰익스피어는 살아생전 자신이 집필한 희곡의 공식 목록을 발표하지 않았기에 혼란은 가중되었다. 실제로 셰익스피어의 작품 개수를 추산하는 여러 자료를 보면 "대략" 39편의 희곡 저작물이 있다고 불분명하게 인용한다.

이렇게 논란에 싸인 작품 중 하나가 『이중 거짓말』이다. 셰익스피어가 쓴 작품이라는 시어벌드의 주장은 그럴듯하게 들렸다. 실제로 시어벌드는 열렬한 필사본 수집가였으며 적잖은 셰익스피어 작품을 공개했기 때문에 숨어 있던 원석을 발견했을 가능성도 있다.

그러나 시어벌드의 필사본 원본은 도서관 화재로 소실돼 주장의 진실성을 밝히기 어려웠다. 그뿐만 아니라 많은 평론가가 셰익스피어의 유명세를 생각하며 시어벌드의 주장에 회의적인 태도를 보였다. 이들은 시어벌드가 사기꾼이며 대중의 관심을 끌고 연극을 흥행시키기 위해 무명 극작가의 작품을 셰익스피어가 집필한 것처럼 속인다고 주장했다.

그후 몇 세기에 걸쳐 이 희곡의 실제 작가를 둘러싸고 격렬한 논쟁이 펼쳐졌다. 몇몇 학자는 셰익스피어가 이 희곡을 집필했다는 증거를 제시했지만 다른 학자들은 이 희곡을 시어벌드가 썼다고 반박했다. 설상가상으로 150년 전 런던에서 셰익스피어와 존 플레처를 공저자로 하는 비슷한 주제의 희곡이 발표되었다는 사실 때문에 문제는 더욱 복잡해졌다.

그렇다면 도대체 누가 이 희곡을 썼을까? 셰익스피어일까, 시어벌드일까, 플레처일까, 아니면 공동 집필일까? 후보군에 오른 작가들이 이미 오래전에 세상을 떠났기에 이 문제는 영원히 미제로 남을 듯했다.

그런데 2015년 몇몇 행동과학자가 이 수수께끼를 푸는 방법을 발견했다.[1] 이들은 역사적 문서를 자세히 분석하거나 기록 보관소 담당자에게 자문을 구하지 않았다. 셰익스피어 연구자들과 대화를 나누지도, 특정 단어나 구절의 흐름을 세세히 뜯어보지도 않았다. 심지어 『이중 거짓말』을 읽지도 않고 결론을 도출했다.

이들은 그저 이 희곡을 컴퓨터에 입력해 프로그램만 돌렸다.

어린아이에게 다양한 동물을 인식하도록 가르치고 싶다고 가정해보자. 소, 닭, 염소를 비롯해 농장에서 볼 법한 여러 가지 동물을 설명하려고 한다.

그럼 우선 아이에게 소 그림을 보여주고 '소'라는 말을 몇 번 반복할 것이다. 그런 다음 닭 그림을 보여주고 '닭'이라는 단어를 반복한다. 마지막으로 염소 그림을 사용해 같은 과정을 따른다.

이렇게 한 번 설명하는 것만으로는 충분하지 않다. 15개월짜리 아이가 소를 한 번도 본 적이 없다면 아마도 소를 즉시 인지하지 못할 것이다.

따라서 어느 정도 복습이 필요하다. 농장 동물들의 그림이 실린 책을 처음부터 끝까지 한 번 보여주고 그 과정을 여러 번 반복한 후 다른 책으로 넘어갈 수도 있다. 몇 가지 종류의 소가 몇 가지 다른 자세를 취한 그림을 보여주며 계속 '소'라는 단어를 반복함으로써 아이가 그림과 단어 사이의 연관관계를 이해하도록 이끈다.

검은색과 흰색으로 뒤덮여 있고 몸집이 크며 다부진 네발 달린 생물의 그림과 '소'라는 단어를 짝짓는 작업을 여러 번 반복하면 결국 아이도 이해하게 된다. 소라는 대상이 단순히 책 하나에 그려진 그림 하나를 지칭하는 것이 아니라 그보다 더 폭넓은 범주임을 깨닫는다. 서로 다른 책에 실린 다양한 소 그림을 모두 같은 대상으로 식별할 수 있고, 심지어 이전에 본 적 없는 책에 실린 새로운 그림도 소라고 인지할지 모른다.

간단하게 말해서 아이는 소의 개념을 배운 것이다.

어떤 대상이 소인지 아닌지를 식별하는 것은 분류의 일종이며, 컴퓨터도 이러한 분류 작업을 하도록 훈련할 수 있다. 알고리즘에 다양한 사물의 그림과 이름을 입력하면(예: 이 그림은 소이고 이 그림은 소가 아니다) 컴퓨터는 구별 방법을 배운다. 그다음 소의 그림을 입력하면 처음 보는 그림이라도 다른 그림에서 얻은 정보를 활용해 새로운 그림에 담긴 대상이 소인지 아닌지 올바르게 분류할 수 있다.

글도 비슷한 방식으로 분류할 수 있다. 관련된 예문으로 훈련함으로써 알고리즘은 소셜미디어에 올라온 혐오 발언을 찾아내거나 특정 기사가 신문의 어떤 면에 실려야 하는지 판단할 수 있다.

연구팀은 비슷한 방식을 사용해 『이중 거짓말』의 진짜 작가가 누구인지 밝혀냈다. 일단 후보군에 오른 각 작가의 작품으로 알려진 모든 희곡을 수집했다. 그런 다음 문자 분석 소프트웨어를 사용해 각 희곡에 수백 개의 범주에 해당하는 단어가 얼마나 많이 등장하는지 파악했다. 각 희곡에 대명사(예: "나" "당신")가 얼마나 많이 등장하는지, 감정과 관련된 단어가 얼마나 많이 사용되었는지, 긴 단어와 짧은 단어 중 어느 쪽을 자주 사용하는지 등을 분석했다.

특정 극작가가 쓴 모든 희곡이 이런 범주에서 완전히 똑같은 결과를 보이지는 않았으나 수십 개의 희곡을 분석하고 나자 연구팀은 개별 작가의 언어적 특징을 식별할 수 있었다. 그다음 이러한 특징을 『이중 거짓말』에 사용된 언어와 비교함으로써 누가 쓴 작품인지 판단할 수 있었다.

분석 결과 『이중 거짓말』은 위작이 아니라는 결론이 도출되었다. 처음 3막까지는 분명히 셰익스피어가 쓴 내용이고 나머지 몇 막은 셰익스피어의 공저자로 알려진 존 플레처의 작품일 가능성이 컸다. 또한 편집할 때 문장에 손을 많이 댄다고 알려진 바와 같이, 희곡에 쓰인 문장에서 시어벌드의 언어 사용 특징도 드러났다.

두 명의 행동과학자가 희곡을 읽지도 않고서 몇 세기에 걸친 문학계의 수수께끼를 풀어낸 것이다.

언어가 밝혀내는 진실

1장부터 6장까지는 언어의 영향력에 초점을 맞추었다. 어떻게 하면 매직 워드와 구절, 언어적 스타일을 활용해 더 행복하고 건강하게, 더 성공적인 인생을 살아갈 수 있는가. 언어는 동료와 친구, 손님과 고객에게 어떤 영향을 미치는가.

하지만 『이중 거짓말』의 경우에서도 볼 수 있듯이 언어는 이중적인 역할을 한다. 단어는 내용을 듣거나 읽는 사람에게 영향력을 행사할 뿐만 아니라 그 내용을 창조해낸 사람의 모습을 반영하고 그들에 관해 여러 가지를 드러낸다.

예를 들어 셰익스피어가 상대적으로 감정과 관련된 언어를 적게 사용한다면, 시어벌드는 감정을 나타내는 단어를 풍부하게 사용했다. 시어벌드는 영어의 전치사(예: "~의" "~에서" "~로부터")와 관사를 많이 사용했지만, 플레처는 조동사와 부사를 즐겨 썼다. 작가마다 서로 다른 방식으로 글을 쓰는 경향이 있다.

그래서 언어는 지문과도 같다. 언어를 사용한 사람 또는 사람들의 흔적이나 단서를 남기기 때문이다.

그뿐만 아니라 성향이 비슷한 사람은 언어도 비슷하게 사용하므로 어떤 사람이 남기고 간 언어를 통해 그 사람에 대해 많이 알아낼 수 있다. 나이든 사람은 젊은 사람과 다르게 말하고 민주당 지지자는 공화당 지지자와 다른 식으로 말하며 내성적인 사람은 외향적인 사람과 말하는 스타일이 다르다.[2] 물론 완전히 다른 단어를 사용하는 것은 아니고 어느 정도 겹치기도 하지만, 누군가가 한 말만 살펴보아도 나이나 정치적 견해, 성격을 비교적 정확히 예측할 수 있다.

예측 가능성이라는 언어의 효용 가치는 여기서 그치지 않는다. 어떤 사람이 사용하는 단어를 기반으로 그 사람이 거짓말을 하는지 아닌지를 판단할 수 있을 뿐만 아니라 대학 입학 지원서에 사용한 단어를 바탕으로 그 학생이 대학생활을 얼마나 잘할지 예측할 수 있다.[3] 페이스북 게시물을 보고 누가 산후 우울증에 시달릴지 예측할 수 있으며[4] 소셜미디어 게시물(심지어 연애와 전혀 관련 없는 내용이어도)을 바탕으로 하여 연인이 곧 이별할지 아닐지를 예측할 수 있다.[5]

사람들은 자신을 표현하고 타인과 소통하며 원하는 목표를 성취하고자 언어를 사용한다. 그렇게 사람들이 사용하는 언어는 우리가 누구인지, 어떤 기분을 느끼는지, 미래에 어떤 일을 할 가능성이 큰지에 대해 많은 것을 시사한다. 군이 전략적으로 의사소통하거나 특정한 방식으로 발언하려고 애쓰지 않더라도, 셰익스피어와 시어 벌드처럼 사람들은 자신이 사용하는 단어를 통해 모든 흥미롭고 중 요한 사실을 숨김없이 드러내기 마련이다.

예를 들면 은행 대출을 연체할 가능성이 얼마나 되는지 같은 문 제도 알 수 있다.

언어로 미래 예측하기

잘 모르는 사람 두 명 중 한 명에게 돈을 빌려주려고 하는 상황을 가정해보자. 두 사람 모두 지붕을 수리하기 위해 2천 달러를 빌리려 고 하며 인구학적 특성과 재정적 상황은 같다. 나이와 인종, 성별이 같고 같은 지역에 거주하며 수입과 신용 상태도 비슷하다. 사실 두 사람 사이의 유일한 차이점은 대출 신청서에 사용한 단어뿐이다.

대출 신청자 1	저는 열심히 일하는 사람입니다. 25년간 결혼생활을 하고 있으며 두 명의 사랑스러운 아들도 있습니다. 왜 대출이 필요한지 설명하겠습니다. 2천 달러를 지붕 고치는 데 사용할 것입니다. 감사드리고, 복 많이 받으세요. 꼭 갚겠다고 약속하지요.
대출 신청자 2	새집에서 지난 1년간 아주 잘 지냈습니다만 지붕이 새기 시작했습니다. 지붕 수리비로 쓸 2천 달러를 대출해야 합니다. 저는 모든 고지서(예: 자동차 할부금, 케이블 TV 이용료, 공공요금) 청구대금을 날짜 안에 납부합니다.

둘 중 누가 돈을 갚을 확률이 높다고 생각하는가?

누군가에게 돈을 빌려줄지 말지를 결정할 때 대출자는 보통 채무자의 상환 능력에 초점을 맞춘다. 하지만 누가 돈을 갚을 확률이 높은가라는 질문은 간단해 보이지만 사실 대답하기가 상당히 까다롭다. 대출금을 상환하는 데 상당히 오랜 시간이 걸리므로 그사이에 여러 가지 예상치 못한 상황이 발생할 수 있다. 따라서 은행을 비롯한 금융 기관에서는 수천 개의 데이터를 사용해 채무 불이행 위험도를 추산해 대출을 진행한다.

가장 기본적인 범주는 채무자의 재정 건전성이다. 신용 기록은 어떤 사람이 몇 번의 신용 거래(예: 주택 담보 대출, 일반 대출, 신용카드 발급)를 했으며, 제때 대출금이나 카드 대금을 갚았는지, 수금할 재원이 있는지 추적한다. 신용 기록을 기준으로 계산한 개인신용등급, 수입 수준, 기존 대출도 고려한다. 이미 상환 능력에 비해 부채가 지나치게 많거나 과거에 파산 신청을 한 사람은 채무를 불이행하고 대출을 갚지 못할 위험성이 더 크다고 볼 수 있다.

재정 건전성뿐만 아니라 인구통계학도 영향을 미친다. 신용기회균등법Equal Credit Opportunity 및 공평주거권리법Fair Housing Acts은 인종이나 성별 등의 인구학적 변수를 대출 의사를 결정하는 데 직접적으로 사용하지 못하도록 규정하고 있으나, 일부 대출자는 대출을 진행하느냐 마느냐를 결정할 때 이런 요인을 고려할 수도 있다.

마지막으로 대출 자체도 중요한 요소다. 대출 신청 금액이 많거나 금리가 높을수록 채무 불이행 가능성은 커진다.

　이렇게 다양한 정보를 활용해 위험도를 예측할 수 있다고는 해도, 완벽하게 진단할 수는 없다. 신용 점수는 과거에 일어난 일을 보여주지만, 건강 상태나 고용 기간처럼 미래의 상황을 크게 좌우하는 중요한 요인은 제대로 반영하지 못하는 경우가 많다. 성격과 감정 상태 또한 금전과 관련된 행동을 주도하지만 재정 관련 데이터만으로는 파악할 수 없다.

　그렇다면 대출 신청자들이 사용하는 단어가 추가적인 통찰을 제공해줄 수 있을까?

　크라우드펀딩과 개인 간P2P 대출 플랫폼은 오늘날 대출 시장에서 중요한 역할을 한다. 대출이 필요한 사람은 대형 은행이 아닌 대출 플랫폼에 필요한 금액을 게시하고, 개인 투자자나 잠재적인 채권자가 누구에게 자금을 지원할지 결정할 수 있다. 투자자는 보통 다른 투자 상품보다 높은 수익을 올릴 수 있고 채무자는 보통 전통적인 은행보다 낮은 금리에 대출을 받을 수 있다. 예를 들어, 대출 플랫폼인 프로스퍼Prosper를 통해 백만 명 이상의 사람들이 대학 학자금 상환부터 주택 수리에 이르기까지 다양한 용도로 180억 달러 이상의 대출을 받았다.

　대출 신청자는 대출을 신청하는 게시물에 일반적인 수치 정보

(예: 대출 금액 및 신용 점수)뿐만 아니라 간단한 소개도 함께 싣는다. 돈을 어디에 사용할 것인지, 왜 투자자가 자신을 선택해야 하는지 짧게 설명한다. 어떤 사람은 사업을 확장하려면 더 많은 재고를 확보해야 해서 자금이 필요하다고 이야기한다. 또 어떤 사람은 집 지붕을 고치거나 교실에서 사용할 재료를 더 많이 구매하려면 돈이 필요하다고 설명한다.

대출을 신청하는 이유뿐 아니라 대출 신청자들이 사용하는 언어도 천차만별이다. 앞에서 소개한 바와 같이 지붕을 수리하기 위해 돈을 빌린다는 목적이 같더라도, 각 신청자는 매우 다른 단어를 사용했다. 한 사람은 '열심히 일하는 사람'이라고 했지만 두번째 사람은 '고지서 청구 대금을 날짜 안에 납부한다'고 강조했다. 한 사람은 가족을 언급했고("25년간 결혼생활을 하고 있으며 두 명의 사랑스러운 아들도 있습니다") 다른 한 사람은 그러지 않았다.

물론 이러한 소개 글은 검증할 방법이 없는 '듣기 좋은 말'에 불과하다. 단순히 누군가가 "대출금을 꼭 갚겠다"라고 말한다고 해서 그 사람이 실제로 그런다는 보장은 없다. 마찬가지로 전혀 신용할 수 없는 사람이 자신을 믿고 의지할 만한 사람이라고 소개하지 말라는 법도 없다.

이렇게 별 의미 없어 보이는 이야기가 혹시 채무 불이행 가능성에 대한 단서를 제공해주지 않을까? 이를 파악하고자 한 연구팀이 12만 건에 달하는 대출 신청서를 분석했다.[6] 신청자의 재정 상태에 대한 정보 및 인구통계학적 정보(예: 지역, 성별, 나이)는 물론이고 대출 신청서에 쓴 글도 분석했다. 대출한 돈을 어디에 사용할지(예: 지붕 수리, 사업용 집기 구입) 등 대출 관련 정보부터 가족이나 종교를 언급하느냐처럼 대출과 직접적인 관련이 없어 보이는 내용까지 모두 분석 대상으로 삼았다.

예상대로 재정 및 인구통계학적 정보는 상당히 유용했다. 이러한 변수만으로도 채무 불이행 가능성을 상당히 정확하게 예측할 수 있었다.

그러나 사용된 글을 분석하자 정확도는 더욱 올라갔다. 대출 신청서에 적은 글을 분석에 포함하자 예측 정확도가 상당히 높아졌다. 재정 및 인구통계학적 정보만 사용한 경우와 비교할 때, 글로 표현된 정보까지 포함해서 대출을 결정한 채권자의 투자 수익이 거의 6퍼센트나 높았다.

실제로 글만 분석해도, 재정 및 인구통계학적 정보를 바탕으로 분석하는 은행의 일반적인 평가 결과와 거의 비슷한 예측이 나왔다. 채무자가 돈을 빌리고 싶어한다는 점은 분명한데, 본인도 알아채지 못하는 사이에 사용한 단어를 통해 실제로 돈을 갚을지에 대한 정보까지 드러났다.

연구팀은 어떤 단어나 구절이 채무 이행자와 채무 불이행자를 가장 정확하게 가르는지도 조사했다. 상환자는 재정 상태(예: "이자"

"세금")나 재정 능력의 개선(예: "졸업" "승진")과 관련된 단어나 구절을 사용할 가능성이 컸다. 이들은 금융 이해력을 보여주는 단어와 구절(예: "재투자" "최소 지급금")도 사용했으며, 취업과 학업, 금리 인하, 월별 지급금 등의 주제를 언급할 확률도 높았다.

반면 채무 불이행자들은 전혀 다른 언어를 사용했다. 재정적 어려움(예: "급여선지급 대출" "재융자")이나 일반적인 어려움(예: "스트레스" "이혼"), 자신의 상황에 대한 설명(예: "이유를 설명하지요"), 근로 상태(예: "힘든 일" "노동자")와 관련된 단어나 구절을 자주 언급했다. 마찬가지로 간곡히 도움을 부탁하거나(예: "도움이 필요합니다" "제발 도와주세요") 종교를 언급할 가능성도 컸다.

실제로 "재투자"라는 단어를 사용한 채무자는 채무를 전액 상환할 확률이 평균보다 거의 다섯 배 가까이 높았고, "하느님"이라는 종교적인 단어를 사용한 채무자는 연체할 확률이 평균보다 거의 두 배나 높았다.

채무를 상환한 사람과 연체한 사람은 비슷한 주제에 대해서도 서로 다르게 이야기했다. 양쪽 모두 시간과 관련된 단어를 사용했지만, 채무 불이행자가 주로 단기(예: 다음달)에 초점을 맞춘다면 채무를 상환한 사람은 훨씬 장기적인 시점(예: 내년)에 초점을 맞추었다. 마찬가지로 사람에 대해 이야기할 때도 채무 이행자는 자신에 대해 자주 이야기한다면(예: "저는 무엇을 했습니다" "저는 무엇을 할 것입니다" "저는 무엇입니다"), 채무 불이행자는 주로 다른 사람에 대해 이야기하는 모습(예: "하느님" "그" "어머니")을 보였다. 실제로 채무 불이행자가 대화에 자신을 포함시킬 때는 "나"보다는 "우리"라는 표현을 즐겨 사용했다.

흥미롭게도 채무 불이행자가 쓴 글은 여러 가지 측면에서 거짓말쟁이 및 외향적인 성격을 가진 사람의 글쓰기 스타일과 비슷했다. 채무 불이행자가 처음부터 속일 의도로 대출 신청 게시물을 작성했다는 증거는 없지만, 의도적이든 아니든 이들의 글에는 대출금 상환 가능성에 대한 의구심이 반영되었는지도 모른다.

그렇다면 지붕을 고치기 위해 돈을 빌리려는 두 사람 이야기로 돌아가보자. 두 사람 모두 상당히 설득력 있게 호소했다. 두 사람 모두 돈을 올바른 용도로 사용할 좋은 사람처럼 보인다.

대출 신청자 1	저는 열심히 일하는 사람입니다. 25년간 결혼생활을 하고 있으며 두 명의 사랑스러운 아들도 있습니다. 왜 대출이 필요한지 설명하겠습니다. 2천 달러를 지붕 고치는 데 사용할 것입니다. 감사드리고, 복 많이 받으세요. 꼭 갚겠다고 약속하지요.
대출 신청자 2	새집에서 지난 1년간 아주 잘 지냈습니다만 지붕이 새기 시작했습니다. 지붕 수리비로 쓸 2천 달러를 대출해야 합니다. 저는 모든 고지서(예: 자동차 할부금, 케이블 TV 이용료, 공공요금) 청구 대금을 날짜 안에 납부합니다.

그러나 대출 신청자 2가 돈을 갚을 가능성이 더 높다. 대출 신청자 1의 글이 더 호소력 있게 보일지는 모르지만, 대출 신청자 1처럼

말하는 사람이 채무를 불이행할 확률은 평균의 약 여덟 배에 달한다.[*]

어떤 사람이 사용하는 단어는 미래의 행동을 드러낸다. 숨기려 하거나 본인이 깨닫지 못한다 해도 언어를 통해 앞으로의 행동에 대한 단서가 새어나오기 마련이다.

언어는 사회를 반영하는 거울

언어가 희곡의 원작자를 밝히거나 은행 채무를 이행하지 않을 사람을 가려낸다는 사실은 매혹적이지만, 사실 단어는 그보다 훨씬 더 많은 것을 할 수 있다. 특정한 사람에 대한 정보만이 아니라 더욱 폭넓은 사회 전반에 대해서도 유용한 통찰력을 제시해주기 때문이다. 우리가 세상을 바라보는 방식을 좌우하는 편견과 믿음에 대해서도 말이다.

성차별은 우리 사회에 만연해 있다. 채용부터 인사 고과, 성과 인정, 임금에 이르기까지 여성은 호의적으로 인식되거나 공정한 처우

---

[*] 여러 영역에서 이와 비슷한 현상이 발견된다. 온라인쇼핑을 하면서 이름과 주소를 입력할 때 소문자만 사용하는 사람이 주문한 물건의 대금을 제대로 지불하지 않을 가능성이 두 배 이상 높다. 이메일 주소에 이름이나 성이 들어간 사람은 온라인 주문을 할 때 채무 불이행 확률이 낮다.

를 받지 못하는 경우가 많다. 같은 업무를 해도 여성은 남성보다 적은 급여를 받으며, 똑같은 이력서를 제출해도 남성의 이름이 아닌 여성의 이름이 적혀 있으면 자격이 부족하다는 평가와 함께 더 적은 연봉을 제안받는다.

도대체 이러한 편견은 어디에서 온 것일까? 어떻게 하면 이를 완화할 수 있을까?

비평가들은 성차별과 폭력 범죄를 비롯해 거의 모든 사회적 병폐의 원흉으로 문화를 지목하는 경우가 많다. 폭력적인 비디오게임이 사람들을 더 폭력적으로 만들며 여성혐오 사상이 담긴 음악이 편견을 심화시킨다고 주장한다.

이러한 주장은 어느 정도 사실이다. 예를 들어 여성을 부정적으로 묘사하는 노래가사는 여성을 적대시하는 태도와 여성혐오적 행동을 부추긴다. 그러나 평등을 지지하는 노래가사는 여성에게 우호적인 행동을 장려한다. 따라서 고정관념과 편견이 그토록 끈질기게 남아 있는 건 우리가 매일 소비하는 노래, 책, 영화를 비롯한 여러 가지 문화 콘텐츠가 계속해서 이를 부추기기 때문이다.

이렇게 문화가 어느 정도 영향을 미친다는 점은 분명하지만, 정확히 어떻게 작용하는지는 확실치 않다. 음악을 생각해보자. 노래가사가 실제로 여성에게 편향되어 있는가? 시간이 흐르면서 노래가사는 어떻게 바뀌고 있는가?

이러한 질문에 대한 대답을 찾기 위해 레이하네 보그라티와 함께

1965년부터 2018년까지 발표된 25만 곡 이상의 노래를 수집했다.[7] 비교적 최근에 유행한 노래(예: 존 메이어와 어셔의 곡)와 유명한 옛날 노래(예: 글래디스 나이트의 〈조지아행 야간 열차Midnight Train to Georgia〉) 부터 당신이 들어보지도 못했을 곡까지, 팝, 록, 힙합, 컨트리, 댄스, R&B 장르에서 각각 수만 개의 곡을 분석 대상으로 삼았다.

사람들에게 직접 노래를 한 곡 한 곡 들려주는 것은 지나치게 시간이 오래 걸리는데다 주관적이기 때문에 자동화된 문자 분석을 사용했다. 노래가 남녀 성별을 다르게 묘사하는지 이해하기 위해, 셰익스피어 미스터리에 접근한 학자들과 비슷한 방식을 채택해 노래 가사를 알고리즘에 입력했다. 노래가사가 명확하게 긍정적 또는 부정적으로 표현하는지뿐만 아니라 입사지원자를 선택할 때 자주 나타나는 더 미묘하면서도 잠재적으로는 더욱 큰 영향력을 발휘하는 유형의 편견이 담겨 있는지도 살펴보았다.

마이크와 수전이라는 두 명의 입사지원자가 있다고 가정해보자. 둘 다 아주 훌륭한 지원자다. 마이크는 유능하고 경험이 풍부하며, 수전은 친절하고 배려심이 넘치는 인재다. 둘 다 장점을 꼽자면 끝이 없을 정도다.

무엇이 문제인지 눈치챘는가? 아마도 눈치채지 못했을 가능성이 크다. 우리는 편견을 상당히 직관적으로 생각하기 때문이다.

채용 담당자가 남성과 여성을 다르게 취급한다면 이들은 분명 편견에 사로잡힌 것이다. 지원자의 이름이 디안드레(전형적인 흑인 이름)가 아니라 딜런(전형적인 백인 이름)이라는 이유만으로 이력서를 다르게 평가한다면 인종차별주의자라고 쉽게 판단할 수 있다.

그보다 훨씬 더 미묘한 편견도 위험하기는 마찬가지다. 마이크와 수전을 어떻게 설명했는지 되돌아보자. 표면상으로는 둘 다 긍정적으로 묘사한다. 그러나 두 사람의 장점을 설명하는 **방식**은 사뭇 다르다.

마이크를 설명할 때 사용한 단어('유능함'과 '경험이 풍부함')처럼, 남성은 능력을 기반으로 묘사하는 경우가 많다. 얼마나 똑똑하고 지적이며 큰 성공을 거두었는지, 전략적으로 사고하는 사람인지, 문제 해결에 어느 정도 뛰어난지 등으로 묘사한다. 실제로 인터넷 검색창에 능력 있는 사람이라고 입력하면 남성이 등장하는 이미지가 두 배쯤 많이 나온다.[8]

그러나 여성에 대해 이야기할 때는 다른 특징에 초점을 맞추는 경우가 많다. 수전을 설명할 때 사용한 단어('친절하다'와 '배려심이 넘친다')처럼 여성은 따뜻한 성품을 강조해 묘사하는 경우가 많다. 얼마나 주변 사람을 잘 보살피고 도와주며 상냥한지, 또는 긍정적인 관계를 구축하거나 동료가 성장하도록 돕는지 등에 초점을 맞춘다. 인터넷 검색창에 상냥한 사람을 검색하면 대략 삼분의 이 정도는 여성의 이미지가 등장한다.

따뜻한 성품과 능력의 차이는 크지 않아 보일지 모르지만 엄청나게 다른 결과로 이어진다. 채용과 승진, 특히 관리자나 임원 승진은 그 사람이 얼마나 능력 있게 보이느냐에 좌우된다. 여성을 묘사하는 언어가 그들의 능력에 초점을 맞출 가능성이 낮으므로 자연스럽게 여성은 승진에서 불리해진다.

우리는 이러한 언어적 차이가 음악에서도 관찰되는지 검증했다. 노래에서 여성을 묘사할 때 능력이나 지성에 덜 초점을 맞추는지, 시대가 달라지면서 이러한 추세가 변했는지를 살펴보았다.

결과는 확실히 복합적이었다. 어떤 측면에서는 상황이 개선되었다. 1970년대와 1980년대 초반에는 여성에 대한 편견이 노래가사에 분명하게 드러났다. 노래가사에서 지적이거나 현명하거나 야심차거나 용감하다고 묘사한다면 여성보다는 남성일 가능성이 컸다. 1980년대 후반과 1990년대 초반에는 조금 더 평등하게 바뀌었다. 팝, 댄스, 컨트리, R&B, 심지어 록 장르까지 살펴보아도 평등해지는 추세가 뚜렷했고, 여성을 남성과 더욱 비슷한 방식으로 묘사했다.

그러나 1990년대 후반에는 이러한 추세가 반전되었다. 노래가사에는 다시금 더욱 심한 편견이 담겼고 오늘날까지도 어느 정도는 이러한 경향이 지속되고 있다. 1970년대만큼 심각하지는 않으나 1990년대 초반보다는 확실히 편견이 심해졌다.*

그뿐만 아니라 이러한 변화는 남성 가수가 사용하는 언어의 영향으로 보인다. 여성 가수들의 언어는 크게 변하지 않았다. 심지어

1970년대로 거슬러올라가도 여성 가수는 남성과 여성을 비슷하게 묘사하는 편이었으며, 이런 경향은 지금도 변함이 없다. 그러나 남성 가수들의 언어는 훨씬 편차가 컸다. 1970년대에는 심한 편견이 담겨 있었고 1990년대 초반까지는 개선되었지만, 지난 20년가량은 다시 과거로 퇴보했다.

이렇게 성별에 따라 차이가 나는 분야는 음악만이 아니다. 어린이책에는 압도적으로 남성 등장인물이 많이 등장하며, 심지어 동물을 소재로 해도 수컷이 세 배나 많이 등장한다.[9] 교과서에서 언급되는 인물 중 사분의 삼은 남성이고[10] 여성 화자의 시점에서 전개되는 영화는 30퍼센트에 불과하며 경영대학원의 사례 연구에 여성이 등장하는 경우는 11퍼센트뿐이다.

차이는 언급되는 빈도뿐만이 아니다. 남성과 여성은 언급되는 방식도 달랐다.[11] 신문에 남성과 여성이 소개될 때, 남성은 대표나 사장 등의 직업을 가지고 있을 가능성이 컸고, 여성은 주부나 안내원 같은 직업을 가질 확률이 높았다. 영화에서는 여성 등장인물보다 남성 등장인물이 성취에 관한 이야기를 더 많이 한다. 스포츠계에서는 여성 테니스 선수가 테니스와 관련 없는 질문(예: 손톱 손질을

---

* 사람들은 힙합이 특히 여성혐오적이라고 비난한다. 힙합이 1990년대 초반부터 본격적으로 인기를 얻었으니 어느 정도 이러한 추세를 견인했을지도 모른다. 그러나 힙합에만 책임을 돌리는 것은 너무 단순한 사고방식이다. 다른 장르에서도 비슷한 경향이 나타나기 때문이다. 예를 들어 1990년대에 들어서면서 컨트리 음악에도 더 심한 편견이 담겼으며 R&B와 댄스 장르도 어느 정도 유사한 양상을 보였다.

어디서 했는지)을 두 배나 많이 받았다.

이 문제에 대해 개인을 비난하기는 쉽다. 결국 언론인 개인이 서로 다른 직업을 가진 사람을 선정했고, 기자 개인이 각 테니스 선수에게 다른 질문을 던졌으니까 말이다.

그러나 전부 취합해보면 이러한 개인적 선택이 이들이 속한 사회전반에 대해 많은 것을 알려준다. 만약 순전히 몇몇 기자나 가수가성차별적 성향을 가졌다면 파급력이 거의 없을 터이다. 그들이 내뱉는 편견에 찬 말은 더욱 평등한 사회를 추구하는 훨씬 많은 사람의 발언에 묻힐 것이기 때문이다.

편견이 수백, 수천, 심지어 수백만 개의 사례에 걸쳐 끈질기게 나타난다면 무언가 더욱 뿌리깊은 문제가 존재함을 시사한다. 이러한언어적 편린은 단순히 개인의 성향이나 선택을 반영했다는 차원을넘어, 문제가 훨씬 더 본질적임을 나타낸다. 여러 집단에 속한 사람들을 달리 바라보고 대우하는 태도가 너무나 확고하게 자리를 잡은나머지 이를 바꾸기가 생각보다 쉽지 않을지도 모른다.

이런 현실이 가장 극명하게 드러나는 분야가 바로 인종 문제다.

인종차별주의와 치안 유지 활동

응급구조사로 일했던 브레오나 테일러는 2020년 3월 13일 사망했다. 자정을 넘긴 직후, 당시 26세였던 테일러의 아파트에 갑자기 경찰이 들이닥쳤다. 침대에 누워 있던 테일러는 그후 이어진 혼란스러운 상황 속에서 경찰이 발포한 서른두 발 중 여섯 발을 맞아 사망했다.

조지 플로이드는 2020년 5월 25일에 살해되었다. 플로이드는 편의점에서 담배를 사려고 20달러짜리 지폐를 냈는데, 그 돈이 위조지폐라고 생각한 점원이 경찰을 불렀다. 첫번째 경찰차가 도착하고 17분 후 플로이드는 세 명의 경찰관에게 깔려서 의식을 잃었고, 그후 채 한 시간이 지나지 않아 사망 선고를 받았다.

이러한 사건들은 경찰이 아프리카계 미국인에게 불합리한 무력을 행사한 두 가지 사례에 불과하다. 이 두 사건은 미국 전역에 걸쳐 격렬한 반향을 불러일으켰다. 그 결과 '흑인의 생명도 소중하다Black Lives Matter' 운동이 다시금 힘을 얻었으며, 인종과 경찰의 무력 행사에 대한 국가적인 논쟁을 촉발했다.

그러나 이렇게 유명한 사건에 대한 논쟁에서 경찰관과 지역사회 구성원들의 일상적인 상호작용을 잊기가 쉽다.* 몇몇 추정치에 따르면 미국 인구의 25퍼센트 이상이 1년에 최소한 한 번 이상은 경찰관과 접촉하게 되고, 가장 흔한 상호작용은 교통위반으로 경찰관이 차를 불러 세우는 경우다.

---

* 물론 이는 매우 복잡한 문제다. 경찰관은 소속된 지역사회를 안전하게 지키기 위해 매일 목숨을 걸고 업무에 임하며, 모든 시민은 인종이나 민족과 관계 없이 안전과 보안, 평등한 처우를 누릴 권리가 있다.

빈도를 떠나서 이러한 상호작용은 상당히 중요한 의미를 지닌다. 하나하나가 경찰에 대한 대중의 신뢰를 쌓거나 불신을 부추기는 기회이자, 경찰과 지역사회의 유대를 강화하거나 저해하는 계기가 된다.

그렇다면 이러한 일상적인 접촉은 어떤 양상으로 이뤄질까? 흑인과 백인은 과연 다른 대우를 받을까?

누구에게 묻느냐에 따라 이 질문에 대한 대답은 달라진다. 흑인에게 묻는다면 경찰관을 접했을 때의 불쾌했던 경험을 이야기할 확률이 높다. 경찰이 자신을 더 부당하게 대우했으며 더 가혹하고 덜 존중했다고 묘사할 것이다. 한 조사에 따르면 미국 흑인 중 사분의 삼 이상이 경찰은 흑인을 백인만큼 공정하게 대하지 않는다고 답했다.[12]

당연하게도 경찰의 입장은 상당히 다르다. 대다수 경찰은 자기네 행동이 편파적이라는 주장을 인정하지 않는다.[13] 경찰들은 흑인의 죽음은 개별적인 사건이며 소수 질 나쁜 경찰의 행동 때문에 벌어졌거나 어쩔 수 없는 상황이라고 여긴다. 대다수는 경찰이 단순히 범죄 행동을 쫓을 뿐이고, 대우가 다른 건 편견보다는 범죄를 저지르는 사람의 인종적 비율 차이 때문이라고 믿는다.

둘 중 어느 쪽이 사실일까?

2017년 스탠퍼드대 연구팀은 이 문제에 대해 알아보고자 했다.[14]

경찰과 지역 주민의 상호작용에는 여러 가지 복잡한 요인이 작용하지만, 연구팀은 상황을 자세히 이해하기 위해서 언어에 집중했다. 즉, 경찰관이 백인과 흑인에게 어떻게 이야기를 하느냐를 살폈다.

연구팀은 캘리포니아 오클랜드시를 연구 대상 지역으로 선정하고 일상적인 교통 단속을 찍은 보디캠 영상을 수천 건 검토했다. 흑인 운전자의 교통 단속 영상 수백 건과 그와 비슷한 수의 백인 운전자의 교통 단속 영상을 함께 분석했다.

교통 단속 영상은 대부분 비슷한 양상으로 흘러간다. 경찰관이 과속이나 자동차 등록 말소를 이유로 차를 멈춰 세운다. 몇 가지를 메모하고 번호판을 살펴본 후 별다른 문제가 없음을 확인하면 보통 경찰관이 운전자석 창가로 걸어간다.

평범한 상황이라면 대화가 이어진다. 경찰관은 왜 차를 세웠는지 설명하고 기록을 확인하기 위해 운전자에게 면허증과 자동차 등록증을 요구한다. 운전자는 면허증과 서류를 건네고 경찰이 기록을 확인하는 동안 기다린다. 결국 상황은 해결되고 두 사람은 각자 길을 떠난다. 운전자는 교통위반 딱지를 받거나 무언가를 수정하라는 요청을 받지만, 대화는 비교적 우호적으로 마무리된다.

하지만 모든 교통 단속 대화가 이렇게 순조롭게 흘러가는 것은 아니다. 대화는 언제든 잘못된 방향으로 넘어갈 수 있다. 경찰관은 운전자가 무기를 소지하고 있거나 술 또는 약물에 취해 있을 가능성을 우려할 수 있다. 운전자가 두려워하거나 불안해서 험한 말을 쏟아내거나 난폭하게 행동하기도 한다. 순식간에 걷잡을 수 없는 상황으로 치닫기도 한다.

양쪽 모두 대화가 흘러가는 양상에 영향을 미치지만, 특히 경찰관이 사용하는 단어가 매우 중요하다. 존중과 이해를 드러내며 말할 수도, 경멸과 무시하는 태도를 드러낼 수도 있다. 경찰관들은 걱정에 가득찬 운전자를 안심시키기도 하지만 더욱 불안하게 만들기도 한다.

연구팀은 경찰관이 사용한 언어를 분석함으로써 백인 운전자와 흑인 운전자를 다르게 존중하는지 시험했다. 모든 교통 단속 영상을 확인하려면 시간이 많이 소요되는데다가 연구원들의 편견이 판단에 영향을 미칠 수 있으므로 언어로 자연스럽게 드러나는 사실에 초점을 맞추기로 했다. 머신 러닝을 활용해 경찰관이 사용한 언어를 객관적으로 측정하고 수치화했다.

결과는 놀라웠다. 수백 시간에 달하는 영상을 분석한 결과, 경찰관이 흑인 운전자에게 덜 정중하고, 덜 친근하며, 상대방을 덜 존중하는 언어를 사용함이 분명히 드러났다.

백인 운전자에게 말할 때 경찰관들은 정중한 호칭(예: "선생님" "사모님")을 사용하거나 안심시키는 말(예: "괜찮습니다" "걱정하지 마세요" "문제없습니다")을 건네거나 능동성을 부여하는 표현(예: "어떻게 하실 수 있습니다" "어떻게 하실 수 있었습니다")을 더 많이 사용했다. 운전자를 부를 때 존칭을 사용하거나 안전에 관해 설명하거나 긍정적인 단어를 더 많이 사용했다.

그러나 흑인 운전자에게 이야기할 때 경찰관들은 격의 없는 호칭(예: "어이" "이봐요" "형씨")을 사용하고, 질문을 던지거나 양손을 운전대에서 떼지 말라고 지시할 가능성이 컸다. 분석 결과, 한마디로 "경찰은 백인보다 흑인과의 상호작용을 더 경계한다"는 사실이 극명하게 드러났다.

이러한 차이가 인종이 아닌 다른 요소에 기인할지도 모른다는 의문을 품을 수도 있다. 경찰관이 백인 운전자에게 더 정중했던 이유는, 제지당한 백인 운전자가 우연히도 나이가 많거나 여성이기 때문일지도 모른다. 혹은 교통 법규 위반의 심각성에 따라 태도가 달랐을 수도 있다. 사소한 위반 때문에(예: 후미등 미작동) 차를 세우기도 하고 훨씬 심각한 교통 법규 위반으로 차를 세우는 경우도 있다. 따라서 위반 사항의 심각성에 따라 경찰관이 사용하는 언어가 달라졌을 가능성도 있다. 경찰관의 인종이나 연구 대상으로 삼은 지역의 특성 때문에 그러한 차이가 나타났을지도 모른다.

이러한 모든 변수를 보정한 후에도 결과는 달라지지 않았다. 경찰이 흑인에게 하는 말에는 존중이 덜 담겨 있었다. 나이가 같고 성별이 같은 백인 및 흑인 운전자가 같은 장소에서 같은 문제 때문에 단속에 걸려도 경찰관은 백인 운전자에게 더 정중했다.

이런 차이는 단순히 소수의 거친 경찰관만의 행동이 아니었다. 백인, 흑인, 라틴계, 아시아계를 비롯해 다양한 인종의 경찰관 수백 명을 살펴보아도 결과는 그대로였다. 경찰관은 흑인 운전자를 덜 존중했다.

한 연구원은 "경찰관이 사용한 단어만 봐도 삼분의 이 정도는 그가 어떤 인종의 운전자에게 이야기하는지 예측할 수 있었다"라고 언급했다.

백인 운전자는 "여기 있습니다, 사모님. 안전 운전하세요" 또는 "문제없습니다. 감사합니다, 선생님"이라는 말을 듣지만, 흑인 운전자가 듣는 말은 사뭇 다르다. "면허증 한번 더 확인할까요?" 또는 "좋습니다, 형씨. 부탁인데 잠깐만 손을 운전대 위에 올려둬요."*

모든 것을 종합하면 이렇게 사소한 차이가 쌓이고 쌓여서 인종 불평등으로 뿌리깊게 자리잡은 셈이다.

스탠퍼드대의 연구는 여러 가지 중요한 화두를 던진다. 이 연구를 보고 경찰을 인종차별주의자라고 부르거나 연구 결과가 곧 경찰이 흑인을 노리는 증거라고 지적하기는 쉽다. 물론 그것도 연구 결과를 해석하는 한 가지 방법이다.

---

* 인종은 심지어 어조 같은 미묘한 요소에도 영향을 미친다. 경찰들은 흑인 운전자에게 이야기할 때 더 부정적인 어조를 사용한다. 더욱 경직되고 덜 친근하며 상대방을 덜 존중한다. 또한 백인보다 흑인에게 하대하는 말투를 사용할 가능성이 크다. 당연하게도 이러한 언어적 차이가 커다란 후폭풍을 낳는다. 경찰관이 흑인 운전자에게 사용하는 말투를 백인 운전자에게 들려주자 경찰에 대한 신뢰도가 낮아졌으며 경찰이 지역사회를 덜 신경 쓴다고 생각했다.

하지만 진실은 훨씬 더 미묘하고 복잡하다.

몇몇 경찰관이 인종차별주의자일 수는 있다. 사회적으로 큰 파장을 부른 몇몇 사건에서 개별 경찰관이 취한 여러 가지 행동을 고려할 때 이러한 가능성을 사실 부정하기 어렵다.

그렇지만 그보다 훨씬 많은 경찰이 의도적이지는 않더라도 백인과 흑인을 다르게 대한다. 대다수 경찰은 좋은 의도를 지녔을 가능성 크며, 어려운 상황에서 최선을 다해 대처하려고 한다. 그렇지만 이들이 알았든 몰랐든, 의도했든 아니든, 경찰은 다른 단어를 사용했다. 그렇기 때문에 근본적인 문제를 해결하기가 더욱 까다로운 것이다.

몇몇 질 나쁜 경찰관을 가려내기는 어렵지 않다. 문제가 되는 사람들을 찾아 몰아내면 된다.

그러나 깊이 뿌리내린 고정관념, 연관관계, 습관, 수십만 경찰관의 대응을 바꾸려면 훨씬 더 큰 노력이 필요하다.*

한 가지 좋은 소식은 언어가 도움이 될 수 있다는 점이다. 거의 모든 경찰이 좋은 의도를 가지고 임무를 제대로 수행하려 노력한다고 해도, 그들이 사용하는 언어를 살펴보면 어떤 부분을 개선해야 하

---

* 이러한 편견이 단순히 경찰관이나 교통 단속에만 영향을 미치는 것은 아니다. 아시아계 미국인에 대한 편견을 담은 책(예: 수동적이라거나 남성성이 떨어진다고 표현)이나 이슬람인에 대한 편견이 담긴 뉴스 기사(예: 테러와의 연관성을 시사)를 비롯하여 수없이 많은 방식의 편견을 담은 문화 콘텐츠가 범람한다. 이렇게 미묘한 편견의 존재를 깨달음으로써 비로소 이 문제를 해결할 수 있기를 바란다.

는지 훨씬 쉽게 파악할 수 있다. 언어는 스스로 깨닫지 못하는 사이에 사람을 다르게 대하는 부분을 찾아낼 수 있게 도와준다. 이렇게 의도치 않은 편견을 파악함으로써 바라건대 모든 것이 올바른 방향으로 조금씩 나아갈 것이다.

어떤 칭찬은 독이다

지금까지 매직 워드의 힘을 살펴보았다. 우리가 사용하는 말과 그 말을 사용하는 방식은 우리의 행복과 성공에 큰 영향을 미친다. 올바른 말은 타인을 설득하고 사회적 유대감을 강화하며 더욱 효과적으로 소통하도록 도와준다.

첫 장에서는 **정체성과 능동성**을 부여하는 언어를 다루었다. 단어는 단순히 요청을 하거나 정보를 전달하는 것뿐만 아니라 누가 통제권을 가지는지, 누구에게 책임이 있으며, 특정한 행동에 참여하는 것이 어떤 의미인지 나타낸다. 행동을 정체성으로 바꿈으로써 (예: 돕는다→돕는 사람, 투표한다→투표자) 타인에 대한 영향력을 증대시키는 방법, 할 수 없다를 하지 않는다로 바꿈으로써 목표 달성 가능성을 높이는 방법, 해야 한다를 할 수 있다로 바꿈으로써 더욱 창의적으로 문제를 해결하는 방법을 배웠다. 혼잣말하기가 불안감을 다스리고 성공적인 활약을 하는 데 유용하게 작동하는 이유, '당신'이라는 단어가 효과를 발휘하는 상황과 오히려 역효과를 발휘하는 상황을 살펴보았다.

두번째 장에서는 **자신감**을 전달하는 언어를 다뤘다. 단어는 사실과 의견을 전달하는 데 그치지 않고 말하는 사람이 그 사실과 의견을 얼마나 확신하는지도 드러낸다. 왜 변호사가 말하는 방식이 그가 말하는 내용만큼이나 중요한지, 힘을 실어서 말하는 방법은 무엇인지, 왜 과거형을 현재형으로 바꿔서 말해야 하는지(예: 식당의 음식이 "맛있었다"보다 "맛있다"라고 말해야 읽는 사람이 그곳을 방문할 확률이 높아지는 이유) 알아보았다. 그 과정에서 화자를 더욱 믿고 신뢰할 수 있으며 권위 있는 사람처럼 보이게 해주는 단어를 배웠으며, 확신을 보이는 것이 바람직할 때와 의구심을 표현하는 것이 바람직할 때는 언제인지 배웠다. 에두르는 말(예: "할지 모른다" "내 생각에는")이나 주저하는 말(예: "음" "어")을 쓰지 말아야 하는 경우와 주저하는 말투가 나쁘게 들리지 않는 경우를 알아보았다.

세번째 장에서는 **질문의 언어**를 탐구했다. 질문은 단순히 정보를 얻기 위한 것으로 생각하기 쉽지만 사실 그보다 훨씬 많은 역할을 한다. 왜 상대방에게 조언을 구하면 오히려 더 유능하다는 인상을 주는지, 왜 첫번째 데이트에서 질문을 많이 던지면 두번째 데이트도 성사될 확률이 높은지 배웠다. 그뿐만 아니라 일반적인 질문의 효용 외에도 어떤 유형의 질문이 더 효과적이며 어떤 시점에 질문하는 것이 좋은지도 살펴보았다. 왜 앞말을 받아서 하는 질문이 특히 효과적인지, 질문을 통해 어떻게 난처한 상황을 빠져나갈 수 있는지, 추정을 피해서 질문하는 방법, 올바른 질문을 올바른 순서대로 던짐으로써 처음 만난 사람부터 동료에 이르기까지 다양한 이들과 사회적 유대감을 쌓는 방법을 알아보았다(즉 점진적으로 질문 쌓아나가기).

네번째 장에서는 **구체적인 언어의 힘**을 다루었다. 고객, 동료, 가족, 친구 등 누구와 이야기하든 우리는 종종 '지식의 저주'의 희생양이 된다. 이해하기 쉬운 내용이라 착각하고 너무 추상적으로 이야기하면 듣는 사람은 제대로 따라오지 못한다. 이럴 때 구체적인 언어를 사용하면 큰 도움이 된다. 경청하고 있음을 보여주는 방법, "해결한다"는 말보다 "고친다"라는 말이 고객 만족도를 높이는 이유, "상의"보다 "회색 티셔츠"라는 말을 사용할 때 판매량이 증가하는 원리를 살펴보았다. 왜 구체적이고 생생한 언어를 사용하는게 우리가 경청하고 있음을 보여주고 상대방의 시선을 끌며 다양한 개념을 더 쉽게 이해하도록 도와주는지도 알아보았다. 한편, 추상적으로 설명하는 편이 더 효과적인 경우도 다루었다. 왜 추상적인 언어를 사용하는 스타트업이 자금을 더욱 쉽게 조달하고 경영진의 잠재력을 인정받는지도 살펴보았다.

다섯번째 장에서는 **감정**의 언어를 다루었다. 때때로 사람들은 사실대로 잘 설명하면 상대방을 설득할 수 있다고 생각하지만, 그런 믿음은 잘못된 경우가 많다. 감정을 자극하는 언어는 상대방의 시선을 끌고 청중을 사로잡으며 행동을 취하도록 설득하는 강력한 무기가 될 수 있다. 흥미진진한 이야기를 구성하는 요소는 무엇이며 최고점의 사건을 더욱 강렬하게 각인시키는 최저점의 효용도 살펴보았다. 그와 동시에 단순히 긍정적인 단어인지, 부정적인 단어인지를 따지기보다는 문맥을 고려하는 것이 중요하다는 점도 다루었다. "놀랍다"와 "완벽하다"는 둘 다 긍정적인 단어지만 사용하는 상황과 맥락에 따라서(쾌락적인 속성이냐 실용적인 속성이냐) 왜 둘 중 하나가 더 효과적인지 살펴보았다. 그리고 어떤 주제를 다루든 흥미를 유발하는 프레젠테이션, 이야기, 콘텐츠의 구성법도 짚어보았다.

여섯번째 장에서는 **유사성**(및 차별성)의 언어를 탐구했다. 왜 동료와 비슷한 스타일로 이메일을 쓰는 직원이 승진 확률이 높은지, 왜 이야기하는 스타일이 비슷한 두 사람이 첫 데이트에 이어 두번째 데이트를 할 가능성이 큰지 알아보았다. 그러나 유사성을 드러내는 것이 항상 유리하다고 생각하지 않도록, 차별성이 더 유리한 경우와 그 이유도 다루었다. 왜 크게 성공한 노래는 해당 장르의 전형적인 다른 곡들과 차별화되는지, 독특한 구호나 인용문이 더 기억에 남는 이유가 무엇인지, 언어를 사용하여 이야기의 속도를 수치화할 수 있는지, 이야기를 언제 빠르게 전개하고 언제 천천히 전개할지, 영화와 TV 프로그램, 책이 다루는 범위와 우회성을 파악함으로써 어떻게 상업적으로 성공할지를 예측하는지 살펴보았다.

각각 뚜렷한 특징을 가진 이 여섯 개의 매직 워드는 우리 삶의 모든 영역에서 큰 역할을 할 수 있다.

이렇게 1장부터 6장까지가 언어의 영향 및 단어와 구절로 타인에게 영향력을 행사하는 방법에 초점을 맞추었다면, 마지막 7장은 다른 방식으로 마법을 발휘하는 단어에 대해서, 즉 단어가 이를 세상에 내놓은 사람과 사회에 대해 어떤 진실을 드러내는지 살펴보았다. 한 연구팀이 어떻게 그 작품을 읽지 않고서도 오랫동안 논쟁이 되어온 희곡의 원작자가 셰익스피어임을 밝혀냈는지, 왜 채무자들이 대출 신청서에 사용하는 단어가 채무 불이행 가능성을 예측하는 유용한 지표인지를 알아보았다. 또한 수십만 곡에 사용된 노래가사를 분석함으로써 '대중음악이 과연 여성혐오적인 특징을 가지고 있는가(그리고 시대에 따라 그러한 성향이 변했는가)'라는 해묵은 질문에 대한 대답을 어떻게 찾아냈는지, 경찰관이 사용하는 언어가 미묘한 인종적 편견에 관해 어떤 사실을 드러내는지 살펴보았다.

매직 워드라는 말은 놀라운 효과를 불러오는 언어를 표현할 때 자주 쓴다. 마법사와 주술사는 "아브라카다브라!" "호커스-포커스!" "열려라, 참깨!" 같은 주문을 외치며 불가능해 보이는 일을 해낸다.

실제로 이 책에서 살펴보았듯이 올바른 단어를 적절한 때 사용하면 어마어마한 힘을 발휘한다. 동료와 고객을 설득하고 청중과 지인을 몰입시키며 배우자 및 친구들과 유대감을 쌓는 데 큰 도움이 된다.

하지만 이러한 단어가 발휘하는 영향력이 마법 같다고 해서 마법사가 될 필요는 없다. 이러한 단어는 마법 주문이나 뭘로 만드는지 모를 묘약이 아니라 인간 행동에 대한 과학적인 이해를 토대로 효과를 발휘하기 때문이다.

매직 워드가 어떻게 작용하는지 이해함으로써 누구든 그 힘을 마음껏 활용할 수 있다.

이 책은 우리 아들 재스퍼가 "플리즈"라는 매직 워드를 발견한 이야기에서 출발했다. 재스퍼가 점점 자라면서 어떤 단어를 발견하고 그 단어가 가리키는 뜻을 깨닫는 모습을 지켜보며 무척 흥미로웠다. 재스퍼는 스펀지처럼 단어를 흡수했다. 어느 날 재스퍼는 갑자기 "기본적으로"라는 말을 사용했다. 아마도 누군가 그 단어를 사용하는 것을 들었기 때문일 테다. 또 어느 날에는 무언가가 즉시 필요하다고 말했는데, 그 말도 아마 어디서 주위들었을 것이다.

재스퍼는 내가 사용하는 단어에도 토를 달기 시작했다. 어느 날 재스퍼에게 겉옷을 **입어야 한**다고 말했다. 그러자 재스퍼는 겉옷을 입어야 하는 것이 아니라 그냥 겉옷을 입기를 바라는 것이 아니냐고 응수했다. 다음에는 그가 어떤 식으로 반박할지 지켜볼 작정이다.

다만 내 머릿속에 자꾸 떠오르는 연구가 하나 있다.

아이를 키우다보면 양치기 개가 된 기분일 때가 많다. 부모의 역할은 아이가 올바른 방향으로 나아가도록 독려하는 것이지만, 대부분 아이는 다른 것에 관심을 보인다. 따라서 부모는 아이를 바른 방향으로 유도하거나, 구슬리거나, 회유해야 한다. 신발을 신으라고 말한다. 여동생을 밀지 말라고 주의시킨다. 다시 한번 신발을 신으라고 지시하되, 이번에는 약간 더 강한 어투로 이야기한다.

그에 비해 칭찬은 훨씬 쉬워 보인다. 아이가 무언가를 스스로 알아냈을 때, 직접 그린 그림을 자랑할 때, 수학 시험에서 좋은 점수를 받아왔을 때는 아이가 성취한 일을 축하하고 마음껏 박수 쳐줄 기회다.

이와 관련해, 1990년대 후반에 컬럼비아대의 행동과학자 두 사람이 칭찬하는 **방법**이 중요한지를 궁금해했다.[1] 특히 칭찬할 때 특정 단어를 사용하면 사람들에게 더 동기를 부여할 수 있을지 연구하고자 했다.

이 두 과학자는 초등학교 5학년생 여러 명에게 몇 가지 추상적인 추론 문제를 풀어보라고 지시했다. 몇 가지 도형을 보고 다음에는 어떤 도형이 나올지 고르는 형태의 객관식 문제였다.

학생들이 몇 분간 문제를 풀고 나면 연구원들이 이를 보고 얼마나 잘했는지 평가해주었다. 모든 학생이 매우 잘했다는 칭찬을 들었지만("와, 문제 정말 잘 풀었구나"), 일부 학생에게는 그와 함께 지적 능력에 관해, 즉 똑똑하다는 칭찬을 덧붙였다("이런 문제를 잘 푸는 걸 보니 아주 똑똑하구나").

연구팀이 이렇게 칭찬한 이유는 일을 잘했을 때 일반적으로 이런 접근 방식을 사용하기 때문이다. 학생이 정답을 맞히거나 직원이 힘든 문제를 해결하면 우리는 보통 지적 능력을 칭찬한다. 똑똑하다거나 현명하다고 칭찬해주면 그들이 계속 공부하거나 열심히 일하거나 노력을 더 많이 쏟게끔 격려해주는 셈이라고 생각한다. 그러나 연구팀은 칭찬을 받은 사람이 어려움에 직면했을 때, 즉 상황이 까다로워지거나 다소 실수를 저질렀을 때 어떤 현상이 일어나는지를 알아보고자 했다.

따라서 첫번째 문제를 풀고 칭찬받은 학생들에게 더 어려운 문제를 내주었다. 이번에는 잘 해내지 못했으며("훨씬 점수가 낮구나"), 문제의 절반도 풀지 못했다는 피드백을 주었다. 그다음에 학생들에게 첫번째와 비슷한 난이도의 세번째 문제를 나눠준 후 얼마나 문제를 잘 푸는지 관찰했다.

똑똑하다는 칭찬을 받지 않은 학생들은 더 낫지도 더 나쁘지도 않은 비슷한 결과를 보였다. 첫번째와 비슷한 개수로 문제를 맞혔고 별달리 힘들어하는 모습을 보이지 않았다.

그러나 똑똑하다고 지적 능력을 칭찬받은 학생들은 성적이 더 나빠졌다. 똑똑하다고 칭찬하자 성적이 더 좋아지기는커녕 오히려 더 떨어졌다. 지적 능력을 칭찬받은 학생들은 비슷한 난이도의 첫번째 문제보다 더 적게 정답을 맞혔고, 심지어 전혀 칭찬을 받지 않은 학생보다도 점수가 낮았다.

칭찬에는 그 외에도 다른 여러 가지 부정적인 결과가 따랐다. 똑똑하다고 칭찬받은 학생들은 더 낮은 점수를 받았을 뿐만 아니라 문제를 풀기 싫어했고 문제 풀이에 흥미를 잃었다.

능력을 칭찬하면 상황을 바라보는 학생들의 시각이 달라진다. 새로운 것을 배우고 재미있게 문제를 푸는 데 흥미를 느끼기보다는 문제 풀기를 자신의 똑똑함을 보여줄 기회로 인식하게 된다. 똑똑하다는 것이 특정한 상태를 나타내며 세상에는 똑똑한 사람과 그렇지 않은 사람이 존재한다고 생각하게 된다. 그렇기에 문제를 잘 푸는 것이 똑똑하다는 증거라면, 문제를 못 푼다는 것은 멍청하다는 의미이므로 어려운 문제를 접할 경우 열심히 노력하는 데 별 관심이 없어진다.

그렇다고 해서 모든 칭찬이 해롭다는 의미는 아니다.

연구팀은 다른 학생들을 모아놓고 이번에는 약간 다르게 칭찬을 해주었다. 똑똑하다고 **사람**을 칭찬하는 대신 아주 열심히 노력했다고 **과정**을 칭찬했다("이 문제 정말 열심히 풀었구나").

이 책 전반에 걸쳐 다룬 여러 가지 다른 전략처럼 이 두 가지 칭찬 방식의 차이 또한 지극히 사소해 보일지 모른다. 어쨌든 모든 학생이 잘했다고 칭찬받았고 칭찬하는 말에서 두세 단어만 바꾸었을 뿐이니까 말이다.

그러나 그 두세 단어가 커다란 차이를 만들어냈다. 학생들이 문제를 푸는 과정에서 얼마나 열심히 노력했는지 칭찬하자 의욕이 꺾이기는커녕 더욱 노력하도록 북돋우는 결과를 가져왔다. 학생들은 훨씬 의욕적으로 달려들었고 문제를 더 많이 풀었으며 문제를 풀면서 더 재미있는 시간을 보냈다. 단순히 좋은 점수를 받기보다는 배우는 과정 자체에 흥미를 보였고, 이러한 마음가짐의 차이가 더 좋은 결과로 이어졌다.

누군가에게 똑똑하다거나, 수학 영재라거나, 발표 능력이 뛰어나다고 칭찬하면 그 사람이 가진 어떤 능력 때문에 그런 성과가 나왔다는 의미다. 시험을 잘 보면 그 능력이 효과를 발휘한 것이고 시험을 못 보면 단순히 운이 없어서다. 시험을 잘 보는 데 필요한 요소가 없으므로 상태를 바꾸기 위해 개인이 할 만한 일은 별로 없다.

하지만 능력보다 과정 자체를 칭찬하면 의도하는 결과를 얻을 가능성이 커진다. 누군가에게 시험이나 발표를 열심히 준비해서 잘했다고 칭찬하면 고정된 능력보다는 언급하는 시험 또는 발표에 초점을 맞추게 된다.* 따라서 가끔 일이 생각대로 잘 풀리지 않을 수도 있지

---

* "잘했어, 정말 열심히 노력했구나!" "정말 열심히 공부했구나, 실력이 늘어난 게 보인다" 같은 칭찬도 마찬가지다.

만, 그것이 실패나 능력 부족을 의미하는 것은 아니다. 그저 한 번 실수했을 뿐이고 다음에는 더 열심히 노력해야겠다고 다짐하게 된다.

몇 개의 (매직) 워드가 이 모든 차이를 만들어낸다.

자연어 처리 기술 사용 및 응용 가이드

책에서는 대부분 개인의 언어를 중점적으로 다루었고, 언어 과학이라는 새로운 분야를 이해함으로써 어떻게 하면 공사를 막론하고 영향력을 높이며 더 큰 성공을 거둘 수 있는지에 초점을 맞추었다.

그렇지만 이 책에서 소개한 방법과 도구는 개인뿐만 아니라 기업과 조직에도 유용하다. 이 도구를 어떻게 적용할 수 있는지 몇 가지활용 사례를 소개하겠다.

고객 분석

많은 기업에서 고객 분석을 할 때 자연어 처리를 사용한다. 기존 고객 또는 잠재 고객이 쓰거나 말하는 언어를 분석하면 고객의 향후 구매 행동을 예측하거나 원하는 행동을 유도할 수 있다.

고객 세분화를 예로 들어보자. 일부 고객은 불만이 있거나 문제를 제기하는데, 어느 고객을 어떤 부서에 연결할지를 어떻게 파악할까? 고객의 단어를 분석하면 고객이 원하는 바가 무엇인지, 어떤 담당자에게 배정해야 하는지를 더 잘 이해할 수 있다. 심지어 머신러닝을 사용하여 서비스 구독을 취소할 가능성이 큰 고객을 선별한 후 그러지 않게끔 설득을 시도할 수도 있다.

같은 원리를 잠재 고객에게도 적용할 수 있다. 소셜미디어 데이터는 게시물을 게시하는 사람과 그 사람이 중요시하는 것에 대해 풍부한 정보를 제공한다. 기업은 이 정보를 사용하여 타깃 광고를 제작하고 신규 고객이 될 가능성에 따라 누구에게 콘텐츠를 노출할지 결정한다. 예를 들어 유사 타깃팅look-alike targeting은 기존 고객과 최대한 비슷한 속성을 지닌 사람을 선별해 어떤 잠재 고객이 자사 제품이나 서비스에 가장 큰 관심을 보일지 판단하는 방법이다.

기업에서는 출시하려는 제품이나 해결하려는 문제에 대한 반응을 살피기 위해 언어를 사용할 수도 있다. "소셜 리스닝social listening"이라는 전략은 소셜미디어 데이터를 결합하여 소비자가 제품, 서비스, 아이디어에 대해 어떻게 이야기를 하는지 파악한다. 예를 들어 호텔에서는 여러 고객이 침대에 대해 불평한다는 사실을 파악한 후 그 정보를 바탕으로 침대를 교체할 수 있다. 제약회사는 새로운 부작용이나 고객이 우려하는 점을 파악할 수 있다.

또는 같은 데이터를 신제품 개발에 사용하기도 한다. 기존 제품과 서비스에 소비자가 어떤 불만이 있는지 파악함으로써 신제품을 어떻게 출시해야 반응이 좋을지 판단할 수 있다. 마찬가지로 인터넷 검색 데이터를 사용해 시장에서 기회가 어디에 있으며 대중이 어떤 분야에 관심이 높은지 이해할 수 있다.

법적 소송

언어는 법적 소송에서도 재미있는 역할을 한다. 예를 들어 어떤 세제 제조업체가 위장환경주의greenwashing(실제와 다르게 친환경적인 것처럼 포장하는 상황—옮긴이)로 고소를 당했다고 가정하자. 고소장에서는 이 브랜드가 친환경 공정을 따르지 않는데도 친환경 기업인 것처럼 거짓 홍보를 했다고 주장한다. 이러한 상황에서 일반적인 접근법은 전문가에게 상황에 대한 의견을 묻는 것이다. 원고측 전문가는 특정 광고를 강조하며 광고에서 나무나 지구를 보여주는 것은 그 브랜드가 친환경적이라고 홍보한다는 의미라고 주장한다.

물론 훌륭한 의견이고 심지어 그 말이 맞을 수도 있다. 그러나 문제는 그게 단순히 의견에 불과하다는 것이다. 그것도 상당히 주관적인 의견일 뿐이다.

피고측 전문가는 같은 광고를 보고도 옹호하는 사측 입장에 따라

완전히 다른 의견을 내놓을 수 있다. 예를 들어 광고에서는 효과적인 세정력에 대해서도 언급하므로 그 점을 근거로 이 브랜드가 실제로 친환경적이라고 홍보하지는 않는다고 주장할 수 있다.

그렇다면 어느 쪽이 맞을까?

양쪽의 전문가가 펼쳐놓는 개인적인 추정에 의존하기보다 문자 분석을 활용하면 상황을 더 현실적으로 파악할 수 있다. 수많은 광고(또는 해당 브랜드의 소셜미디어 게시물)에 사용된 언어를 취합하여 무슨 일이 일어나고 있는지 더욱 정확하게 파악할 수 있다.

우선 단순하게 개별 단어의 숫자부터 센다. 환경과 관련된 단어의 목록(예: 지구, 환경, 친환경)을 만들고 그런 단어가 몇 번이나 등장하는지 센다. 광고나 소셜미디어 게시물 중 몇 퍼센트가 환경 관련 단어를 하나 이상 사용했는가? 그뿐만 아니라 환경 관련 단어를 오랜 시간에 걸쳐 보편적으로 사용했는가, 아니면 특정 지역에 노출된 몇 개의 광고에만 사용했는가?

이보다 좀더 복잡한 기술을 사용하면 더 많은 정보를 얻을 수 있다. 이 세제 브랜드가 사용하는 언어와 친환경 브랜드(예: 세븐스제너레이션, 타이드 퓨어클린) 또는 비친환경 브랜드(예: 게인, 일반 타이드)로 알려진 다른 세제 브랜드가 사용하는 언어를 비교하면 더 객관적인 대답을 얻을 수 있다.

친환경이라고 홍보하며 그렇게 알려진 세제 브랜드와, 그렇지 않은 세제 브랜드가 내놓은 수십 개의 광고 또는 게시물 수천 개에서 추출한 데이터를 사용해 머신 러닝 분류 알고리즘을 훈련하면 특정 광고나 게시물이 얼마나 해당 브랜드를 친환경 제품으로 홍보하는지 수치로 파악할 수 있다. 그다음 소송에 휘말린 브랜드의 광고 및 게시물을 이 분류 알고리즘에 입력해 이 세제 브랜드가 평균적으로 어느 정도 친환경 마케팅을 하는지 파악할 수 있다.

비슷한 기술을 활용해 주류 브랜드가 젊은층을 타깃으로 삼는지, 정치인이 민주당이나 공화당 중 어느 쪽에 가깝게 이야기하는지도 가늠할 수 있다.

자동 문자 분석은 시간을 거슬러 과거의 상황까지 분석하게 해주므로 특히 다음과 같은 사례에 유용하다.

어떤 기술 기업이 허위 광고로 비난받는다고 가정해보자. 이 기업은 몇몇 광고에서 자사의 노트북이 "깃털처럼 가볍다"라고 홍보했으며, 원고측은 소비자가 이 허위 주장을 근거로 노트북을 구입했다고 주장했다.

이 경우 일반적인 접근 방식은 설문조사를 하는 것이다. 소비자 집단을 모집해 광고를 보여준 다음 이들이 광고를 보지 않은 소비자보다 해당 노트북을 구입하는 데 더 관심을 보이는지 확인하는 것이다.

그러나 안타깝게도 이 방법으로는 논란을 해결할 수 없다. 설문조사 결과는 **현재 시점**에서 그 광고를 본 소비자의 반응만 나타낼 뿐, 그들이 몇 년 전에 같은 광고를 보았다면 어떻게 반응했을지는 알려주지 않는다. 시간이 지남에 따라 맥락은 바뀌기 마련이다. 특정한 광고 문구가 2년 전에 소비자에게 미쳤던 영향과 현재의 소비자에게 미치는 영향은 전혀 다를 수도 있다.

따라서 타임머신이 등장하지 않는 이상 2년 전에 소비자가 그 광고를 어떻게 생각했는지 알아내기는 불가능에 가깝다.

하지만 문자 분석은 이를 가능케 한다.

소셜미디어 게시물이나 제품 리뷰를 분석함으로써, 소비자가 해당 광고 문구에 관심을 보였는지, 그 광고가 노트북에 관한 소비자의 생각에 영향을 미쳤는지 더욱 잘 알 수 있다. 예를 들어 광고가 공개되기 전후에 소비자들이 해당 제품에 대해 쓴 게시물을 분석하면 광고를 통해 노트북에 관한 생각이 얼마나 긍정적으로 바뀌었는지 파악할 수 있다. 마찬가지로 그런 게시물의 내용을 더 세밀하게 분석함으로써 소비자가 노트북을 단순히 긍정적으로 평가했는지뿐만 아니라 노트북의 무게와 같은 구체적인 특성을 실제로 언급했는지까지 알 수 있다.

대중 매체에서 발신하는 언어도 유용한 역할을 한다. 해당 제품이 언급된 신문 기사를 분석함으로써 매체에서 실제로 브랜드가 언급한 광고 내용을 다루었는지 확인할 수 있다.

시간 여행은 여전히 불가능하지만, 문자 분석은 새로운 유형의 고고학이라고 해도 과언이 아니다. 고대 문명이 남긴 화석이나 호박 안에 보존된 고대 곤충처럼 수십 년 전의 생각과 의견, 태도가 디지털화된 언어에 숨겨져 있다. 자동 문자 분석은 그 안에 숨어 있는 통찰력을 파헤쳐낼 수 있는 도구다.

몇 가지 쉽게 활용할 수 있는 도구

이 책은 언어에서 얻은 통찰력에 초점을 맞추었지만, 이 책에서 언급한 몇 가지 기술을 적절한 분야에 활용하고자 하는 독자도 있을 것이다. 쉽게 접근할 수 있는 두 가지 도구를 소개한다.

- https://liwc.app/
  특정 글을 다양한 심리학적 측면에서 평가할 수 있는 유용한 도구다.
- http://textanalyzer.org/
  글을 여러 가지 측면에서 평가하고 기본적인 화제나 주제를 추출할 때 유용한 도구다.

더 복잡한 기술이나 다양한 상황에서의 활용법이 궁금한 독자를 위해 여러 가지 방법론을 논의한 최근의 검토 논문 두 건도 함께 소개한다.

- 조나 버거·그랜트 패커드, 「자연어 처리를 활용한 사람과 문화의 이해Using natural language processing to understand people and culture」『미국 심리학자American Psychologist』 77(4), 525~537.
- 조나 버거·애슐리 험프리스·스티븐 루트비히·웬디 모·오데드 네처·데이비드 슈바이델, 「집단의 단결: 마케팅 통찰을 위한 문자 활용Uniting the Tribes: Using Text for Maketing Insight」『저널오브마케팅Journal of Marketing』 74, no. 1(2020): 1~25.

감사의 말

협업자이자 동료, 그리고 친구인 그랜트 패커드가 없었다면 이 책은 세상의 빛을 보지 못했을 것이다. 언어에 대한 내 지식은 사실상 전부 그에게 배웠다고 해도 과언이 아니다. 앞으로도 더 많은 협업을 성공적으로 할 수 있기를 바란다.

이 책을 집필하는 과정에서 유용한 조언을 아끼지 않은 홀리스 하임바우치와 제임스 나이트하르트, 언제나 변함없이 올바른 방향을 제시해주고 지지해준 짐 러빈, 통계와 참고 자료 정리를 도와준 노아 카츠에게 감사한다. 새로운 언어 퍼즐의 세계를 소개해준 마리아와 제이미, 이 영역에서 놀라운 업적을 쌓은 제임스 페니베이커, 책을 사랑하는 릴리와 캐럴라인에게도 감사의 말을 전한다.

마지막으로 나의 일상을 마법과 같이 밝혀주는 조던, 재스퍼, 제시, 조이에게 진심을 담아 감사의 마음을 보낸다.

프롤로그 매직 워드의 힘

1 Matthias R. Mehl et al., "Are Women Really More Talkative than Men?," *Science* 317, no. 5834 (2007): 82, doi.org/10.1126/science.1139940.

2 Ellen J. Langer, Arthur Blank, and Benzion Chanowitz, "The Mindlessness of Ostensibly Thoughtful Action: The Role of 'Placebic' Information in Interpersonal Interaction," *Journal of Personality and Social Psychology* 36, no. 6 (1978): 635.

1장 정체성과 능동성을 북돋우라

1 Christopher J. Bryan, Allison Master, and Gregory M. Walton, "'Helping' Versus 'Being a Helper': Invoking the Self to Increase Helping in Young Children," *Child Development* 85, no. 5 (2014): 1836–42, https://doi.org/10.1111/cdev.12244.

2 Susan A. Gelman and Gail D. Heyman, "Carrot-Eaters and Creature-Believers: The Effects of Lexicalization on Children's Inferences About

Social Categories," *Psychological Science* 10, no. 6 (1999): 489–93, https://doi.org/10.1111/1467-9280.00194.

3   Gregory M. Walton and Mahzarin R. Banaji, "Being What You Say: The Effect of Essentialist Linguistic Labels on Preferences," *Social Cognition* 22, no. 2 (2004): 193–213, https://doi.org/10.1521/soco.22.2.193.35463.

4   Christopher J. Bryan et al., "Motivating Voter Turnout by Invoking the Self," *Proceedings of the National Academy of Sciences of the United States of America* 108, no. 31 (2011): 12653–56, https://doi.org/10.1073/pnas.1103343108.

5   Christopher J. Bryan, Gabrielle S. Adams, and Benoit Monin, "When Cheating Would Make You a Cheater: Implicating the Self Prevents Unethical Behavior," *Journal of Experimental Psychology: General* 142, no. 4 (2013): 1001, https://doi.org/10.1037/a0030655.

6   Vanessa M. Patrick, and Henrik Hagtvedt, "'I don't' Versus 'I can't': When Empowered Refusal Motivates Goal-Directed Behavior," *Journal of Consumer Research* 39, no. 2(2012): 371–81, https://doi.org/10.1086/663212. Vanessa Patrick, *The Power of Saying No: The New Science of How to Say No that Puts You in Charge of Your Life*. Sourcebooks.

7   Ting Zhang, Francesca Gino, and Joshua D. Margolis, "Does 'Could' Lead to Good? On the Road to Moral Insight," *Academy of Management Journal* 61, no. 3 (2018): 857–95, https://doi.org/10.5465/amj.2014.0839.

8   Ellen J. Langer and Alison I. Piper, "The Prevention of Mindlessness," *Journal of Personality and Social Psychology* 53, no. 2 (1857): 280, https://doi.org/10.1037/0022-3514.53.2.280.

9   이선 크로스는 이 분야에서 많은 성과를 거두었다. 그의 책을 참고하라. *Chatter: The Voice in Our Head, Why it Matters, and How to Harness It* (New York: Crown, 2021).

10 Ethan Kross et al., "Third-Person Self-Talk Reduces Ebola Worry and Risk Perception by Enhancing Rational Thinking," *Applied Psychology: Health and Well-Being* 9, no. 3 (2017): 387–409, https://doi.org/10.1111/aphw.12103; Celina R. Furman, Ethan Kross, and Ashley N. Gearhardt,

"Distanced Self-Talk Enhances Goal Pursuit to Eat Healthier," *Clinical Psychological Science* 8, no. 2 (2020): 366–73, https://doi.org/10.1177/2167702619896366.

11 Antonis Hatzigeorgiadis et al., "Self-Talk and Sports Performance: A Meta-analysis," *Perspectives on Psychological Science* 6, no. 4 (2011): 348–56, https://doi.org/10.1177/1745691611413136.

12 Ryan E. Cruz, James M. Leonhardt, and Todd Pezzuti, "Second Person Pronouns Enhance Consumer Involvement and Brand Attitude," *Journal of Interactive Marketing* 39 (2017): 104–16, https://10.1016/j.intmar.2017.05.001.

13 Grant Packard, Sarah G. Moore, and Brent McFerran, "(I'm) Happy to Help (You): The Impact of Personal Pronoun Use in Customer-Firm Interactions," *Journal of Marketing Research* 55, no. 5 (2018): 541–55, https://doi.org/10.1509/jmr.16.0118.

2장 자신감을 전달하라

1 William M. O'Barr, *Linguistic Evidence: Language, Power, and Strategy in the Courtroom*(New York: Academic Press, 2014).

2 Bonnie E. Erickson et al., "Speech Style and Impression Formation in a Court Setting: The Effects of "'Powerful' and 'Powerless' Speech," *Journal of Experimental Social Psychology* 14, no. 3 (1978): 266–79, https://doi.org/10.1016/0022-1031(78)90015-X.

3 이에 대한 몇몇 예는 다음과 같다. Mark Adkins and Dale E. Brashers, "The Power of Language in Computer-Mediated Groups," *Management Communication Quarterly* 8, no. 3 (1995): 289–322, https://doi.org/10.1177/0893318995008003002; Lawrence AM A. Hosman, "The Evaluative Consequences of Hedges, Hesitations, and Intensifies: Powerful and Powerless Speech Styles," *Human Communication Research* 15, no. 3(1989): 383–406, https://doi.org/10.1111/j.1468-2958.1989.tb00190.x; Nancy A. Burell and Randal J. Koper, "The Efficacy of Powerful/Powerless Language on Attitudes and Source Credibility," in *Persuasion: Advances Through Meta-analysis*, edited by Michael Allen and Raymond

W Preiss (Creskill, NJ: Hamapton Press, 1988): 203–15; Charles S. Areni and John R. Sparks, "Language Power and Persuasion," *Psychology & Marketing* 22, no. 6 (2005): 507–25, https://doi.org/10.1002/mar.20071; John R. Sparks, Charles S. Areni, and K. Chris Cox, "An Investigation of the Effects of Language Style and Communication Modality on Persuasion," *Communications Monographs* 65, no. 2(1998): 108–25, https://doi.org/10.1080/03637759809376440.

4   Paul C. Price and Eric R. Stone, "Intuitive Evaluation of Likelihood Judgment Producers: Evidence for a Confidence Heuristic," *Journal of Behavioral Decision Making* 17, no. 1 (2004): 39–57, https://doi.org/10.1002/bdm.460.

5   실제로 보조금을 요청할 때 에두르는 말을 덜 사용하고 더 명확한 언어를 사용하는 연구자가 국립과학재단에서 더 많은 지원금을 받는다. David M. Markowitz, "What Words Are Worth: National Science Foundation Grant Abstracts Indicate Award Funding," *Journal of Language and Social Psychology* 38, no. 3 (2019): 264–82, https://doi.org/10.1177/0261927X18824859.

6   Lawrence A. Hosman, "The Evaluative Consequences of Hedges, Hesitations, and Intensifiers: Powerful and Powerless Speech Styles," *Human Communication Research* 15, no. 3 (1989): 383–406; James J. Bradac and Anthony Mulac, "A Molecular View of Powerful and Powerless Speech Styles: Attributional Consequences of Specific Language Features and Communicator Intentions," *Communications Monographs* 51, no. 4 (1984): 307–19, https://doi.org/10.1080/03637758409390204.

7   Laurie L. Haleta, "Student Perceptions of Teachers' Use of Language: The Effects of Powerful and Powerless Language on Impression Formation and Uncertainty," *Communication Education* 45, no. 1 (1996): 16–28, https://doi.org/10.1080/03634529609379029.

8   David Hagmann and George Loewenstein, "Persuasion with Motivated Beliefs," in *Opinion Dynamics & Collective Decisions Workshop* (2017).

9   Mohamed A. Hussein and Zakary L. Tormala, "Undermining Your Case to Enhance Your Impact: A Framework for Understanding the Effects of Acts of Receptiveness in Persuasion," *Personality and*

Social Psychology Review 25, no. 3 (2021): 229–50, https://doi. org/10.1177/10888683211001269.

10 Jakob D. Jensen, "Scientific Uncertainty in News Coverage of Cancer Research: Effects of Hedging on Scientists' and Journalists' Credibility," *Human Communication Research* 34, no. 3 (2008): 347–69, https://doi. org/10.1111/j.1468-2958.2008.00324.x.

3장 올바른 질문을 던지라

1 Alison Wood Brooks, Francesca Gino, and Maurice E. Schweitzer, "Smart People Ask for (My) Advice: Seeking Advice Boosts Perceptions of Competence," *Management Science* 61, no. 6 (2015): 1421–35, https:// doi.org/10.1287/mnsc.2014.2054.

2 Daniel A. McFarland, Dan Jurafsky, and Craig Rawlings, "Making the Connection: Social Bonding in Courtship Situations," *American Journal of Sociology* 118, no. 6(2013): 1596–1649.

3 Karen Huang et al., "It Doesn't Hurt to Ask: Question-Asking Increases Liking," *Journal of Personality and Social Psychology* 113, no. 3 (2017): 430, https://doi.org/10.1037/pspi0000097.

4 Klea D. Bertakis, Debra Roter, and Samuel M. Putnam, "The Relationship of Physician Medical Interview Style to Patient Satisfaction," *Journal of Family Practice* 32, no. 2 (1991): 175–81.

5 Bradford T. Bitterly and Maurice E. Schweitzer, "The Economic and Interpersonal Consequences of Deflecting Direct Questions," *Journal of Personality and Social Psychology* 118, no. 5 (2020): 945, https://doi. org/10.1037/pspi0000200.

6 Julia A. Minson et al., "Eliciting the Truth, the Whole Truth, and Nothing but the Truth: The Effect of Question Phrasing on Deception," *Organizational Behavior and Human Decision Processes* 147 (2018): 76–93, https://doi.org/10.1016/j.obhdp.2018.05.006.

7 Arthur Aron et al., "The Experimental Generation of Interpersonal Closeness: A Procedure and Some Preliminary Findings," *Personality and Social Psychology Bulletin* 23, no. 4 (1997): 363–77.

8   Elizabeth Page-Gould, Rodolfo Mendoza-Denton, and Linda R. Tropp, "With a Little Help from My Cross-Group Friend: Reducing Anxiety in Intergroup Contexts Through Cross-Group Friendship," *Journal of Personality and Social Psychology* 95, no. 5 (2008): 1080, https://doi. org/10.1037/0022-3514.95.5.1080.

4장 구체적인 언어를 활용하라

1   Grant Packard and Jonah Berger, "How Concrete Language Shapes Customer Satisfaction," *Journal of Consumer Research* 47, no. 5 (2021): 787–806, https://10.1093/jcr/ucaa038.

2   Nooshin L. Warren et al., "Marketing Ideas: How to Write Research Articles That Readers Understand and Cite," *Journal of Marketing* 85, no. 5 (2021): 42–57, https://doi.org/10.1177/00222429211003560.

3   Ian Begg, "Recall of Meaningful Phrases," *Journal of Verbal Learning and Verbal Behavior* 11, no. 4 (1972): 431–39, https://doi.org/10.1016/S0022-5371(72)80024-0.

4   Jonah Berger, Wendy Moe, and David Schweidel, "Linguistic Drivers of Content Consumption," working paper, 2022; Yoon Koh et al., "Successful Restaurant Crowdfunding: The Role of Linguistic Style," *International Journal of Contemporary Hospitality Management* 32, no. 10 (2020): 3051–66, https://doi.org/10.1108/IJCHM-02-2020-0159.

5   Colin Camerer, George Loewenstein, and Martin Weber, "The Curse of Knowledge in Economic Settings: An Experimental Analysis," *Journal of Political Economy* 97, no. 5(1989): 1232–54. Chip Heath and Dan Heath, *Made to Stick: Why Some Ideas Survive and Others Die* (New York: Random House, 2007).

6   Laura Huang et al., "Sizing Up Entrepreneurial Potential: Gender Differences in Communication and Investor Perceptions of Long-Term Growth and Scalability," *Academy of Management Journal* 64, no. 3 (2021): 716–40, https://doi.org/10.5465/amj.2018.1417.

7   Cheryl J. Wakslak, Pamela K. Smith, and Albert Han, "Using Abstract Language Signals Power," *Journal of Personality and Social Psychology*

107, no. 1 (2014): 41, https://doi.org/10.1037/a0036626.

5장 감정을 자극하는 언어를 사용하라

1   Elliot Aronson et al., "The Effect of a Pratfall on Increasing Interpersonal Attractiveness," *Psychonomic Science* 4, no. 6 (1966): 227–28, https://doi.org/10.3758/BF03342263.

2   Andrew J. Reagan et al., "The Emotional Arcs of Stories Dominated by Six Basic Shapes," *EPJ Data Science* 5, no. 1 (2016): 1–12, https://doi.org/10.1140/epjds/s13688-016-0093-1.

3   Peter Sheridan Dodds et al., "Temporal Patterns of Happiness and Information in a Global Social Network: Hedonometrics and Twitter," *PLOS ONE*, December 7, 2011, https://doi.org/10.1371/journal.pone.0026752.

4   Erik Lindqvist, Robert Ostling, and David Cesarini, "Long-Run Effects of Lottery Wealth on Psychological Well-Being," *Review of Economic Studies* 87, no. 6 (2020): 2703–26, https://doi.org/10.1093/restud/rdaa006.

5   Shane Fredrick and George Loewenstein, in *Well-Being: The Foundations of Hedonic Psychology*, edited by D. Kahneman, E. Diener, and N. Schwarz (New York: Russell Sage, 1999), 302–29.

6   Leif D. Nelson, Tom Meyvis, and Jeff Galak, "Enhancing the Television-Viewing Experience Through Commercial Interruption," *Journal of Consumer Research* 36, no. 2(2009): 160–72, https://doi.org/10.1086/597030.

7   Bart De Langhe, Philip M. Fernbach, and Donald R. Lichtenstein, "Navigating by the Stars: Investigating the Actual and Perceived Validity of Online User Ratings," *Journal of Consumer Research* 42, no. 6 (2016): 817–33, https://doi.org/10.1093/jcr/ucv047.

8   Matthew D. Rocklage, Derek D. Rucker, and Loran F. Nordgren, "Mass-Scale Emotionality Reveals Human Behaviour and Marketplace Success," *Nature Human Behavior* 5 (2021): 1323–29, https://doi.org/10.1038/s41562-021-01098-5.

9   다양한 차원에 따라 달라지는 단어의 더 많은 예는 다음을 참고하라. The

Evaluative Lexicon(http://www.evaluativelexicon.com/) and Matthew
D. Rocklage, Derek D. Rucker, and Loren F. Nordgren, "The Evaluative
Lexicon 2.0: The Measurement of Emotionality, Extremity, and Valence
in Language," *Behavior Research Methods* 50, no. 4 (2018): 1327–44,
https://doi.org/10.3758/s13428-017-0975-6.

10 Rocklage et al., "Mass-Scale Emotionality Reveals Human Behaviour and
Marketplace Success."

11 Jonah Berger, Matthew D. Rocklage, and Grant Packard, "Expression
Modalities: How Speaking Versus Writing Shapes Word of Mouth,"
Journal of Consumer Research, December 25, 2021, https://doi.
org/10.1093/jcr/ucab076.

12 Matthew D. Rocklage and Russell H. Fazio, "The Enhancing Versus
Backfiring Effects of Positive Emotion in Consumer Reviews,"
Journal of Marketing Research 57, no. 2(2020): 332–52, https://doi.
org/10.1177/0022243719892594.

13 Li, Yang, Grant Packard, and Jonah Berger, "When Employee Language
Matters?" Working Paper.

6장 유사성과 차별성을 활용하라

1 Amir Goldberg et al., "Enculturation Trajectories and Individual
Attainment: An Interactional Language Use Model of Cultural Dynamics
in Organizations," in Wharton People Analytics Conference, Philadelphia,
PA, 2016.

2 James W. Pennebaker et al., "When Small Words Foretell Academic
Success: The Case of College Admissions Essays," *PLOS ONE*, December
31, 2014: e115844, https://doi.org/10.1371/journal.pone.0115844.

3 Molly E. Ireland et al., "Language Style Matching Predicts Relationship
Initiation and Stability," *Psychological Science* 22, no. 1 (2011):
39–44, https://doi.org/10.1177/0956797610392928; Balazs Kovacs
and Adam M. Kleinbaum, "Language-Style Similarity and Social
Networks," *Psychological Science* 31, no. 2 (2020): 202–13, https://doi.
org/10.1177/0956797619894557.

4　Jonah Berger and Grant Packard, "Are Atypical Things More Popular?," *Psychological Science* 29, no. 7 (2018): 1178–84, https://doi.org/10.1177/0956797618759465.

5　David M. Blei, Andrew Y. Ng, and Michael I. Jordan, "Latent Dirichlet Allocation," *Journal of Machine Learning Research* 3 (2003): 993–1022, https://www.jmlr.org/papers/volume3/blei03a/blei03a.pdf.

6　Ireland et al., "Language Style Matching Predicts Relationship Initiation and Stability"; Paul J. Taylor and Sally Thomas, "Linguistic Style Matching and Negotiation Outcome," *Negotiation and Conflict Management Research* 1, no. 3 (2008): 263–81, https://doi.org/10.1111/j.1750-4716.2008.00016.x.

7　Kurt Gray et al., "'Forward Flow': A New Measure to Quantify Free Thought and Predict Creativity," *American Psychologist* 74, no. 5 (2019): 539, https://doi.org/10.1037/amp0000391; Cristian Danescu-Niulescu-Mizil et al., "You Had Me at Hello: How Phrasing Affects Memorability," *Proceedings of the ACL*, 2012.

8　Olivier Toubia, Jonah Berger, and Jehoshua Eliashberg, "How Quantifying the Shape of Stories Predicts Their Success," *Proceedings of the National Academy of Sciences of the United States of America* 118, no. 26 (2021): e2011695118, https://doi.org/10.1073/pnas.2011695118.

9　Henrique L. Dos Santos and Jonah Berger, "The Speed of Stories: Semantic Progression and Narrative Success," *Journal of Experimental Psychology: General.* (2022) 151(8):1833-1842 - https://pubmed.ncbi.nlm.nih.gov/35786955/

7장 언어가 밝혀내는 진실

1　Ryan L. Boyd and James W. Pennebaker, "Did Shakespeare Write Double Falsehood? Identifying Individuals by Creating Psychological Signatures with Text Analysis," *Psychological Science* 26, no. 5 (2015): 570–82, https://doi.org/10.1177/0956797614566658.

2　언어는 젠더에 따라(Mehl & Pennebaker 2003; Welch, Perez-Rosas, Kummerfeld, & Mihalcea 2019), 세대에 따라(Pennebaker&Stone 2002;

Morgan-Lopez et al., 2017; Sap et al., 2014), 인종에 따라(Preotiuc-Pietro&Ungar, 2018), 그리고 정치적 성향(Preotiuc-Pietro et al., 2017; Sterling, Jost,&Bonneau, 2020)에 따라 달라진다.

3 James W. Pennebaker et al., "When Small Words Foretell Academic Success: The Case of College Admissions Essays," *PLOS ONE*, December 31, 2014, e115844, https://doi.org/10.1371/journal.pone.0115844; Matthew L. Newman et al., "Lying Words: Predicting Deception from Linguistic Styles," *Personality and Social Psychology Bulletin* 29, no. 5 (2003): 665–75, https://doi.org/10.1177/0146167203251529.

4 언어의 사용은 많은 건강 결과와도 관련된다. (Sinnenberg et al., 2017 for a review), 정신 건강과도 상관이 있다.(de Choudhury, Gamin, Counts, and Horvitz, 2013; Eichstaedt et al., 2018; Guntuku et al., 2017; see Chancellor and De Choudhury 2020 for a review), ADHD (Guntuku et al., 2019), 심장질환(Eichstaedt et al., 2015), 종종 자가 보고서나 SES 측정보다 이런 결과가 더 예측을 잘하기도 한다.

5 Sarah Seraj, Kate G. Blackburn, and James W. Pennebaker, "Language Left Behind on Social Media Exposes the Emotional and Cognitive Costs of a Romantic Breakup," *Proceedings of the National Academy of Sciences of the United States of America* 118, no. 7 (2021): e2017154118, https://doi.org/10.1073/pnas.2017154118.

6 Oded Netzer, Alain Lemaire, and Michal Herzenstein, "When Words Sweat: Identifying Signals for Loan Default in the Text of Loan Applications," *Journal of Marketing Research* 56, no. 6 (2019): 960–80, https://doi.org/10.1177/0022243719852959.

7 Reihane Boghrati, "Quantifying 50 Years of Misogyny in Music," Risk Management and Decision Processes Center, April 27, 2021, https://riskcenter.wharton.upenn.edu/lab-notes/quantifying-50-years-of-misogyny-in-music/#:~:text=To percent20look percent20at percent20misogyny percent20in,is percent20portrayed percent20implicitly percent20in percent20lyrics.

8 Jahna Otterbacher, Jo Bates, and Paul Clough, "Competent Men and Warm Women: Gender Stereotypes and Backlash in Image Search

Results," *CHI 17: Proceedings of the 2017 CHI Conference on Human Factors in Computing Systems*, May 2017, 6620–31, https://doi.org/10.1145/3025453.3025727.

9 Janice McCabe et al., "Gender in Twentieth-Century Children's Books: Patterns of Disparity in Titles and Central Characters," *Gender & Society* 25, no. 2 (2011): 197–226, https://doi.org/10.1177/0891243211398358; Mykol C. Hamilton et al., "Gender Stereotyping and Under-representation of Female Characters in 200 Popular Children's Picture Books: A Twenty-First Century Update," *Sex Roles* 55, no. 11 (2006): 757–65, https://doi.org/10.1007/s11199-006-9128-6.

10 Rae Lesser Blumberg, "The Invisible Obstacle to Educational Equality: Gender Bias in Textbooks," *Prospects* 38, no. 3 (2008): 345–61, https://doi.org/10.1007/s11125-009-9086-1; Betsey Stevenson and Hanna Zlotnik, "Representations of Men and Women in Introductory Economics Textbooks," *AEA Papers and Proceedings* 108 (May 2018): 180–85, https://doi.org/10.1257/pandp.20181102; Lesley Symons, "Only 11 Percent of Top Business School Case Studies Have a Female Protagonist," *Harvard Business Review*, March 9, 2016, https://hbr.org/2016/03/only-11-of-top-business-school-case-studies-have-a-female-protagonist.

11 Nikhil Garg et al., "Word Embeddings Quantify 100 Years of Gender and Ethnic Stereotypes," *Proceedings of the National Academy of Sciences of the United States of America* 115, no. 16 (2018): E3635–44, https://doi.org/10.1073/pnas.1720347115; Anil Ramakrishna et al., "Linguistic analysis of differences in portrayal of movie characters," *Proceedings of the 55th Annual Meeting of the Association for Computational Linguistics* 1 (2017): 1669–78, https://doi.org/10.18653/v1/P17-1153; Liye Fu, Cristian Danescu-Niculescu-Mizil, and Lillian Lee, "Tie-Breaker: Using Language Models to Quantify Gender Bias in Sports Journalism," July 13, 2016, arXiv, https://doi.org/10.48550/arXiv.1607.03895.

12 "Racial Divide in Attitudes Towards the Police," The Opportunity Agenda, https://www.opportunityagenda.org/explore/resources-publications/new-sensibility/part-iv.

13 Perry Bacon, Jr. "How the Police See Issues of Race and Policing," FiveThirtyEight, https://fivethirtyeight.com/features/how-the-police-see-issues-of-race-and-policing/.

14 Rob Voigt et al., "Language from Police Body Camera Footage Shows Racial Cisparities in Officer Respect," *Proceedings of the National Academy of Sciences of the United States of America* 114, no. 25 (2017): 6521–26, https://doi.org/10.1073/pnas.1702413114.

에필로그 어떤 칭찬은 독이다

1 Claudia M. Mueller and Carol S. Dweck, "Praise for Intelligence Can Undermine Children's Motivation and Performance," *Journal of Personality and Social Psychology* 75, no. 1 (1998): 33, https://doi.org/10.1037/0022-3514.75.1.33.

MAGIC
WORDS

옮긴이 구계원

서울대학교 식품영양학과, 도쿄 일본어학교 일본어 고급 코스를 졸업했다. 미국 몬터레이 국제대학원에서 통번역 석사과정을 수료하고, 현재 전문 번역가로 활발히 활동중이다. 옮긴 책으로는 『조용한 희망』 『최전방의 시간을 찍는 여자』 『충돌하는 세계』 『열두 가지 레시피』 『옆집의 나르시시스트』 『술 취한 식물학자』 『아무도 대답해주지 않은 질문들』 외 다수가 있다.

매직 워드
와튼스쿨 마케팅학 최고 권위자의 6가지 설득 전략

1판 1쇄 2023년 10월 25일
1판 2쇄 2024년 2월 20일

지은이 조나 버거 | 옮긴이 구계원
책임편집 임혜지 | 편집 구민정 이희연
디자인 강혜림 최미영 | 저작권 박지영 형소진 최은진 서연주 오서영
마케팅 정민호 서지화 한민아 이민경 안남영 왕지경 정경주 김수인 김혜원 김하연 김예진
브랜딩 함유지 함근아 고보미 박민재 김희숙 정승민 배진성
제작 강신은 김동욱 이순호 | 제작처 한영문화사

펴낸곳 (주)문학동네 | 펴낸이 김소영
출판등록 1993년 10월 22일 제2003-000045호
주소 10881 경기도 파주시 회동길 210
전자우편 editor@munhak.com | 대표전화 031) 955-8888 | 팩스 031) 955-8855
문의전화 031) 955-2696(마케팅) 031) 955-2672(편집)
문학동네카페 http://cafe.naver.com/mhdn
인스타그램 @munhakdongne | 트위터 @munhakdongne
북클럽문학동네 http://bookclubmunhak.com

ISBN 978-89-546-9590-9 03320

이 책의 판권은 지은이와 문학동네에 있습니다.
이 책 내용의 전부 또는 일부를 재사용하려면 반드시 양측의 서면 동의를 받아야 합니다.

잘못된 책은 구입하신 서점에서 교환해드립니다.
기타 교환 문의: 031-955-2661, 3580

www.munhak.com